新疆维吾尔自治区普通
——中亚汉语

U0678098

СТАНОВЛЕНИЕ И РАЗВИТИЕ
ЭТНОРЕГИОНАЛЬНЫХ ОБРАЗОВАТЕЛЬНЫХ СИСТЕМ В
РОССИИ
НА РУБЕЖЕ XX-XXI ВЕКОВ

〔俄〕别勒古洛夫 А.Ю. 著
Белогуров Анатолий Юльевич

俄罗斯民族地区教育体系的形成与发展

阿依提拉·阿布都热依木 等 译

社会科学文献出版社
SOCIAL SCIENCES ACADEMIC PRESS (CHINA)

本书系国家社科基金"十一五"规划 2010 年教育学重点课题"主要国家民族教育政策比较研究"(ADA100008）的阶段性成果

Белогуров А. Ю.

Становление и развитие этнорегиональных образовательных систем в России на рубеже
XX – XXI веков: Монография. – М. : МПА, 2003.

© Белогуров А. Ю.

本书根据〔俄〕别勒古洛夫 A. Ю. 的博士学位论文译出。

中文版序

20 世纪 90 年代中叶至今是俄罗斯社会文化变革的重要时期。与新策略和方法论相辅相成的基础教育、高等教育体系改革和现代化开始创建教育结构的新意识形态。教育一方面被视作在全球化背景下建设公民社会和发展个人教育的社会活动；另一方面也被视作社会经济及国家政治发展的系统性资源。现阶段的现代化发展主要方向是制定教育发展的组织经济类方案，并将其作为保护和生产民族文化价值的资源，以实现一定水平的文明发展以及按照不断变化的生活需求来解决新一代人的教育和社会问题。

俄罗斯教育在过去的 20 年里经历了具有重大意义的变革，其出发点具有社会性、意识性和社会经济性。有理由相信，过去的变革是一次全方位变革的结果。但是，许多方面的改革只是为了满足时代的挑战而实施的。本书针对近代国民教育新发展的分析，能够提供确定教育改革性质和方向的两个基本趋势，即社会生活的区域化和全球化。

如果全球化是人类文化普及的一个自然过程，那么它的作用将随着欧洲共同体和全球范围内的信息化，社会经济、政治和教育空间的发展而不断增强，而区域化有利于资源节约和在一个多元文化与多教派的国家中重建民族文化和民族个性。

民族地区的社会文化发展主要方向要求，首先要确立俄罗斯教育改革的方法论基础，这是管理过程中最重要的因素。政治突变和社会经济进程中离心运动的增加，促使全国范围内的教育空间职能从一种指标（统一的、不变的、完整的）转向另一种完全不同的质性参数（非均质的、变异的、离散的）。这种转变已经威胁到俄罗斯的社会文化和教育空间的统一，要求明确教育区域化和教育联邦化进程之间的最佳平衡点。

联邦法律保证地区在教育政策中作为主体的权力，调动以民族地区特征作为基础的社会文化发展资源，并为"从基层"发起的教育改革培养骨干。然而，目前仍然存在很多与形成地区层面的教育管理有效机制相关的尚未解决的问题。

在2000年国家优先发展项目"教育"的实施过程中出现很多问题，特别是在管理决策、风险分析和按照社会发展需求确立地区教育发展方向等方面问题比较显著。然而，恰恰是这种加强和协调地区教育体系管理机制的方法能够为实现教育显著的量变和质变提供重要条件，也能够为区域社会经济各领域的发展带来变化。还有一个不言而喻的事实就是，只通过加强教育的物质技术基础及全额资助其需求是不可能达到其预期效果的。有必要发展区域规划结构和教育系统结构运作中的信息交流管理，并协调其优先符合教育政策的要求。国家优先项目"教育"的实施并没有解决最重要的一个问题，即建立区域教育管理的社会和国家有效体系。公众舆论对教育质量的评估的确是发展教育反馈体系的一个重要因素，这一因素是采取必要的组织教学以及教学解决方案的先决条件。与此同时，有必要制订新的管理解决方案，以实现特定区域中必要的社会经济影响。这为职业教育体系带来了特殊的意义，它的发展是由区域劳动力市场的人才需求、经济形势以及人口的社会需求所决定的。在这方面，有必要根据地区的具体社会经济发展来确立教育政策的优先发展方向。但据教育实践分析显示，相当数量的俄罗斯地区出现了缺乏在发展区域教育体系，以及支持教育在社会经济领域的创新发展方面的战略动机，还缺乏必要的物质和技术基础。与此同时，政府与社会力量、企业之间，以及与感兴趣的组织之间的务实合作，对于区域一级建立教育、科学和工业互动有效体制，即作为社会经济领域创新发展基础的互动有效体制是必要的。

本书分析了20世纪90年代至今的区域教育现代化的社会文化特点以及在俄罗斯统一教育空间背景下发展民族地区教育体系的出路。本书特别关注将地区教育发展战略作为当今俄罗斯社会新型发展模式基础的战略。本书面向教育学、哲学和教育社会学专家，以及对教育文化发展问题有兴趣的人。

目　录

前　言

当今世界，教育是国家安全、社会稳定和发展的重要因素。俄罗斯联邦总统普京曾在谈论俄罗斯国家教育政策的本质时讲到："如果我们丢失了教育、科学、文化，就等于失去了俄罗斯仅有的一切珍贵的东西。"[①]

俄罗斯国家教育改革主要依据《俄罗斯联邦国民教育要义》（《Национальной доктрины образования Российской Федерации》）、《俄罗斯联邦教育发展纲要》（《Программа развития образования Российской Федерации》）、联邦和地区（共和国）《教育法》[федеральный и региональные（республиканские）Законы《Об образовании》] 以及联邦和地区出台的其他法律文件。这些改革首先要解决的问题是保护作为社会经济发展基础的国家统一教育空间。

考虑到每一个地区都有独特的民族、宗教和社会经济特征，俄罗斯联邦决定要在地区和联邦一级建立各自的教育模式。

20 世纪 90 年代颁布的全俄和各地区的教育法令巩固了联邦中央和各联邦主体在教育政策领域的利益。苏联的解体，破坏了在苏联文化和思想基础上建立的统一教育空间。人们在联邦教育的民族地区框架下，开始发展民族地区教育体系。

目前在教育体系存在的最主要的社会教育问题是联邦中央和地区的教育政策不一致，俄罗斯联邦各主体教育标准的联邦部分和民族地区部分不

[①] Филиппов В. М. Образование для новой России∥Высшее образование в России. – 2000. №1. – с. 10.

一样。这些现象给统一教育空间带来了威胁，而教育发展正是体现地区社会经济改革前景和国民福利水平的重要领域。

教育政策的社会民族文化和地区特征确定了现代俄罗斯各主体的教育优先发展方向。俄罗斯联邦《教育法》规定合法的地区化作为国民教育改革的宗旨，成为地区教育空间形成与发展的基础，它也是地区教育空间形成和发展的基础。

在 20 ~ 21 世纪俄罗斯社会转型条件下，形成和发展民族地区教育体系及保护统一教育空间成了重要的社会文化和教育现象。它要求进行大量的科学研究。这一领域重要的科学探索包括，制定国民教育发展战略，实现以保障俄罗斯国家完整性为方向的国民教育各层面的现代化和改革。

现代教育发展问题的研究面临两大现实问题：一是全球的、世界的、全俄的，二是局部的、民族地区的。在社会全球化和国际化条件下，存在的一个现实问题就是保护俄罗斯民族地区教育体系中民族文化的空间。

目前已经形成了研究民族地区教育体系发展的一些方法论准则。在国家层面也出台了一些法律文件，包括关于联邦制原则及其在地区层面的实施，关于俄罗斯和地区教育政策方针，有关限定联邦中央和地区在解决社会经济问题的权利等。

在制定关于民族地区教育体系研究的总方略之前，需要阐述清楚的俄罗斯教育现实问题有：

（1）制定维护"外同内异"（механизм сохранения единого и внутренне дифференцированного образовательного пространства Российской Федерации）的俄罗斯联邦教育空间有效机制；

（2）制定关于 20 ~ 21 世纪民族地区教育体系形成和发展的方案，确立符合俄罗斯现代转型社会发展并能够指明地区教育政策方向的理论和方法论途径；

（3）有必要对联邦部分和民族地区部分的教育实施现状进行研究并建立俄罗斯在后苏联教育空间的民族和多元文化教育模式；

（4）要定义符合俄罗斯社会多元文化特性和现代文明一体化过程的国家教育改革与现代化战略；

（5）完善符合俄罗斯国家体制现代化发展要求的各主体教育发展法律基础。

在现代俄罗斯民族地区教育体系发展过程的研究中，我们依赖于文化历史一体化背景，将民族地区教育体系看作社会文化和教育现象，其研究基础是教育哲学。

从民族地区教育体系发展的理论和实际考虑，它依靠的不仅是在当今俄罗斯社会经济条件下，复杂的国家和社会教育管理模式，以及地区教育政策优先权，而且还有相互联系而又彼此矛盾的全世界的全球化趋势和各地区的社会化过程。

目前开始建立形成民族地区教育体系规划的理论性假设。这一方面比较合理的说法有：

（1）关于现代世界的教育发展战略和教育领域的现代政策原则。这一方面的著名学者包括俄罗斯学者：别斯图热夫－拉达（И. В. Бестужева－Лада）、В. П. 鲍里谢果夫（В. П. Борисенков）、Б. Л. 波里夫索恩（Б. Л. Вульфсон）、Б. С. 盖德舒斯基（Б. С. Гершунский）、В. И. 哥聂茨斯基（В. И. Гинецинский，）、Ю. С. 达韦朵夫（Ю. С. Давыдов）、С. В. 达得莫捷赫（С. В. Дармодехин）、А. Н. 诸德里斯基（А. Н. Джуринский）、В. М. 茹德拉果夫斯基（В. М. Жураковский）、扎别索茨基（А. С. Запесоцкий）、Л. П. 库德拉果夫（Л. П. Кураков）、Н. Д. 尼卡恩多夫（Н. Д. Никандров）、А. И. 诺韦果夫（А. И. Новиков）、Р. А. 德拉诸姆内以（Р. А. Разумний）、В. А. 斯拉斯捷尼（В. А. Сластенин）、О. Н. 斯莫林（О. Н. Смолин）、Л. А. 斯捷巴史果（Л. А. Степашко）、В. И. 索尔达特京（В. И. Солдаткина）、В. М. 菲里勃夫（В. М. Филиппова）、В. Д. 沙德里果夫（В. Д. Шадриков）、В. К. 沙巴娃洛夫（В. К. Шаповалов）、Е. Н. 史雅诺夫（Е. Н. Шиянов）等；其他国家的学者：С. 卜德拉夫斯卡（С. Браславска）、Х. Х. 卜杜聂德（Х. Х. Бруннер）、Л. 拜克（Л. Бэк）、Х. 别苏德里（Х. Вессури）、Д. 戴聂尔（Д. Дэниел）、Б. 果杜艾尔（Б. Колдуэлл）、В. 奥德多聂斯（В. Ордоньес）、Р. 马可林（Р. Маклин）、А. 莫库斯（А. Мокуса）、Г. Л. 奥斯比（Г. Л. Оспина）、Б. 撒以莫恩（Б. Саймон）、У. П. 特里耶德（У. П. Триер）、Ж. 哈尔拉克（Ж. Халлага）、Т. 赫由谢（Т. Хюсен）、Б. 艾特娃德撒（Б. Эдвардса）等。

（2）关于联邦制教育政策和地区化原则的相互关系。这一方面的著名学者有：И. А. 巴日娜（И. А. Бажина）、В. И. 别斯巴洛夫（В. И. Беспалов）、Е. В. 邦德烈夫斯卡娅（Е. В. Бондаревская）、С. В. 歌德拉契夫（С. В. Грачев）、А. А. 歌德烈果夫（А. А. Греков）、Е. В. 达尼里屈乌克（Е. В. Данильчук）、Г. С. 捷尼索娃（Г. С. Денисова）、В. И. 扎歌维亚日斯基（В. И. Загвязинский）、М. Н. 库日姆恩（М. Н. Кузьмин）、Л. В. 列夫屈乌克（Л. В. Левчук）、А. П. 里菲德洛夫（А. П. Лиферов）、Г. И. 洛维茨基（Г. И. Ловецкий）、В. А. 玛雅尼果夫（В. А. Мясников）、М. Р. 德拉多维里（М. Р. Радовель）、Х. Г. 特哈噶珀索耶夫（Х. Г. Тхагапсоев）、Л. М. 夫克索恩（Л. М. Фуксон）、Н. М. 史维左夫（Н. М. Швецов）等。

（3）关于统一教育空间的基础性原则的建立和多元文化教育方案的实施状况。这一方面的著名学者有：О. В. 阿德拉盖尔亚恩（О. В. Аракелян）、А. Г. 阿斯莫洛夫（А. Г. Асмолов）、Н. В. 巴得洛夫斯卡娅（Н. В. Бордовская）、О. И. 沃列果（О. И. Воленко）、Г. Д. 德米特德里耶夫（Г. Д. Дмитриев）、Н. Б. 克德雷洛娃（Н. Б. Крылова）、Г. И. 葛斯洛娃（Г. И. Кислова）、В. В. 玛卡耶夫（В. В. Макаев）、З. А. 玛丽果娃（З. А. Малькова）、С. И. 姆德杜扎里耶夫（С. И. Муртузалиев）、Г. В. 巴拉特葛娜（Г. В. Палаткина）、А. А. 德列恩（А. А. Реан）、К. И. 撒里莫娃（К. И. Салимова）、Л. Л. 苏普杜诺娃（Л. Л. Супрунова）、М. Г. 塔以挈诺夫（Тайчинов）、В. Н. 查杜洛夫（В. Н. Цатуров）、В. А. 史涂耶夫（В. А. Шитуев）等。

（4）关于在不同的教育层面增加民族地区成分而设计教育内容的问题。这一方面的著名学者有：П. Р. 阿涂拓夫（П. Р. Атутов）、В. К. 巴茨恩（В. К. Бацын）、А. А. 别拉娃洛夫（А. А. Беловолов）、М. Б. 耶史奇（М. Б. Ешич）、Л. П. 珀罗果赛果娃（Л. П. Прокошенкова）、Р. Б. 撒巴特果耶夫（Р. Б. Сабаткоев）、О. Ю. 斯德列洛娃（О. Ю. Стрелова）、Х. Х. 苏库诺夫（Х. Х. Сукунов）等。

（5）关于民族地区教育体系在不同层面的建设中的结构内涵问题。这一方面的著名学者有：З. Б. 阿卜杜拉耶娃（З. Б. Абдуллаева）、Т. Н. 阿斯塔夫罗娃（Т. Н. Астафурова）、А. В. 别里昂耶夫（А. В. Беляев）、А. П. 维里屈克

（А. П. Величук）、А. Я. 达尼柳克（А. Я. Данилюк）、Б. М. 德扎恩达德拉（Б. М. Джандар）、Н. Г. 耶姆左娃（Н. Г. Емузова）、И. О. 意里亚索夫（И. О. Ильясов）、З. К. 卡德葛耶娃（З. К. Каргиева）、И. А. 玛拉史黑娜（И. А. Малашихина）、Л. Л. 德列奇果（Л. Л. Редько）、А. П. 特里昂比茨娜（А. П. Тряпицына）、Л. А. 哈德拉耶娃（Л. А. Хараева）、В. Л. 史得里昂耶夫（В. Л. Ширяев）等。

（6）关于对年轻一代实施民族文化方面的教育。这一方面的著名学者有：И. А. 阿德拉波夫（И. А. Арабов）、А. В. 别里昂耶夫（А. В. Беляев）、К. И. 卜扎洛夫（К. И. Бузаров）、Г. Н. 沃尔果夫（Г. Н. Волков）、И. А. 日姆尼亚（И. А. Зимняя）、А. К. 卡盖耶夫（А. К. Кагиев）、Ю. С. 葛莫夫（Ю. С. Кимов）、Т. Б. 国特扎耶夫（Т. Б. Кодзаев）、В. К. 果奇索夫（В. К. Кочисов）、Б. А. 塔哈霍夫（Б. А. Тахохов）、С. Б. 乌日捷诺娃（С. Б. Узденова）、Е. Е. 哈塔耶夫（Е. Е. Хатаев）、З. Б 察尔拉果娃（З. Б. Цаллагова）、С. Р. 挈德日阿莫夫（С. Р. Чеджемов）、И. А. 索罗夫（И. А. Шоров）、А. Н. 雅果列娃（А. Н. Яковлева）等。

通过分析我们发现，每一个作者都提出了一定的科学教育方案，并在其框架下确定教育体系发展战略，他们为提出世界和全俄趋势下的创新性机制和职能而进行探索。要特别提醒的是，通过众多的研究发现，虽然民族地区教育有很多不同的特点，但大多数研究者认为，民族地区教育体系应该是俄罗斯联邦统一教育空间的组成部分。

必须指出的一点是，由于这些常见的方法还不具备足够的科学理论支撑，缺乏俄罗斯联邦民族地区教育体系形成与发展方面以及北高加索地区的教育地区化方面的理论性假设。在该题目研究的实际水平和其研究程度之间存在着以下矛盾：

（1）在教育实践中，满足俄罗斯教育现代化任务和保护国家统一教育空间的需求与缺乏将教育政策的地区性视为重要因素的教育发展方案理论基础，以及俄罗斯现代民族地区教育体系发展的有效管理机制之间的矛盾。

（2）教育一体化进程的加速及其价值基础的加深与各民族自我意识的

提高，以及其独立性之间的矛盾。

（3）教育内容构建的民族文化和多元文化因素之间的矛盾，即教育体系的发展方向，一方面要求保护民族同一性，另一方面在世界全球化进程下，为每个学生自由进入世界信息和文化教育领域提供必要条件。

通过对该领域学术资料的分析，我们总结了在民族地区教育体系形成和发展过程中还没有得到解决并需要今后继续研究的问题：

（1）全球化社会进程对地区教育的影响有哪些？

（2）民族地区教育体系发展的内容和作用是怎样表现出来的？

（3）地区教育人道化和人文科学化的途径和手段有哪些？

（4）民族地区教育体系在俄罗斯联邦教育空间一体化过程中的现状和未来的发展如何？

我们认为，民族地区教育体系发展特点的研究要从教育过程演化的方向和内涵所确立的主导性趋势着手。它是能够满足现代社会文化的，世界、全俄和地区进程要求的教育人文趋势。

本书提出在 20 ~ 21 世纪之交，有关俄罗斯民族地区教育体系形成和发展的完整的学术构想，即：将民族地区教育体系理解为耗散性社会结构①（диссипативная общественная структура）；提出在全球化和地区化发展背景下以及维护教育统一空间条件下的地区教育发展特征；明确地区教育职能的组织管理条件。

本书供学者、教师、决策者、管理人员和教育领域的高校学生以及所有对现代教育发展问题感兴趣的人参考。

---

① 耗散性结构理论可概括为：一个远离平衡态的非线性的开放系统（不管是物理的、化学的、生物的，还是社会的、经济的系统）通过不断地与外界交换物质和能量，在系统内部某个参量的变化达到一定的阈值时，通过涨落，系统可能发生突变即非平衡相变，由原来的混沌无序状态转变为一种在时间上、空间上或功能上的有序状态。这种在远离平衡的非线性区形成的新的稳定的宏观有序结构，由于需要不断与外界交换物质或能量才能维持，因此称之为"耗散性结构"（dissipative structure）。可见，要理解耗散性结构理论，关键是弄清楚如下几个概念：远离平衡态、非线性、开放系统、涨落、突变。——译者注

第一章　地区教育形成与发展的理论方法论基础

20世纪末，俄罗斯在政治、经济和社会等方面均发生了巨大的变化。统一的苏维埃政权解散，民族对立的问题出现，全国各地区的社会政治形成相互孤立的局面。

俄罗斯的危机不仅体现在社会经济方面面临的困难，同时还有社会价值观的根本改变，而这一切都应该引起我们对于教育作用和任务的重新思考。

重视社会和民族文化地区特征的教育政策，成为俄罗斯联邦主体教育发展过程的优先选择。地区化作为教育结构内容改革的主要理论，成为地区教育空间形成和发展的基础。

民族地区教育体系的形成已成为20~21世纪的社会文化和教育现象，这要求我们对其在俄罗斯社会转型和保护全国统一教育空间条件下的发展过程进行更多科学的研究。这一领域的科学探索通过制定国家教育发展战略，并以维护俄罗斯国家主权为目的，在教育体系各层面实施现代化和改革而得以实现。

第一节　民族地区教育体系是一种社会文化和教育现象

地区化（регионализация）作为俄罗斯在20~21世纪形成的新的国家制度和社会政治、经济、法律和教育等主要社会体制转型当中的重要因素而出现。从宏观方面来看，这一过程体现的是从 20 世纪 90 年代开始俄罗斯联邦强化的个别地区行政、法律、社会文化和经济的独立性发展。在 20 世纪 80～90 年代，与地区化相联系的是民族领土"主权"意识的形成和独立管理主体的产生。

显然，地区化是苏联历史危机在日益增长的公民社会和公民国家中的一种表现形式。一方面，国家应该为个体和社会的发展提供保障；另一方面，目前的国家建设原则和机制不完全符合创建公民社会的构想。20 世纪的政治历史证明，过渡到国家和社会之间的合作以及建立伙伴关系是非常困难的。

实践证明，为专横政治服务的国家行政体系对公民社会的建设不仅无效而且是相矛盾的。已经形成的新型社会与旧的政治制度、国家观念之间产生了冲突，这一冲突不仅体现在中央，而且在地方政权也有体现。

在现代条件下，苏联时期盛行的中央和地区之间单一的模式慢慢转化为各种社会制度大转型的新联邦制。在该体制下，社会结构各个层面的作用变得越来越大，而中央的影响力变得越来越小。

20 世纪 80 年代中期，苏联实施的各种改革导致了严重的社会分层，这一现象在当今世界各国都有发生。根据他们的经验，解决这一问题首先要减弱阶级成分在社会发展中的作用。反过来讲，在个体生活以及整个社会中，某些社会结构因素和社会关系的作用明显加强，这首先可以归结为一种民族现象。

"民族"（этнос）由相对稳定的人群所组成。他们拥有统一的语言、文化和共同的自我意识。在现代科学中还没有与"民族"通用的定义。有时也用"种族机体"（этносоциальный организм）（Ю. В. 布罗姆列伊）和"生物社会有机体"（биосоциальный организм）（Л. Н. 古米列夫）等词来表示。但是正如 В. 基史果天（В. А. Тишков）所说，在俄罗斯社会科学界，当话题涉及不同历史进化类的族群时最常用的还是"民族"。"民族"这一词可理解为与其他族群相比具有同根、机能和静态的属性，以一系列不同的共性区别于其他种族的群体[①]。

为了揭示"民族"的心理特征，Л. Н. 古米列夫提出，他们是将自己与

---

① Тишков В. А. Этнология и политика. Научная публицистика. – М. : Наука，2001. – с. 229.

其他团体相对照的群体。他们将"我们"和"他们"、"自己的"和"别人的"分得很清楚①。每一民族都有自己独特而复杂的社会体系，这与其他共同体有质的区别。

提高民族在各社会层面的社会文化职能是当今世界的重要特点，它能加快社会发展的地区化进程。

"地区性"（регионализм，又译作"区域性"）现代科学是指该国某一地区固有的民族性、经济性和其他特征②。而 Л. М. 德罗比折娃（Л. М. Дробижева）对"民族地区性"（эторегионализм）做了这样的解释：民族地区性将会扩大民族群体和居住在俄罗斯联邦民族共和国境内的俄罗斯人的自决性③。

"地区性"（регионализм）观念在"教育地区化"（регионализация образования）观念中得到更具体的解释。B. M. 彼德洛维奇（В. М. Петровичев）指出，教育地区化是给居住在该地区的每一个孩子提供完整的、不间断的教育的过程。就是说，完全覆盖某一具体地区各个生活层面的居民教育，贯穿每个生命的整个过程的全面发展④。

从教学法的角度分析，教育地区化要充分考虑教学内容和组织的地区特征。俄罗斯联邦教育部的相关文件对此也做出解释：教育地区化要拒绝单一化的追求统一的教学大纲和各种规章制度。在选择独特而符合本地区社会经济、地理特征、文化、人口和其他条件的教育发展计划等方面给予地区更多的权利和义务。

现代化（модернизация）概念在最近几年作为教育体系现代化改革中的重要因素频繁出现。可想而知，现代化的首要目标就是建立教育体系稳定发展的机制，这与国家的社会政治需求相吻合。

如果将现代化理解为寻求新的教育体制的过程，那么要确立与复杂社

① Гумилев Л. Н. От Руси до России: Очерки этнической истории /Послесловие С. Б. Лаврова. - М. : Рольф, 2001. - с. 9.

② Краткий словарь современных понятий и терминов. - М. : Республика, 1995. - с. 357.

③ Постсоветское пространство: этнополитические проблемы//Социологические исследования. - 1997. №1. - с. 36.

④ Петровичев В. М. Региональное образование: организация, управление развитием. - Тула: Приок. кн. изд - во, 1994. - с. 34.

会条件相对应的发展参数。在教育现代化方案中，这些参数就是质量（качество）、机会（доступность）、效率（эффективность）。也就是说，通过确定以上参数的发展就能够保障教育体系的稳步发展。

因此，俄罗斯教育现代化过程只有在社会文化转型和国家的联邦制结构变革的条件下进行。改革中最重要的一个因素就是制定适合国家教育观点的地区教育政策。在这一问题上，不仅要保证地区教育发展计划符合联邦教育发展计划的要求，而且还包括完成各层次的国家权力机构与社会管理部门之间的最优分配职能任务，确立实现地区教育政策的机制和条件。这要求建立稳定的地区教育体系并使其作为确定法律基础、明确与联邦中央之间的新型关系的依据。20世纪90年代，在俄罗斯各地区形成的法律框架表达了重建国家教育管理体制的观念。

在选择完全符合民族地区条件的教育战略方面，需要考虑授予地区的"权利和义务"，其中最重要的一点是展现地区和联邦教育之间的最佳关系。对此 B. K. 沙帕瓦洛夫（B. K. Шаповалов）做出了正确的回答，即该问题的解决是多民族国家维护统一联邦教育空间的前提条件。同时，他阐述了教育组织原则的多样性，确立了教育方法，为创建教学计划以及实现教学方法提供了保障[1]。

要从教育学角度解释地区化的概念，就要重视这一过程的社会文化因素。当今世界的地区化问题可以从以下几个层面来分析。

宏观层面的地区化：表现在追求地方文明，保护自己免受外来文明的影响。作为"全球化"的倡议者，在后工业时代发展的国家（相对于农业和工业国家）应该最大范围地形成自给自足的社会经济体系，表现在封锁后工业体系的国家投资和商业资源，实现移民政策严格化，发展国家的政治联盟和团体。这在后工业文明与工农业世界之间引发了矛盾，这也导致西方国家在生产领域的投资额不断增长，智力潜能不断增强，努力保持自身的稳定和自给自足。

中观层面地区化：地区化使个别地区整合为现代世界的不同国家。例

---

[1]　Шаповалов В. К. Этнокультурная направленность российского образования. – М., 2002. – c. 105.

如，20~21 世纪初，西欧的民族国家都纳入了地区联盟。就这样，1996 年，属于不同政治行政体系的欧洲 300 多个地区和 4 亿多的公民签署了欧洲地区化宣言。出台该宣言的欧洲地区大会，在各国的制度框架内实施地区化政策。对于地区化的认可不仅在欧盟内部，而且还包括欧盟之外。

微观层面地区化：20 世纪之前，地区化过程只在民族国家内部展开。从西爱尔兰和印度的民族冲突以及苏联和南斯拉夫的解体过程，我们可以看出这一点。联合国教科文组织的报告指出，地区化是世界教育体系发展的主流趋势，它应该包含民主性、全球性，两极分化的、边缘的、非核心的和片断的层面。

在这方面我们要指出西方教育管理体系中出现的两个相互对立的原则：统一性（централизованная）与去统一性（децентрализованная）。在法国，从拿破仑时代起就形成了全国范围内严格的国家教育体系行政单一管理模式。但是就像 З. А. 马勒科夫（З. А. Малькова）和 Б. Л 布勒富森（Б. Л. Вульфсон）说的一样，就是这种严格集中化的管理模式，在最近十年成为妨碍学校工作者和地区行政部门积极性的绊脚石，并导致教育模式和方法变得千篇一律。

与此同时，有的国家采用了民族教育体系去统一化的管理模式。如美国、德国、英国和瑞士等国家的各州和各地区在教育发展领域享有相当大的自主权。去统一化模式尽管有很好的正面发展，但是它也会引发不同地区教学内容之间的巨大差距，不利于国家教育标准的实施。

为了弥补该管理体系的不足，形成符合现代世界发展趋势的管理优化模式，英国、德国、美国和其他一些国家正在加强中央权力，而法国却给予地区和地方政府必要的权限。

公共管理理论认为"地区"（регион）是联邦主体或其他小于民族的共同体，其权利和责任由宪法和其他法律文件所规定。1993 年通过的俄罗斯联邦宪法从政治法律角度将俄罗斯分为 89 个地区（联邦主体），包括 21 个共和国、6 个边疆区域、49 个州、1 个自治州、10 个自治区和 2 个联邦意义上的直辖市（莫斯科、圣彼得堡），每一个地区都有各自的管理机构。

俄罗斯有一种特殊的政治和法律制度，即联邦主体预先决定地区政治、经济和社会文化自决权的增长过程。这一社会制度让人感兴趣的不仅是其与自然地理因素的相互制约，而且还有与民族、社会文化和政治状况相联系的内部依赖性，因为后者决定俄罗斯从省区主义（российский провинциализм）向地区主义（российский регионализм）转变的过程。

俄罗斯在后苏联时期新教育政策的形成经历了政治解体后的离心趋势，它破坏了国家统一的社会经济空间。这种现象要求人们思考和寻找世界历史类似的现象并制定保护苏联国家制度的有效机制。在这一过程中西欧各国大规模开展了政治经济一体化。В. Д. 沙德里克夫（В. Д. Шадриков）在《冲突与合作的教育政策》中指出，现代西欧国家具有试图保护民族教育体系，同时确保各地区的经济一体化的特点。沙德里克夫很自信地说，该问题不仅超出了理论思考范围，哲学、文化学和民族心理的框架；而且还有"大政治""内部与国家间关系"的特征。

沙德里克夫提出，这一问题无疑是纷争的起源，因为它包含了最终无法解决的，甚至完全无法想象的矛盾，即包罗万象的人类教育使命和与其不可分割的传播单一民族文化遗产、保护民族同一性机制的职能之间的矛盾。

我们认为，对以上矛盾的思考，需要寻找文明社会与文化之间存在的误差。教育作为现代人传播必要知识的手段，有明确的文明社会倾向，而民族文化地标又不够明确，难以满足需求。特别是作为拥有多民族多文化背景的俄罗斯联邦给儿童灌输多元文化思想的难度非常大。

文化的国际化过程涉及世世代代形成的社会文化遗产机制的转型问题，以及对全人类绝对服从的民族价值的重新思索。教育不得不完成作为保护和发展文明社会成就和典范的人类文化使命。

在发展后工业文明的条件下，哲学家、社会学家、心理学家对"种族悖论"（парадокс этничности）的解释产生了兴趣。按照他们的说法，文化的国际化加强了民族自我意识的增长。20 世纪 80~90 年代出现的民族自我意识增长的特点是，对民族因素现代化的优化，对建立局部地区空间的意愿。

对于地区化问题的分析研究，首先要在国家法律层面进行，但是该现象在后苏联社会文化领域成为整个系统发展的特征。而有一个事实需要我们特别关注，即俄罗斯地区主权化过程破坏了文化教育空间的完整性。

从世界历史发展的合法性方面看待该社会现象，不可回避的一个观点就是，地区化是将社会结构中各层面不断增强的全球化的抵抗作为客观条件的过程。本书就是在地区化和全球化辩证发展的过程中，探讨俄罗斯教育发展的现代化问题。一方面，在世界全球化进程中形成的教育从本质上来讲是多模式、多职能的。另一方面，在地区化过程的影响下，产生了保护民族文化优先发展权的目标和俄罗斯各地区社会政治的独立性。因此，要确定对"地区"（регион）观念的理解。如果从政治和法律层面考虑，"地区"教育是指行政领土教育，从更广泛的范围来看，它是领土教育，是独立于行政牵制的。

俄罗斯总统在有关俄罗斯联邦地区政策主要法则的指令中对"地区"的解释是，"地区是俄罗斯联邦领土的一部分，它们享有共同的自然、社会经济、民族文化和其他条件"。这样一来，"地区"与俄罗斯联邦主体领土边境相重合，或者是联系国家各个主体的土地[①]。

如果从"系统性"和"完整性"的思想角度观察，"地区"可能被看作具有一定特性的系统聚合体结构的土地性分类。那么，现代科学中提到的"地区"具有多义性。在很多情况下，它的内容是由这个或那个科学依据中某一地区生活的具体切面所决定的。

教育理论中的"地区"是国家领土结构，在其框架内实施教育系统的各项职能（它与俄罗斯联邦主体边境相符合）。需要注意的是每个民族地区的教育体系，一方面是完全独立的，有该地区特色的社会教育结构；另一方面又将融入俄罗斯的教育空间。区域化过程和与其相关的教育利益地方化，将根据地方需求和利益而减小联邦中央的影响。国家权力和管理职能的下放，自然而然地推动了20世纪90年代以来民族地区教育体系的发展。

需要说明的是，在以前所有共和国和州统一的苏联教育模式的国民教育当中，根本不存在"民族地区教育体系"这样的概念。

在苏联时期之前，每一个民族都力图建立自己的学校和教育基础，但

---

① Регионоведение: Учебное пособие /Отв. ред. проф. Ю. Г. Волков. – Ростов – на – Дону: Феникс, 2002. – с. 24.

是没有发达的教育体系，以致它达不到触动现代教育科学的程度。通过国民教育棱镜的折射，又通过经验主义的经验实施，由此形成一定概念、方法和原则的教育过程性质具有判断性。直到 20 世纪才有了包含总体教育大纲和不同层次、方向的国际教育标准的教育体系，实施的教育机构，教育管理机构及其下属的相关部门。民族地区教育体系（этнорегиональная образовательная система）是居住在某一地区的民族按照民族文化特征构建的教育。

民族地区教育体系是一个多维的社会文化和教育现象。它遵循教育的民族文化方向。教育的民族文化方向是指既作为民族主体，又作为适应现代世界一体化条件的自决性的多民族国家的公民，发展个性社会化的目的、任务、内容、教育工艺和教学方向。

民族地区教育体系最重要的因素是民族学校，民族文化方向原则在此能够得到完整的实现。1991 年制定《教育发展纲要》时指出，20 世纪 90 年代俄罗斯联邦实施的教育改革有两个重要因素：一个与市场经济条件下的教育体系有关，另一个与地区教育体系的政治和社会文化总趋势有关。

但是，最近十年这一逻辑在教育改革方向中没有得到完全的实现，而且没有成为最近国家教育政策的实际方向。

1992 年的《教育法》强调，俄罗斯联邦教育体制改革在全方位地考虑有关发展现代民族地区教育体系特征的条件下，可以获得实质性的成功。

以前处于国家社会政治经济危机下的《教育法》，在国家教育政策中没有明确规定和制定有效的各地区教育发展管理机制。新《教育法》给各联邦主体按照民族地区特征建立独立的教育空间创造了可能性，这也导致地区教育形成局部化、民族地区化和渴望文化自治（автаркация）① 等趋势。

地区主义（регионализация）、信仰主义（конфессионализация）、商业主义（коммерциализация）是俄罗斯教育在后苏联时期出现的新现象，折射出了教育系统的危机。该过程是按照新时代哲学家 Ф. 培根（Ф. Бэконом）、Дж. 洛克（Дж. Локком）、Ж. Ж. 卢梭 （Ж. Ж. Руссо）

---

① Автаркация – стремление к культурной самодостаточности.

的思想和倡导民主化的欧洲保留至今的独特教育实践典范而形成的全人类文化基础和教育目标的结果。

信仰主义限制人们科学合理的思想，削弱具有共同意义并能够使人们联合起来，一起建造在现代文化领域超越宗教传统和信仰分歧的语言发展职能。在社会过程一体化的条件下，就是这种信仰分歧造成了人们之间的侵蚀、不理解和攻击现象。

教育的商业主义与人文主义（гуманизм）理想是背道而驰的。人文主义明确了人的价值，力求为每一个个体创造平等的条件。而在市场经济条件下，教育体系机制经受着对教育总体特性的怀疑。

地区主义是对教育作为全民机构之根基的破坏，对国家教育统一空间的损害是其最危险的趋势①。

总之，信仰主义、商业主义和地区主义是在对教育和培养体系具有哲学合理性的基本原则和价值界限的怀疑之下发展起来的。对此，А. А. 古塞诺夫（А. А. Гусейнов）提出，我们处在新兴文化意识形态之下，它不容纳旧的价值范围。

地区化思想，一方面是在几百年的发展过程中形成的统一的俄罗斯社会文化和政治空间威胁下确立的社会发展战略，另一方面就如 Э. Д. 迪捏珀洛夫（Э. Д. Днепров）所说，就是一个地区化过程。他认为，应当推动教育发展内部资源的运动，保护教育改革的统一思想，形成俄罗斯教育体系的"多元化空间"（пространственный плюрализм）和"多层次空间"（пространственная многоукладная），保留其多样性和多面性，唤醒地区教育主体，最终形成"自下而上"的教育改革模式。

实施地区性原则的方法论基础可以说是"整体"的方法，即在整体与其组成部分之间能够确立有机的或者职能的联系，发现教育地区化和一体化之间的相互矛盾趋势，探索它的发展和自我发展、教育空间的变异性和完整性。

按照以上观点，教育应渗透教会学校和市场关系活动体系，降低其在

---

① Философия，культура и образование（материалы〈круглого стола〉）//Вопросы философии. – 1999. №3. – с. 7.

国家政治体制中的地位；但这些都是在 20 世纪 90 年代的国民教育改革逻辑中的假设。该假设包括：不加强俄罗斯教育中的强项（教学的内部统一性、基础性、多重技术方向性），使其尽可能符合时代要求和社会文化国情，同时要填补苏联学校建设理论中未实现的空白。

信仰主义是根据合理性知识标准建立的教育精神道德培养过程，使学生了解宗教观是其建立人文的个体世界观，完成与儿童道德礼节发展相关的整套教育任务。

考察地区化的不同因素（法律法规、物质技术、财政、内涵等）要注意一点，研究该过程的最复杂的地方就是方法论问题。它要求制定有关俄罗斯社会文化教育体系发展过程的分析构架。

民族地区教育体系的形成过程需要社会教育研究。随着联邦制和地方自治的发展，地区变为社会生活的主体和重要因素。它是民族文化价值，也是现代俄罗斯民族共和国居民的民族文化需求增长的局部地区空间，它还产生了作为民族地区教育体系基础的新兴社会环境。国家权力联邦部门的"地区游说"（региональный лоббизм）出台了新的地区教育政策，并将其作为巩固俄罗斯联邦《教育法》和 20 世纪 90 年代确立的共和国法律法规的主要参数。

社会主义体制的解体引发了新的世界秩序形成过程的世界两极性结构变化，它要求国家之间建立多价关系。在《俄罗斯联邦民族安全构想》（《Новый мировый порядок》）中提出，俄罗斯的民族利益是个人、群体和国家在各领域的均衡的利益总和。个人权利的首要任务就是多民族的俄罗斯人民在 20 世纪 90 年代对民主做出选择。

对于"教育地区化政策"，В. К. 巴森（В. К. Бацын）提出了公正的看法。他认为，教育地区化政策应该反对单一化的教育模式，要完善俄罗斯联邦统一教育空间。俄罗斯联邦统一教育空间会根据地区的社会经济、文化和教育需求，为充足的自治功能和地区教育发展创造条件①。

与此同时，建立民族地区教育体系的分类学（типология）成为确立

---

① Бацын В. К. Реформа образования в Российской Федерации：1990 - 1994. - М.，1995. - с. 15.

现代俄罗斯教育改革总战略和制定教育发展方案的基本要素。只有对以上方面进行深思熟虑，才能获得有责任心的战略决议。此外，俄罗斯联邦《教育法》规定了联邦制原则，制定了组织地区教育政策一系列问题的解决细则，原因是它们无法在地区层面得到合理的处理。

联邦制充分考虑了多民族国家的教育和文化利益。它首先与为保护统一教育空间建立必要条件有关，但是根据最近十年的经验，在很多方面联邦中央的要求都与地区民族利益之间有矛盾，这导致了国家监管机构的不满。20 世纪 90 年代出现了一种危机现象，即为体现本民族文化传统、民族价值和利益而开始建立独立的民族地区教育体系。该现象与巩固地区的社会政治立场有关，会引来教育领域的民族主义情绪，导致民族文化价值与多民族国家公民社会总价值之间的对立。因此，保持国家利益与民族共同体之间的利益均衡是俄罗斯教育政策中的重要因素。

从历史的角度来看，20 ~ 21 世纪俄罗斯最复杂的多民族、多冲突地区就是南方联邦区，它包括俄罗斯联邦的 13 个主体①。就如 Ю. Г. 瓦勒克夫（Ю. Г. Волков）所说，南方联邦地区的现代社会过程具有独特的全球化、民主化和民族运动的对位旋律。

后苏联时期开始实行的民主化进程是在政治、思想、社会价值体系变化和国家解体的意识形态危机背景下展开的。同时，在这一时期还出现了全球化，经济、信息、文化和法律空间统一化的局面。它涉及整个世界的问题，包括环境、人口、核武器、反恐等。需要说明一点，全球化过程与其他具体过程不同。它不包含预先确定性和单一性，它具有多价性（многовалентный）和多因素性（многовалентный）。现代世界不可能是单一和具有同一模式的，而开始出现分化趋势。

俄罗斯的国家历史证明，社会发展是生活多样性的表现过程，而这一过程是无法实现标准化的。正是这种社会所存在的地区差异，成为衡量生

---

① 南方联邦区共有八个共和国、两个边疆区和三个地州。八个共和国：阿迪格共和国、达吉斯坦共和国、印古什共和国、卡巴尔达 - 巴尔卡尔共和国、卡尔梅克共和国、卡拉恰伊 - 切尔克斯共和国、北奥塞梯 - 阿兰共和国、车臣共和国。两个边疆区：克拉斯诺达尔斯克和斯塔夫罗波尔斯克。三个地州：阿斯特拉罕、伏尔加格勒和罗斯托夫。该区的总面积为 58.92 万平方公里，占俄罗斯联邦的 3.4 %，常住人口 21.6 百万人，占俄罗斯联邦的 14 %。（该数据来源于 2000 年 1 月 1 日相关资料）

活不可缺少的条件。全球化过程促进了社会生活各领域的地区化发展，实现了现代俄罗斯各民族的民族文化独特。

然而，如果说在过去的数十年当中，存在于苏维埃国家之中的是善于以行政手段控制周边国家和规范各种社会政治秩序的强大中心因素，那么现在由于地区化过程的影响，它的职能大幅度减弱，而地区化开始显现出指向某一特定社会生活秩序"差异"的自然属性，Ю. Г. 瓦勒克夫对此做出了比较公正的评价：在俄罗斯联邦各主体中建立的制度只能起到一个相对稳定的职能；但在今后的民主化道路上，在提高经济发展效率和解决各种社会问题等方面都很难得到进一步的发展。

在现代俄罗斯公民社会影响下形成的新兴社会政治条件作为适配控制体系正在逐步走向完善。对于北高加索联邦区各共和国（республика Северного Кавказа）来讲，这一过程在很大程度上，是以居住在该地区的各民族人民经长期的社会文化经验所形成的历史传统作为基础的。传统社会在不同民族群体保护民族文化独特性，试图与其他民族相互作用，根据相互支持的原则建立多元文化教育空间等个体利益方面，在很大程度上寻求一种折中的方法。

俄罗斯的现代化进程是在一个巨大的民族文化和各种多教派聚集的条件下实施的复杂的改革过程。它对国家安全和国家统一的过程带来威胁，但这不是一个不可逾越的障碍。北高加索联邦区各共和国过去十年的经验表明，全球互动和民族文化的发展可能出现的情况，确定了各民族不同的民族主义类型。Ю. Г. 瓦勒克夫明确提出，使用"民族动员"（этническая мобилизация）的概念来解释社会生活民族化过程的加强是完全正确的。他对"民族动员"的理解是，"在危机中为自我保护而组织起来的种族，为实现共同的民族政治和民族经济目标愿意联合起来实现民族利益。"

20 世纪后期在全世界范围内出现的民族运动，作为巩固全球化和对综合化趋势的回应，确保了全人类价值的优先发展方向。因此各民族通过民族文化复兴和民族心理特征的强化，强烈反对精神和物质文化的统一。重建社会生活中的民族因素是目前现代化国家社会经济、政治和文化发展和民族的民主特征产生的动机。但是在 20 世纪 70 ~ 80 年代，这些过程都没有得到足够的理论性解释，被称为"现代种族悖论"（этнический

парадокс современности）（С. А. 阿鲁特优诺夫和 Н. Н. 切博客萨罗夫），
这也是现在多数研究人员将 20 ~ 21 世纪视为主导人类社会发展趋势的时期
的原因。民族因素现实化的表现在世界强国（美国、法国、西班牙、加拿
大等）中也有体现，在世界政治和文化空间中，维护民族认同和民族独特
性是许多国家反全球化运动的重要要求之一。

　　在俄罗斯联邦，最尖锐的民族化过程体现在北高加索地区，就是这样
的民族运动将民族地区变成了政治实体。很明显，在全俄国家认同的条件
下，民族性在一定程度上已经成为一种补偿因素。此外，各民族之间的种
族冲突导致民族关系的恶化，以致在 20 世纪 80 ~ 90 年代发生武装冲突。
通过分析北高加索地区民族运动的特点，Ю. Г. 沃尔科夫（Ю. Г. Волков）
得出这样的结论：俄罗斯中央和北高加索地区的民族化过程及其主要阶段
不是同步的，北高加索地区的这一过程比较晚。研究者相互对比其中的因
素，并认为其原因是其在民族属地原则下建立联邦关系的主权化过程与高
度的民族运动。

　　俄罗斯形成的新政治体制的重要特征之一，就是现代化进程与政治文
化领域民族化的夸大表现之间的冲突（重建民族适配控制和法律程序的古
老模式，排外性、宗教传统主义、原教旨主义等古代形式）。此外，该过
程是在俄罗斯联邦中央和联邦主体之间的关系极端削弱的情况下进行的，
其中包括北高加索地区。因此，有迹象表明这种关系已经从联邦转变为
联盟。

　　俄罗斯联邦《教育法》（1992 年）允许各联邦主体根据本地区的民
族文化特征创建自己的教育模式，这种教育"民族化"和民族文化优先
发展的教育空间功能定位问题，是与保护各地区的社会政治独立性相关
联的。В. К. 沙帕罗夫（В. К. Шаповалов）指出，地区和中央的政治反
应是一致认为"新条件下的教育在其结构内容、类型和管理因素方面都
要体现地域性"。

　　因此，在教育内容里添加民族地区成分的因素开始受到人们的重视。
在此框架下建议开设地方历史、地理和文化课程，民族语言和文学，民族
传统和风俗等课程，这为解决俄罗斯教育民族化问题提供了有利条件。然
而，相关法律的缺乏成为制约因素，还需要从教育哲学方面思考俄罗斯教

育的民族区域发展过程，寻找将民族根源的解释作为合法社会发展过程的各种途径。

地区化过程是在非均质性的教育空间产生，并伴随着变异性结构和内涵指标而发展的。它给教育体系提供了补充性自由，引发教育的异变性、人道化和人文化。这些过程在苏联教育体系中是不存在的，当时只有单一化的教学过程。建立在苏联文化基础上的教育体系只作为形成和培养苏联人的机制，它与其民族和民族文化属性无关。

在 20 世纪 90 年代，变异性（вариативность）观念在不同类型的教育机构发展中找到了自己的位置。文科中学、实科中学、民族学校、创新性教育机构、职业性教育机构等新兴学校的教育活动所实行的教育大纲包含民族地区特色在内的各种新内容。

变异性作为教育体系发展的方法论原则，突破了传统的方法论基础，为建立符合当前复杂的社会文化变化的教育体系创造了条件。

显然，20 世纪后期的国民教育危机导致全国范围内的教育空间功能指标的系统参数从单一的（унификация）、不变的（инвариантность）模式，转向非均质的（анизотропия）、变异的（вариативность）形式。

我们这个时代形成的一种哲学传统特征，是缺乏一种在各种社会经济条件下都能生效的综合性教育模式。现在的教育体系展现出的，是教育发展的轨道、未来的前景和预期的结果，它无法搜集到多元文化教育的综合模式和对培养宽容性最有效的教育体系等内容。

在现有的多边发展的影响下，教育系统和其他社会机构以及整个社会的互相作用中存在很多不确定的因素。在这方面，正如传统哲学范式所提出的，现代世界的教育发展不是决定性的（教育体系的主要特征是因果关系）。现代世界社会经济过程的不决定性和随机性，以及社会体制的可选择性，决定了现代教育和教育学作为一种科学而存在危机的现状。

美国社会学家 У.Ф.沃格布尔（У.Ф.Огборн）在 20 世纪初就提出教育是社会学范畴的观点，认为教育与家庭、教会、价值观和国家政治经济结构有文化适应性。按照他的意见，教育在物质文化和适应性文化中的反应之间存在不协调性，这种不协调性被称为"文化滞后"（культурный лаг）①。显然，这种现象伴随着教育系统的保守性，以维护和发展现有社会价值的文化特色为目的。正是这种"文化滞后"引发了教育危机，其本质与目前的教育体系无法匹配快速发展的文明社会需求这一状况相关。

我们需要明确，"教育危机"（《кризис образования》）是一个复杂的社会教育学概念，不单单是指教育水平的下降或退化。然而，我们必须承认在所有的国家，不论其社会经济和政治结构特征如何，教育与社会发展现阶段提出的要求都会存在显著的差异。教育危机既反映出旧体制的恶化，又面临着复杂的新挑战。这一问题需要在世界范围内寻找解决方案。

З. А. 玛丽科娃（З. А. Малькова）和 Б. Л. 布里夫索恩（Б. Л. Вульфсон）的分析报告《关于国外教育发展主要趋势》（《Основные тенденции развития образования рубежом》）提到，在所有的国家（虽然发展程度和模式不同）都发现了与社会发展现阶段的客观要求不匹配的现象，这是世界教育危机的本质。早在 1968 年 Ф. Г. 孔布斯（Ф. Г. Кумбс）在其著作《世界教育危机》（《Мировой кризис образования》）中，对于全球化的世界所面临的突出问题首次给予了透彻的分析。作者指出，由于各国的条件不同，所以危机的表现形式也是多种多样的，有的轻，有的重。但是它的内部动因以同样的尺度出现在所有国家，不管是发达国家还是发展中国家，富裕的国家还是贫穷的国家。Ф. Г. 孔布斯在 1985 年出版的《全球教育危机：80 年代的观点》（《Мировой кризис образования. Взгляд из 80 – х годов》）一书中提出，这种危机变得更加严重，而且在教育领域内的总体情形堪忧。

最近十年出版的科学教育文献就教育危机产生的各种因素进行探讨并认为，文化的精神价值和文明社会的物质价值之间的深层次破裂是教育危机在 20 世纪出现的原因。这种破裂引发了这样一种观点：随着后工业社会的发展，总体的文化水平在降低，精神危机的征兆正在出现。

各国以不同的改革思路克服危机，包括对于教育体制的结构性变革，

---

① Смелзер Н. Социология. Пер. с англ. /Под ред. В. А. Ядова. – М. : Феникс, 1994. – с. 618.

对于不同层次的教育内容进行现代化，制定教育与国家经济结构之间相互关系的新模式。

然而，很难对改革进行一个明确的评估。在提高整个教育系统效率的同时，教育改革往往都没能跟上现代社会快速发展的步伐。此外，重要的是，并非所有的改革都是在深厚的理论基础上进行的。它往往是自发的，随情况而变的。

在 20 世纪后期出现的国民教育危机揭示了社会经济发展和教育系统功能之间的相互关系。教育系统的发展与社会生活秩序有关。这种秩序有了变化就会经历转型过程，这也会带来教育的危机。因此，在教育体系本身的功能特性框架下寻找危机的出路是不合理的，要在社会条件背景下寻求解决的基本参数。

教育系统的危机影响到其所有的组成部分，其中包括道德教育。加强俄罗斯教育民族地区趋势的发展，标志着其向超越民族教育的俄罗斯公民教育民族文化培养模式转变，其主要思想包括形成学生的民族自我意识，重建教育中的民族传统。随着民族地区教育体系的发展，俄罗斯联邦每一个主体都与民族文化、语言、传统和风俗在内的"复兴"观念联系在一起。因此，教育成为"给下一代传播文化的社会遗产机制和形成先发制人的人格品质机制"。

重要的是，这种认识具有国家历史"改革"的科学时代特性，而个体的民族文化认同可以理解为其在社会化过程中的一个重要方面，是在民族地区教育体系下发展个体的一种机制。

第二节　全球化进程对区域教育空间形成所产生的影响

社会发展是一个多方位的过程，它与教育空间的演变紧密相连，而这一教育空间又折射出人类历史的发展模式以及主要的发展轨迹［И. К. 史拉耶夫（И. К. Шалаев）、А. А. 韦德拉耶夫（А. А. Веряев）］。在与自然对抗中生存又会刺激文化现象的产生。一代又一代文化经验的转变是教育机构发展的基础。如果文化有能力产生新的社会信息，则教育就会充当将社会信息传播给人类的媒介。这样，教育的主要任务产生了，即在一定的条件、空间和时间里，通过对知识、经验、信息的一代又一代社会转移，来确保社会生活所必需的静态文化成分。因此，对教育时间（包括该过程的时间顺序间隔）和教育空间（所有社会条件、必要的基础设施和信息保障）的探讨要适当、合理。

区域教育空间（региональное образовательное пространство）是一个比较新的概念，它是指所有培养机构、科学教育中心、教育干部培训部门、政府和社会组织（与该地区青少年教育事业相关）的总和，它们在现代世界的社会生活中进行着国际性的相互影响和相互合作。

知识和经验的代际转换需要相应的信息保障、适当的社会条件和社会关系，而这种社会关系反过来又会形成新的教育环境。个人的相互作用是产生社会因素的主要方面。这方面，我们同意 В. И. 吉涅岑斯科（В. И. Гинецинского）的声明。他说：“教育过程是不同规模的社会交往特殊结构相互共存和/或更换的多样性。”据科学家介绍，这种互动的最小结构单元就是“教师和学生”，他们每一个人都被赋予了一定的社会权力，而更大的结构单元是“世界教育空间”。

最近，“空间”这一概念进入许多生活领域：经济、政治、信息、社会文化以及作为社会组成部分之一的教育领域。社会文化空间是一个整体的结构，它具有地区性和灵活性。它的构成要素，一方面具有稳定而综合的目的，另一方面与一种相互影响和相互依存的网络相衔接。这个空间的对象是教育机构、家庭、教会、青年组织和协会、继续教育机构以及提供社会便利和保护的社会服务机构。

揭示教育空间（образовательное пространство）的特点，首先要强调与影响教学、培养和人的发展过程相互关联的条件。在这个综合体里，它们成为对儿童实施有针对性的社会化和内化效应的重要因素。然而，这一概念的含义，并不包含学生本身。虽然“学习环境”（образовательная среда）的概念也反映了与保障教学过程发展的条件相互联系，但是它提倡学生本人的存在与主体的相互联系，以及对社会教育环境的影响作用。

要充分考虑在教育过程中起重要作用的环境因素。它异常复杂，而且具有很大的潜力，但是它具有客观现实性。显然，在不同教育目的下对环境的利用也有所不同。一种策略是原封不动地使用，不做任何变化。另一种策略是为了提高教学培养过程的效率，对其进行改造。

就环境对于个体产生影响的倾向性和强度来说，为了实现这种影响必须确定条件和质量，而环境需要进行一些调整和改造。在这种情况下，我们要对空间的概念进行解释，它是教育过程中主体和客体创造性和综合性活动的结果。

建立这一空间之前，首先要确定其主要组成部分，设计它们之间的关系，明确教育在该系统中的地位。在这种情况下，社会文化空间成为个人发展的实质性因素。因此，教育环境和教育空间之间的本质性区别在于要善于使用教育环境，而要学会创造教育空间。

区域教育空间在直接影响教育结构和教育内容参数的整个社会文化领域的促进下才得以形成和发展。因此，任何一种教育空间最重要的特点是，它的社会开放性（социальная открытость）和耗散性（диссипативность）能保证教育空间在整个社会文化领域的作用。因此，人类社会发展过程对教育空间的影响也是不容置疑的。

在当今世界，全球化作为人类社会最重要的参数而存在。全球化不仅反映全球社会各个组成部分相互依赖和相互制约的过程，还表达了全人类作为一种社会生物的完整性思想。过去十年发生的社会政治现象，体现了制定和依据包括整个世界社会经济和文化教育空间在内的社会发展的全球化参数的必要性。该世界观体现了"文明世界梦想"的激活。

从启蒙运动开始，有一种神话植根于公共意识之中：整个欧洲的区域教育发展抹去了各民族之间的民族差异，使其丧失了民族文化特色。这个过程的逻辑是很清楚的：教育的发展为各领域科学知识的形成与发展创造了先决条件。它一方面为工业的发展奠定了基础，另一方面形成了各国之间的经济关系和各民族之间的一体化过程。这对文明发展的意义是非常重大的，而国际合作的成功与否将在很大程度上取决于跨种族的互动机制的体现程度。

因此，可以说，工业革命在一定意义上成为消除民族标准和社会发展差异、建立跨民族经济形态的先决条件。这种方法的合理之处在于教育作为掌握科学知识的一种形式，不是社会发展的民族因素，但是有历史文化方向。然而，这种方法限制了人类生存的各种形式。以纯理论的角度解释社会的进步，并将其作为唯一真正的方法会忽略历史文化过程，而且没有充分考虑到民族文化转化机制。它体现了欧洲意识，不允许有对社会发展的其他处理方法，这将忽视民族差异的多样性。

在理想主义范式下，被称为民族"大熔炉"的国家机械模式获得了其理论基础。这与国家形象有关，即国家是事物、价值、目标和"平均化大众教育"（усредненный массовый образование）的社会生产机制。

尽管研究者从社会学的角度研究全球化进程本身是近几年的事，但是它实际上一直伴随着整个社会历史的发展过程。其实，全球化观念及其内在本质是俄罗斯哲学和教育思想所固有的。在 11 ~ 13 世纪的古罗斯时代，"完美"人的形象包容了民族和全人类的特征。在 15 ~ 16 世纪，在 E. 普列穆德雷以（Е. Премудрый）、M. 格列柯（М. Грека）和 И. 费德罗夫（И. Федорова）的哲学教育著作中，首先提倡的是适合任何一个时代的博爱思想。这种博爱思想试图将西方的人道主义传统与俄罗斯的文化教育遗产融合在一起。在 19 ~ 20 世纪不断增长的社会经济需求体现了民族、文化和文明逐步融合的趋势。一代杰出的教育学者——B. 别赫捷德列（В. Бехтерев）、B. 巴赫捷德洛夫（В. Вахтеров）、K. 韦特茨里（К. Вентцель）、П. 卡普捷德列夫（П. Каптерев）、П. 列斯葛夫特（П. Лесгафт）、Н. 卡德列耶夫（Н. Кареев）、П. 克德罗巴基恩（П. Кропоткин и др.），他们开始分析俄罗斯的教育模式并设计了将来的发展道路。

全球化（глобализация）是综合人类文化成就及其作用的自然过程。它是通过各种社会文化传统和科学知识的推广、世界宗教和生产技术的产生与发展等方面的相互联系而推进的。在此背景下，全球化作为一个真正的历史力量而不断发展。然而，在当今文明和文化之间的对抗不断加剧的情况下，全球化日益成为一个突出的问题。

21 世纪国际教育委员会的《德洛尔报告》（《Доклад Делора》）中对全球化做出了正确的解释，即全球化是现代世界的超越现实。它包含着包括"全球和地方""总体和个体""传统和现代""长期和短期的办法""竞争和……关注平等条件下的权力保障""知识空前增长和人的掌握能力""精神和物质"等在内的纵横交错的矛盾和摩擦①。在此背景下，全球化在未来社会仍然充满着各种矛盾。

针对社会发展全球化趋势的主要特点，乌克兰教育与科学部长 В. Г. 克里门（В. Г. Кремень）强调了以下几点：

（1）通过创建共同的经济领域。信息空间等方法来实现民族、人民和国家的融合。

（2）世界各国社会关系的融合程度在很大程度上取决于每个国家与世界的沟通能力；没有这种客观能力的国家与大多数顺利发展世界社会关系的国家相比，无法继续生存，并将产生脱离于世界的敌对社会经济体系。

（3）目前国家与国家之间的竞争比以前任何时候都要激烈，而且这一运动在渐渐深入。除了经济，其他领域都赋予这一过程全球性规模。

（4）改变国家的性质，这些国家不得不向一些大陆性世界联盟传送部分的传统功能，如欧盟（Европейский Союз），或世界性的组织，如联合国（ООН）等。

现代欧洲自 1999 年以来实行博洛尼亚进程（Болонский процесс）的目的是增加扩大欧洲教育的机会，提高其竞争力②。博洛尼亚进程通过增强大学之间的联系，增加大学生和教师的流动，为欧洲国家创造坚实的基础。在此背景下，欧洲一体化超越政治和经济进程而浸入教育领域。它促进了欧洲的一致性，加快了欧洲统一教育空间的形成。

联合国教科文组织副总干事，《教育与全球化》（UNESCO，1998）的作者让·哈勒格（Жан Халлаг）提出，全球化和区域化是自 20 世纪 80 年代以来出现的两个"重要的长期发展趋势"。他说，全球化是世界经济和金融部门相互依存关系的结果。在 20 世纪末，这种趋势将出现增强趋势，原因有以下几点：

---

① Блоха Х. С. Доклад Делора：перспективы развития образования взрослых//Перспективы：сравнительные исследования в области образования. – 1998. Том XXVII. №2. – с. 36.

② 博洛尼亚进程：1998 年由英国、德国、意大利和法国的教育部长发起，倡议得到其他国家的支持并于 1999 年 6 月 29 个欧洲国家签署了博洛尼亚宣言，计划于 2010 年博洛尼亚宣言的各项目标都予以实现。迄今为止，已有 33 个国家加入，俄罗斯现代高等教育体系也准备加入博洛尼亚进程。

（1）包括信息通信技术在内的科学技术进步在加速；

（2）在地缘政治的冲击下，出现了各国不同的政治和经济联盟；

（3）意识形态的变化是市场调节的基础，它从金融经济领域波及人类活动的其他领域，其中包括社会领域。显然，最近十年的社会政治现象，促进了制定和论证社会发展全球化范式的必要性，而这也是理解世界社会与经济、文化与教育空间完整性的基础。同时，这种思想结构的出现也激发了"世界文明之梦"（цивилизационное видение мира）的形成。

社会过程全球化是国际化的最新阶段：形成一个统一的世界经济空间，深化国际劳动分工，极大地加强文化联系。全球化最积极的方面是扩大各民族代表以及宗教和文化系统之间的联系，为形成共同价值观和丰硕的国际经验，以及世界教育系统作为一个整体的发展进步创造有利条件。

然而，国际合作对民族地区教育体系的发展也有消极的一面。Н. Э. 卡子耶夫（Н. Э. Казиев）和 Г. И. 玛格米德夫（Г. И. Магомедов）等人特别注重这一方面的研究。他们探讨现代达吉斯坦的教育状况并指出，教育的民族地区因素在个性特征形成中的地位和作用要从两个方面来考虑，而这威胁着民族的未来：一方面，西方文化和行为规范不断渗透到教育（образование）和培养（воспитание）的内容之中；另一方面，在西方文化扩张的巨大诱惑之下对自己传统的完全封闭。这将在文化间各种关系中产生互不接受的局面。显然，只有在保护和复兴民族文化，学会使各民族的过去和将来与教育的国际化相结合，才能够避免以上事件的发生。

在嬗变的社会政治现实和强烈的教育规范过程条件下，作为社会可持续发展的重要因素，公共利益领域具有重要的战略意义。它是每一个人获得社会政治、经济和文化权利的条件。所以，在 21 世纪，各国将国民教育发展的首要任务确定为努力发展民族的智力潜能，提高其竞争力、自主性和解决科学技术和文化发展众多问题的独立性。

国际化（интернационализация）使得教育更加开放地面对国际合作。此外，据 А. П. 李菲罗夫所（А. П. Лиферов）说，现在要让随着经济发展起来的教育国际化加速。世界社会经济巨大的变化和各国教育体系价值基础的演变，为全球化的形成和文明的发展创造了条件，其中教育日益具备全球的、国际的性质。然而，国际化进程的目的也在于形成世界教育空间。这样才有可能实现每个国家的国家利益，寻求对全人类的文明发展具有重大意义的各种社会政治和经济问题的解决方法。

教育国际化进程有一个客观依据，并表现出各种不同形式。显然，它不仅与现代世界各国的不同教育思想和方案相关，而且还具有社会文化过程的共性（общность）和单向性（однонаправленность）特征。其中教育体系接近的最自然的过程，只有在社会文化基础结构最相似的国家才能产生，并促进在一般教育理念基础上形成的区域教育空间和二者间的"和谐"（гармонизация）。

O. 阿努外里尔（O. Анвайлер）认为，民族教育体系主要发展方向的统一，为建立"世界教育学"（《мировая педагогика》）提供了可能性。毫无疑问，这种方法符合创建教育发展综合模式（универсальная модель）的总体方向。但是要注意，这种普遍性只有在保护世界各国社会政治结构，以及文化语言传统的多样性（многообразие）的条件下才有可能实现。

教育国际化的最高表现形式是形成统一的民族教育体系，并在其基础上实现民族文化的相互作用和相互渗透。

一体化（интеграция）是后工业时代的重要特征，它以智力提升为主要生产资源。它的任务是汇集世界的力量，解决现代文明社会的全球化问题。

后工业主义（постиндустриализм）的奠基人 Д. 贝尔（Д. Белл）在20世纪70年代分析了社会结构形成的主要特点。他指出，如果说工业化时代之前的主要生产资源是人的肌肉力量，那么工业社会的成就可以归根到机器技术。而在后工业社会结构条件下，智能和人类的知识就成了社会的主要力量。然而，在20世纪出现的多种迹象，战争和暴力行为数量的激增以及人为干预频率的增加都表明了一点，即通过纯理性的方法来改变环境具有局限性，它给人类文明的发展带来了极大的危险。

在19~20世纪，杰出的哲学家 Ф. 尼采（Ф. Ницше）、M. 海德格尔（M. Хайдеггер）、Г. 齐美尔（Г. Зиммель）等人对启蒙运动和科学知识的解放提出质疑，并提出认知形式之外的理性教育范式。法国的结构主义者

M. 福 柯 （М. Фуко）、Ж. 鲍 德 里 亚 （Ж. Бодрийяр）、Ж. 德 里 达 （Ж. Деррида）、Ф. 利奥塔 （Ф. Лиотар） 和其他研究人员是后工业时代的后现代主义思想（концепция постмодернизма）的代表。例如，根据后现代主义理论的创始人利奥塔的观点，后现代主义时代对理性和进步的推理产生不信任感。20 世纪 80 年代初期，他提出后现代是 "关于元叙事的怀疑"（скептицизм по отношению к метанарративам），它可以对启蒙时代理性传统的任何观念做出解释。

利奥塔的假说是 "当社会步入后现代时代，文化将改变知识的地位"。20 世纪后半叶的科学技术革命和信息社会的发展以信息的公开作为社会价值，而社会本身的发展可理解为从能源到信息技术的过渡。如果知识总是与特定的人相联系的话，那么信息是 "无个性的"。尽管它对所有人来说都是开放的，但是只有个人的主观经验能够使其转化为知识。这种信息认知过程包括两个相互联系的部分：将个人知识转化为信息，随后从信息中复苏和重建这一知识。

因此，后工业社会教育体系的主要任务是，使每一种文明的代表学会利用信息资源正确工作，在信息资源多样化条件下，使学习者养成适应性（адаптационный）、定位性（ориентационный）的特征。

历史证明，后现代时代的关键词是 "特殊性" "人类价值" "多样性" "民族文化差异"。Л. 贝克 （Л. Бэк） 在 《对发展问题专题研究的文本和背景》 （《 Текст и контекст в тематической разработке вопросов развития》） 中提出，具有各种各样文化的民族国家开始越来越多地讨论民族文化认同问题。其中要重点关注的是，文化与宗教对社会生活的独特影响与关于全球化趋同现象的论点产生尖锐的矛盾。假如全球化趋同（конвергенция） 的支持者提出关于按照世界市场需求完全同化的价值取向论据，那么他们的反对者会提出关于相互作用的两个矛盾面的说法：全球化和反映各民族的民族文化认同的多样性。

当然有依据说，一定社会结构所反映的民族文化对历史的影响是巨大的，它对文明、技术和经济决定论都产生过显著影响。因此，后现代时代的特点包括：提倡民族的自我肯定和区域化，反对经济全球化和世界市场竞争。现代世界民族自我主张的文化能够为克服全球化危机提供可能性。

各民族的文化认同和政治愿望，将形成多元化原则下的世界秩序。

应该指出，在后现代时代形成了关于种族根源的"文明实用主义"概念（цивилизационно - прагматическое）。这是赫塞欧尔特和塞特（Хосе Ortega - и - Гассетом）的观点。这两位哲学家认为，"……民族不是作为传统和过去而存在，国家具有家庭和氏族根源的说法是错误的，民族只有为实现未来的共同目标而努力才能够得以形成和存在"。

按照持反对意见的研究者的看法，人类社会的发展方向在于普遍同化、国际化、决定论，他们认为人类社会的发展是一个充满矛盾和内部冲突的过程。正如 Б. Л. 布尔富森（Б. Л. Вульфсон）所提出的，"关于和谐行星汇聚的欣快预言是无法证明自己是正确的"。到目前为止，在世界不同的地区都有跨民族、跨宗教和国家间的冲突。发达国家和发展中国家之间的生活水平差距越来越大，这就造成政治系统之间对抗的局面。

全球化进程改变了文化和教育相互影响的性质。文化和文明之间的辩证关系使人作为文明的代表，能够实现文化差异和民族文化价值最小化的目标定位。正如 А.С. 帕纳林（А. С. Панарин）所说："全球性问题是威胁自然、社会和精神环境的灾害，让人类承受着技术文明前所未有的压力。"

机械化时代要求教育在实用性方面得以加强，培养人的适应性和定位性，全面解决人与机器、人与自然资源、人与群体之间相互作用问题。在这种条件下，人类的道德价值被破坏，那些道德准则将随时作为人与人之间相互关系的催化剂而出现。现代教育的重点转移到在全球性灾难面前怎样生存、在剧烈的竞争当中怎样生活的想法上。因此，在社会发展的全球化趋势下，不可避免地会形成新的教育环境，而形成教育环境的主要原则是专注于知识模式（знаниевая парадигма）。

正如 Д. 里昂（Д. Лион）所说，在后现代条件下的知识更加具有务实性、应用性和工具性，其表现在教育系统发展中就是从认知的、摆脱束缚的功能，向训练、学习具体技能和执行程序转移。

在考虑后苏联时期的俄罗斯教育状况时要特别注意一点，它是在单一的联盟空间下社会政治分化的结果，而且世界性的社会生活全球化过程在此日益增长。现阶段，在全球化世界趋势下，俄罗斯社会文化认同不断巩固。它具有宗教合一的特点（экуменический характер）。宗教合一的文化和信息技术文化在后现代时代自然是会发生碰撞的（民族文化根源、宗教、传统和习俗被看作保留俄罗斯认同的保护机制）。

在一个像俄罗斯这样多民族、多文化、多宗教的国家，这一过程进行得特别困难。这使得国家的主要任务应该放在一点上：为了保护国家的统一性，要在社会、政治和经济领域出台统一的教育政策，为所有民族区域教育体系的发展提供不变的方法（инвариантные подходы）。

全球化趋势主要表现在，信息和通信技术在社会各领域的发展。它作为发展的外部因素，能够加快社会结构转变的步伐。它通过大规模的新兴信息技术侵入教育系统，实现信息网路全球化而得以确立。

在 2000 年 7 月八个世界最发达的工业化国家签署了《全球信息社会冲绳宪章》（Окинавская Хартия Глобального Информационного Общества）。该《宪章》强调，信息通信技术（информационно – коммуникативные технологии）是影响 21 世纪社会形成的重要因素之一。其革命性的影响涉及人们的生活、工作、教育以及政府和民间社会的互动。

现代信息通信技术是推动人类社会社会经济转型的基础，它能鼓励人们和社会运用知识和思想。根据该文件的观点，新兴信息社会的目的是给每一个现代文明代表提供充分发挥本人潜力的最好机会。这也是为什么在不久的将来，建立统一的全球化信息社会空间成为最有前途和最有效战略的原因。

但是，要建立一个统一的全球信息社会，首先要抑制试图将自己置于其他民族之上的民族沙文主义。21 世纪世界文明可持续发展的坚定基础是民主价值观、包容性和对其他民族的尊重。加强人力资源是保护和发展民族文化和教育政策的主要目的。

全球化强调提高教育质量，培养高技能的劳动力和具有全球性竞争力的必要性，而区域化趋势（тенденция регионализация）是与提高特定地理区域内的教育质量相联系的。现代世界的区域化趋势表现为，以在民族区域范围内和整个世界层面上重新划分政治经济领域的势力为目的，而创造各国联盟。例如欧洲联盟（Европейский союз）、拉丁美洲的南方共同市场（MERCOSUR）、南非国家的南部非洲发展共同体（SADAC）等。

以一体化为基础的现代生活全球化过程不可避免地会出现社会进程单一化的问题，其中包括教育领域。有一种风险，即国家和各州之间界限的消失，最终导致生活在不同地区的各民族文化之间的边界也变得模糊。后工业世界的问题表明，要联合力量寻找解决方案。

信息全球化时代出现的主要问题，要求针对普通和职业教育的内容进行彻底的修订。社会学家指出，在过去十年整个科学信息规模增加了两倍多，因此有必要重审现有的教学大纲和教育计划。显然，需要大幅度增加课时量，为每个学生独立掌握大量的信息创造条件，继续教育方案要求重新评估基本教育概念。显然，在几个世纪以来形成的教育实践满足了文明发展线性阶段（линейная стадия развития цивилизации）的要求和条件。在社会人道主义中，自然科学和技术知识发展具有相互联系的动态特征。此外在文化、科学和社会生产中还有一个不太大的"速度"变化。

在 20 世纪下半叶发生了一个重要的变化：作为现代社会特点，知识增加速度加快并出现了非线性文明发展。变异性（вариативность）作为对社会现象的理解和解释，对统一的、单一的、公式化的全球进程提出了质疑。教育的变异性过程要求在个性化和差异化原则基础上，制定教学组织过程的不同"路径"。在教学过程中的知识传播，不应该成为教育过程目的本身。显然，与增加新知识相关的教育内容的外延发展途径已被耗尽。后工业型区域教育应该在社会经济发展的背景下预测，并在其框架下看待以下组成部分相互依存和相互制约的问题：信息－教育－科技－教育－实践。我们认为，"教育和科学"的联系是现代社会信息化过程的主要因素。

再看看俄罗斯哲学家的看法。信息化问题的开创性著作《计算机革命的哲学》（《Философия компьютерной революции》）的作者 А. И. 拉科特甫（А. И. Ракитов）提出，在世界历史范围内，信息因素是了解人类社会和社会发展前景的决定性因素。他指出，从原始的生活方式开始计算，人类已经经历了几个技术层面（原始社会、传统社会、古典和工业资本主义时代，从工业到后工业社会的转型，以及在各个领域实现最大程度的自动化等）。此外，每一个阶段所取得的成就都是因为发生了相应的信息革命。

20 世纪 70 年代出现了一个新情况，即需要进行控制和裁决的一切社会化过程都与借助现代信息技术而接收和处理的信息相连。我们认为，把电脑只作为一个技术过程来看待是非常片面的。因此，有一点需要重视，即社会的信息化水平由"社会订购"（социальный заказ）调节。这种"社会订购"提出，由社会确定信息带功能的条件和机制的义务。

社会生活各领域的信息化投射到文化当中，就形成了个体的思想、价值观、生活以及工作方式。教育体系要解决培养人在"社会信息化"条件下生活的问题。因此要记住，信息化是高动态社会变革的基础。这些变化表现在人际关系、大小社会团体的运作、全球和区域进程当中。E. H. 帕斯合宁（Е. Н. Пасхиный）认为，信息化概念与人类社会的可持续发展理论是相一致的，我们在这方面与他持相同的观点。

人类社会可持续发展理论要求保护人、社会和大自然之间的均衡关系。文明的集约化发展伴随着巨大的自然资源的消耗和环境的污染。所以，全球化范围内的环境灾难、生物圈的破坏、社会动荡等都是不可回避的问题。

社会经济领域的发展要靠知识而不是通过扩大对自然资源的利用，在这样的背景下，信息化社会与可持续发展的理论是相匹配的。其中，工业废物的减少有助于解决环境问题。实现全球化范围内的现代技术转让和世界范围的信息资源公开，能使发展中国家掌握科技文明成果，促进人类社会的可持续发展。

教人们学会"控制"信息以适应全球信息流动是教育系统运转的基础。当前局势的特点是信息成倍增长，它使人们产生能够认知和处理这些信息的想法。

关于民族信息化的观念，C. A. 阿鲁特优诺夫（С. А. Арутюнова）和 H. H. 切博客萨罗夫（Н. Н. Чебоксарова）的分析很有意思。他们指出，由于俄罗斯社会民族因素的作用越来越大，所以在信息数量和种类不断增长的条件下，个体与现代文明现象相互适应的问题遇到了很大的困难。就是这种"人的信息有限"的现象成为寻找一个更小的和历史上固定下来的交际群的原因，对个体来讲，最近的和好理解的就是民族。

民族的信息化观念暴露了俄罗斯教育危机模式的表现特征，即开发能够充分考虑现代俄罗斯文化教育体系的多样性、方向、因素、发展机制和人类历史前景的新教育方针的必要性。

当教育模式超越教学过程中教师和学生的范围时，要开始思考文化和文明发展的进程，其中教育系统的效果标准由系统外的参数（внесистемныый параметр）确定。所以，需要在教育哲学领域寻找一种新的教育模式。

现代教育学和教育哲学探讨人的形成问题。人，一方面具有全球进程的"世界观"，另一方面，又是民族文化的载体。因此，在全球化和世界文化趋同的条件下，民族地区教育体系，一方面要成为个体民族文化认同的有效机制，另一方面又要成为民族关系和谐的工具。

我们认同拉智络绎森格（Раджа Рой Сингха）的观点。他说，全球化运动现在变得很明显，它将引起不同语言和文化间的更新和复兴。多样性成为动态的全球系统核心，它将是人类在未来最难预测的一件事情。

在信息化社会发展的现代情形下，教育要求每一个人都掌握多方面的知识。国民教育学校的传统和时代的需求要求俄罗斯教育体系不仅要培养高水平的专业人才，而且这一高水平的人才还要具有文明的个性特征。这种个性特征包括能够全面分析周围的复杂环境，具备人道主义素养和全面的科学观。

对当代俄罗斯形势的分析表明，20世纪末21世纪初，社会生活各个领域的现代化进程不仅具有社会经济内部过程特征，而且还包含与人类文明社会发展背景下的信息技术社会过渡相联系的全球化趋势。然而，需要指出的是，这些过程的矛盾是由于政治和意识形态性的因素而产生的。

В. Д. 沙德里克夫（В. Д. Шадриков）提出，现代俄罗斯的种族文化进程与文化一体化进程之间的矛盾，是由于整个现代世界所特有的"所谓的民族悖论"而增长。随着文化国际化的深入，民族自我意识水平也在加强。

因此，全球化和区域化具有辩证统一的关系：现代世界全球化进程的发展有本土化的倾向，反对社会和政治单一化形式。让我们以现代教育原理举例说明这句话的含义（见表1-1）。

表 1 - 1　现代教育发展的全球化和区域化问题

全球化方面	区域化方面
增强教育体系民族表现形式的统一性，建立全人类的价值和民族间相互作用的统一形式	教育体系的目的是满足民族地区需求，建立民族文化基础
民族文化价值在技术文明发展中找不到自己的用武之地，人失去民族根源代码	形成多元文化教育空间：通过本民族的文化了解其他民族的文化，形成多元化的思想
个人作为人类社会的信息载体和产品，其教育过程推动认知发展	在教学中实施合乎自然和文化的原则：遗传代码和文化环境是人类形成的主要因素

我们认为，正是在全球化和地区化的这种辩证统一之中确立的俄罗斯教育空间各组件之间的功能性联系，决定了国民教育发展的战略方向。

我们相信，普通教育学校在超民族的整个俄罗斯社会框架下，不仅要成为有效的教育工具，而且还要为俄罗斯联邦所有民族的国家政策服务。然而，其首要任务就是要确立国家意识形态，即简化公民价值体系，在全国范围内发起能够团结整个社会成员的爱国主义思想。此外，在充分考虑社会现实而制定的变异性教育方案，要认真探讨教育内容的联邦和民族地区成分。目前在民族地区教育体系发展中存在的主要矛盾，在于教育内容民族地区部分与多元文化因素不协调。一方面，教育体系号召保护国家认同感；另一方面，世界全球化进程为自由进入全球信息、文化和教育空间而创造条件。

将教育系统的动态平衡（гомеостазис）看作地区的信息化系统的 В. К. 杜舒婷（В. К. Душутин）认为，现代教育体系正经受着三重压力：教师和学生了解文明范式（形成信息文明意识）；完成国家和社会的订单（毕业生准备进入社会，意识到自己在市场条件下的作用）；融入区域环境的条件是要保护社会文化遗产。

我们认为，最后一个条件是保持区域教育稳定并自我平衡发展的最重要参数。

因此，作为个人信息结构形成与发展的地区教育体系内部平衡过程，要包含以下内容：作为保护和发展社会智力、社会文化的主要因素的教育社会化；以保护社会的民族文化遗产为目的的政府机构对教学的支持和信息化保障；削弱（демпфирование）大众文化和信息扩张的负面影响。

现代教育是国家、社会和个人的财富，它将个人塑造成文明的代表。与此同时要认识到，在全球教育研究中，要运用全人类价值体系中的元素，形成儿童最前沿的文明协同进化和社会文化的世界观。该世界观是通过民族地区因素而折射出来的。所以说，地区化是区域信息教育体系动态平衡和可持续发展的基础。

20~21世纪，国民教育尝试将地区化作为新兴教育模式的主要方向，其中包括一个重要的条件，即民族地区教育体系信息结构的内在平衡。

然而，民族地区教育体系面临一项任务：对教育过程实施信息化控制。可以通过以下措施保障其顺利进行：

（1）为了管理教育信息资源和制定增加民族地区成分的特殊教育大纲，要建立信息资源保障和教学控制的地区中心；

（2）为了稳步发展市场条件下的地区教育体系，要建立教育科学研究团体，形成教育思想和观念、教育技术和积极的教育实践经验，创建地区教育体系干部培训系统。

俄罗斯教育最主要的使命是确保社会进步和稳定，重建和发展文化资源以及人力资源，为实现教育优先发展的目标而出台全国性的教育政策，这在俄罗斯联邦《教育法》和俄罗斯联邦总统一号指令中正式宣布。建立俄罗斯联邦统一教育空间，保障国内教育和世界文化传统的统一性和连续性，确保人文主义优先的方向，在信息化和全球化趋势下，保障世界、国家和地区教育利用的统一性和互补性。

在现代信息社会的发展条件下，教育要求每一个人要掌握多方面的知识。传统的国民教育学校和时代要求俄罗斯教育系统不仅要培养高水平的专业人才，还要塑造能够全面系统地分析周围发生的复杂问题，具有基本人道主义素养和完整科学观的文明个体。

我们需要对现代俄罗斯地区教育的各个层面进行认真的科学研究和管理。在这方面，一个重要的步骤是俄罗斯联邦教育部地区教育政策管理处（Управление региональной образовательной политики при Министерстве образования Российской Федерации）作为管理民族地区教育体系发展过程的协调中心而成立。管理活动的重点，是制定以保护统一教育空间为目的的各地区教育发展运行的有效机制。显然，其管理活动的一个重要方面就是对各地区的教育质量进行监督，主要是对课程教学内容民族地区部分的监督。如果缺乏这些课程的国家标准，就很难实现对联邦主体教学质量的监督。

当然，地区教育作为统一社会机体的一个组成部分，无法独立解决出现的问题。在此背景下，教育成为政策的内容，而政策在很大程度上成为改变教育变化形式的目的。正如 В. И. 索乐达肯（В. И. Солдаткин）所说，存在于政治分支谱系的教育政策是社会生活的现代现象。

但是，我们首先要区分"教育领域的政策"（политика в области образования）和"教育政策"（образовательная политика）这两个概念。按照 О. Н. 斯莫林（О. Н. Смолин）的说法，"教育领域的政策"包括国家、教育相关机构、政党和其他与教育相关的政治活动部门采纳和制定的一整套措施。而"教育政策"除了以上的内容，还包含来自其他政策的教育内容和教育影响（经济、社会、信息等）。斯莫林最后的结论是：在 20 世纪 90 年代，俄罗斯联邦政府的总统和议会对教育领域的政策更加重视，而不是广泛意义上的教育政策。他认为，这在一定程度上成为摆脱教育系统危机的障碍[①]。

Л. Л. 苏铺路诺夫（Л. Л. Супрунова）在《面向北高加索地区的国家教育政策》（《Гуманистическая направленность государственной образовательной политики на Северном Кавказе》）一书中提出，一方面，20 世纪末北高加索地区的教育发展过程反映了俄罗斯教育政策的新方向；另一方面，俄罗斯联邦主体的战略利益以特殊的经济和独特的社会经济文化进程作为条件，这与在苏联时期形成的教育传统相互联系。

我们认为，现代地区教育政策的使命和方向应该考虑到以下几点：

（1）克服教育中的技术统治主义（технократизм），这反映了社会物质技术领域的发展需求是以牺牲个人的需求为代价的。科学技术革命使人类服从于提高经济实力的思想。由于产生了"教育在国家发展中的作用是次要的"这种观点，这一领域一直被忽视。这导致许多社会问题的出现，

---

① Смолин О. Н. Политика в области образования и образовательная политика//Народное образование. – 2003. №5. – с. 25.

其中的社会动荡问题就需要立刻制定出整套的国家政策来应对。

（2）加强教育的价值文化职能，这与解决个体社会化和社会经验传播问题相连。正是这种文化成为提高人类的智力经验和形成人类社会发展前景的重要领域。随着文化的普遍下降，在全球范围内出现了社会教育退化的现象，这也表现在各国教育系统里。这就是为什么国家教育政策的基础应该与社会发展的价值文化基础相结合，为何要全面加强人的思维和理性的原因。

（3）制定新的教育理念和与现代社会政治相适应的教育模式。目前已确定了从"支持教育"模式向"创新教育"模式过渡的方针。建立人力资本，使教育进入优先的"生产"领域是后工业社会未来的发展道路。如果说传统的生产资源只有在一定程度上得以发展，那么人力资源则可在其可能的范围内，创造无限的文化、知识、技能、创造力等。

B. E. 舒克顺诺维（B. E. Шукшуновый）等人对现有的教育模式进行了分析并制定出教育发展预测方案，其特点见表1－2。

表1－2　教育模式

主要特征	模式种类	
	现有模式	可能的发展
人的主要任务	对世界的认识	改变世界
教育活动的科学基础	自然科学的方法	改变实际的理论
典型的任务	只有一个解决方案	很多解决方案
解决方案的评估标准	只有一个：对或者不对	有很多标准：有益、有效、无害等
对精神因素的影响	没有一席之地	为解决方案的选择是必要的
教育给人提供的东西	关于世界及其规律的知识	改造世界的方法论

从以上内容来看，舒克顺诺维在探讨能够"改变世界"的新教育模式时并没有考虑到许多现代生活的重要因素。我们认为，新教育模式的主要目标是消除科学和技术革命带来的灾难性影响，解决人类的问题，在实践中实现人性化，解决社会的要求和现代教育体系的可能性之间的矛盾。众所周知，黑格尔（Гегель）定义教育要从抽象上升到具体。这个概念的内涵中包含了全民和个人、全球和地区、多元文化和民族之间的辩证关系。

新的教育模式转变为给国家提供完全符合个体形成和社会进步的过程要求的先进教育服务。

（4）教育系统的发展不仅要考虑文明和统一的目标，还要考虑国家认同和独创性。这样的发展趋势对于多民族的国家更为适用。重要的是，要为民族教育体系的发展创造条件，与此同时还要努力保护统一的教育空间。

俄罗斯联邦目前的社会经济发展特点是经验主义（эмпиричность）、理论性思维的延迟性（запаздывание），往往缺乏指导和纠正改革进程的构想性框架和标准。这些特点也适用于经历着根本性变化的教育领域，它与现代社会的分散化（децентрализация）和人文化（гуманизация）过程是紧密相连的。

后苏联时期的现代俄罗斯区域政策基本原则包括：增强各共和国和地区所有领域的综合性发展，扩大对生产组织先进方法的利用，调控人口状况和劳动力的流动；依照国家的科学技术和投资政策以及俄罗斯经济改革方案来调控区域产业分工；保护全球化经济和现代欧洲"风格"的俄罗斯联邦的地缘政治利益①。

在实践中开发和实施区域政策机制是联邦中央解决地区化政治问题的系统性措施，其中包括教育的区域化。然而，在改造各个社会领域一般原则的战略中，社会文化因素要么放在次要位置，要么降到"种族"和"民族"层面。俄罗斯的现代教育政策原则应包括以下内容：

（1）为发展地区教育体系而创造条件，并将其看作俄罗斯和世界教育空间的组成部分；教育内容要反映联邦利益和民族地区利益。

（2）在保护俄罗斯联邦统一教育空间的条件下调控地区教育政策。

（3）在制定更新高等职业教育内容的原则中充分考虑现代高等教育的发展趋势，即人性化、人道化、变异性（多样性）、综合性等。

现代教育模式通过了解各民族的、俄罗斯的和全世界的文化和文明财富来确保教育和培养青年一代，形成共同文化来满足个体的认知利益所需的教育水平。以类似的方法确定现代教育体系的不变量，指出其在地区层面的实施方向。正如《普通教育内容的现代化战略》（《Стратегия модернизации

---

① Реформы образования в современном мире：глобальные и региональные тенденции /Под ред. Б. Л. Вульфсона，Н. М. Воскресенской，З. А. Мальковой，В. Я. Пилиповского. - М.：Изд - во Российского открытого ун - та，1995. - с. 272.

содержания общего образования》）所提到的，只有在这种情况下，俄罗斯的教育系统才能够摆脱生存模式而转化为发展模式。当代俄罗斯社会和经济领域的资源不是用来保护教育系统的，而是用来提高其成效的。

第三节 俄罗斯社会转型条件下的民族地区教育体系发展趋势

对于民族地区教育体系在后苏联教育领域的发展问题研究，面临新的研究课题。20 世纪 90 年代国民教育学校的去中心化和区域化过程中对俄罗斯联邦主体共和国和各地区的教育发展的比较性研究成为现实性任务。研究者最为关注的是北高加索地区，因为该地区的居民具有多民族、多语言和多文化的特征，该地区的各共和国社会经济水平差异显著。

需要说明一点，北高加索联邦区各共和国 （республики Северного Кавказа） 的民族地区教育体系的发展进程具有共同趋势。正如 Л. Л. 苏普鲁诺娃 （Л. Л. Супрунова） 指出的那样，物质文明的接近性，风俗习惯、传统和精神价值的相似性以及各族人民历史命运的相同性等，决定了北高加索地区目前的教育现实①。

为了更深层次地探讨北高加索地区的民族教育体系发展问题，需要进行历史回顾性分析。

保障普遍性教育机会的民族共和国教育系统在 20 世纪 20 年代已基本形成。1917 年，苏维埃第一次和第二次代表大会宣布：自决性是俄罗斯各民族不可剥夺的权利。为了执行代表大会的决定，人民委员会在 1917 年 11 月 9 日的《各民族权利宣言》（《Декларация прав народов России》）中宣布俄罗斯各族人民是平等的，在成为独立国家之前有自由的自决权，居住在俄罗斯境内的所有少数民族和族群都能够自由发展。

---

① 作为教育发展总趋势的研究我们将对北奥塞梯－阿兰共和国 Республика Северная Осетия －Алания （РСО－Алания） 的民族地区教育体系进行分析。北奥塞梯－阿兰共和国是多民族地区，有 100 个民族。奥塞梯族占总数的 53%，城市居民占 70%，具有高等教育水平的居民占人口的 32%，从事在教育、科学和文化领域的人口有 4 万余人。

　　在此之前，1917 年通过了《俄罗斯各民族权利宣言》和 1918 年人民委员会出台的《关于少数民族学校》（《О школах национальных меньшинств》）的法令。该法令规定苏联的所有民族有权在统一的劳动学校和高中两个层面自行组织母语教学。国家认可少数民族学校，并在此全面推行《统一劳动学校章程》（《Положение о единой трудовой школе》）。另外，开设少数民族学校要选择有足量少数民族学生的地方。学生数量标准定为同年龄组一个班的学生不能低于 25 人。该法令还指出，为了达到文化上的融合并使不同民族的工人阶级更加团结，需强制人们学习该地区人数占多数的民族语言。

　　1918 年召开了第 22 届苏联各地区教育代表大会，会议上积极探讨了与发展民族文化和母语相联系的民族教育问题。根据 1927～1928 年的学校普查，苏联当时共用 48 种民族语言授课，71%～94% 的各民族儿童用母语接受初等教育（小学教育）。

　　在各界代表大会上，少数民族的师范干部培养问题成为讨论最激烈的问题。根据 1929 年的统计，苏联当时有 85 所民族师范学校和 8 所民族师范学院，并在 24 所国民教育师范学院设有民族师范教师班。按照 M. 坡科洛夫斯基（M. Покровский）的说法，国家在教育领域的政策中反映的最重要的任务之一就是发展苏联的民族文化，将其作为全人类文化的基础。这个过程被称为学校的民族化（национализация）过程。

　　在北高加索地区教育民族化已在 19 世纪中叶开始形成。在 1847 年建立高加索学区以后，其总督 M. C. 瓦龙索韦（M. C. Воронцовый）提出要推行民族语言教学，所有俄罗斯族学生都要学习至少一门本土语言。但是，由于想学的学生人数不足，该指令没能实现。此外，还有一个情况值得注意，在 19 世纪中叶的教育政策中有两个相互矛盾的倾向，即地方主义和中央集权。

　　地方主义倾向（регионалистская тенденция）是在教育实践组织当中集中考虑高加索地区的社会政治和民族文化特征，而中央集权（централистская тенденция）则反映了统一性倾向和建立俄罗斯联邦教育体系。高加索学区总督瓦龙索韦说，这一时期实施的学校改革为以中央集权的方式实施教育提供了可能性。

　　19 世纪 60 年代出台的《初级国民学校章程》（《Положение о начальных народных училищах》）和《高加索及以外地区的教学区章程》

（《Положение об учебной части на Кавказе и за Кавказом》）要求用俄语实施教学。国民教育部长 Д. А. 托尔斯泰（Д. А. Толстой）非常明确地提出了当时的俄罗斯国家教育政策重点，即异族教育的目的是使异族后裔靠近俄罗斯族，并逐步与其融合。

下一个以母语授课为主的民族学校建设于 19 世纪 70 年代，即将教学权转交给高加索学区之后。这一时期的教育政策重点有所变化：民族语言的学习与俄语同时进行，有专业性教师实施教学，他们取代了在校的牧师。

1873 年出台的《关于设置高加索教学区的章程》（《Правило об устройстве учебной части на Кавказе》）提出，所有希望学习母语的学前教育阶段和 1~4 年级的学生都可以学到母语。然而，在 1884 年，根据在全国推行的《教会学校条例》（《Правило о церковноприходских школах》），学区学校又一次被教会学校所替代。

在革命前的国家历史时期，北高加索地区的各共和国民族教育类型不同，其中最为普遍的是"阿拉伯学校"（арабская школа）、"土著学校"（туземная школа）、"国有学校"（казенная школа）、"山区学校"（горская школа）、"教会学校"（церковная школа）等。它们由于民族和地区属性不同，所以教授的课程也不同。

民族学校的创建过程不同，各地区按照不同的社会文化特点实施教学。通过表 1-3 可以对北高加索地区在该时期的学校发展动态进行了解。

表 1-3　第一阶段（小学）的语言教学安排（1925~1926 学年）

教学语言	学校总数	教 师	学 生
民族语言（民族语言 + 俄语）			
奥塞梯语（Осетинский）	71（35）	86（62）	3385（1325）
切尔克斯语（Черкесский）	6（79）	6（190）	238（4606）
车臣语（Чеченский）	21（17）	21（64）	798（1234）
达尔金语（Даргинский）	4（0）	4（0）	140（0）
拉克茨语（Лакский）	12（0）	13（0）	508（0）
阿瓦尔语（Аварский）	15（0）	16（0）	476（0）

资料来源：Использованы выборки данных из источника: Педагогическая энциклопедия / Под ред. Калашникова А. Г. , при участ. Эпштейна М. С. Т. 2. - М. : 《Работник просвещения》, 1928. - с. 244-247.

表 1 - 4　社会教育机构网络（北高加索地区，1926 ~ 1927 学年）

民　族	第一阶段	学校类型			儿童家园	幼儿园	操场	一共
		7 岁	9 岁	第二阶段				
阿迪盖族（Адыгейцы）	114	1	—	—	—	—	—	115
印古什族（Ингуши）	23	—						23
卡巴尔达 - 巴尔卡尔族（Кабардинцы и балкарцы）	163	2	—	—	—	—	1	166
卡拉恰伊 - 切尔克斯族（Карачаевцы и черкесы）	107	1	—	2				110
奥塞梯族（Осетины）	83	7	—	5				95
车臣人（Чеченцы）	81	1						82

资料来源：Использованы выборки данных из источника：Педагогическая энциклопедия / Под ред. Калашникова А. Г.，при участ. Эпштейна М. С. Т. 3. – М.：《Работник просвещения》，1929. – с. 530 – 531.

在俄罗斯，早在 20 世纪 30 年代初，就形成了较为广泛的民族教育学校网络，出版了适合不同教育层次的民族语言教材，并在少数民族代表中培养了大批师范干部。1931 年在莫斯科创办了中央民族科学研究院。但是在发展统一劳动技术学校模式思想的影响下，各共和国和自治区的民族学校发展好景没能持续多久。从 20 世纪 40 年代起，在北高加索和其他地区的普通教育学校都开始失去与民族根源的联系，变得更加统一、更加政治化。

从 20 世纪 60 ~ 70 年代开始，国家开始实行"社会主义发展"事业。这一时期苏联学校的发展特点可以归纳为：在各民族完全融合的思想引导下，建立统一的苏联人形象，确保大部分民族学校向俄语教学转移。在这样的政策下，20 世纪 80 年代，北高加索（阿迪盖、卡巴尔达 - 巴尔卡尔、卡拉恰伊 - 切尔克斯和北奥塞梯 - 阿兰）已经没有一所用母语授课的学校，只有在达吉斯坦共和国（Республика Дагестан）有少量的能够学习母语的学校。这些学校的做法是将母语作为一门副课进行教学，所以对它的重视程度是很低的。М. Х. 巴勒克佐夫（М. Х. Балкизов）和 Ю. С. 葛莫富（Ю. С. Кимов）指出，在 1960 ~ 1961 学年，卡巴尔达 - 巴尔卡尔民族学校向俄语授课的转移不具备一个明确的评价标准：这一步没有足够的教育心理学、方法论和社会文化立场的依据。苏联党政支持的统一发展过程为多种技术学校的创立提供了有利条件。在这种背景下，北高加索的民族共和国进入一个从一年级起快速向俄语教学过渡的不明竞争当中。这时大家考虑的只是这一步积极的一面，没有思考其负面影响。对母语重视的减弱，将带来巨大的负面影响。这是对本民族过去历史和民族文化传统的丢弃。与此同时，对俄语学习的重视将提高民族共和国的名誉，为普通教育学校中级和高级阶段组织系统的教学提供科学基础。

通过 70 年的努力，苏联教育体系获得了很大的成就：接受高等教育的人数增加了十倍，教师中接受过高等教育的占总数的 73%，脑力和体力劳动者的教育水平差距明显缩小，继续教育体系形成，教育服务业显著增多。但是，在教育体系更新的所有正面趋势中，又产生了巨大的错误和损害，北高加索的各共和国都经历了一个荒谬可怕的教学过程。

苏联国民教育系统采取了众所周知的经济原则，生产着大众化的产品。在"对所有人和一切方面都是平等的"（равенство всех и во всем）的原则下，教育引来了统一的（единообразный）、虚拟的（фиктивный）、自然与文化互不适应的结果。

众所周知，苏联学校的理念是以科学依据性和历史合理性的方法来定位统一的教育内容。在俄罗斯国家历史上首次产生了完全新型的民族学校，它在教育的思想政治原则基础上，汇集了国家的、全民的和全民族的内容。近十年的全国教育体系发展，一方面，确保了高质量的教育，另一方面，使俄罗斯联邦众多民族的民族利益被统一化（消灭）了。最终，关于各民族共和国民族文化、语言和历史的内容从教科书上被删除了。教育领域的垄断政策促进了全国教育规模的扩大，但是没有推动各共和国民族地区教育体系的发展。

毫无疑问，俄语教学解决了掌握俄罗斯乃至世界文化的教学和方法论问题，培养了个体在高速发展的文明社会生活的能力。但是，它使几代人远离了民族文化和母语。直到 20 世纪 80 年代中期，在转型期的教育改革推动下，替换传统学校的教育模式，兴建新型教育培养机构，并试行民族学校逐步向用学生母语授课的教学模式过渡。在这一过程中，全国各地的民族地区教育同时还出现了"民族复兴"，民族自我意识提高等趋势。与此同时，对"民族复兴"（этническая реабилитация）的过分倡导成为民族间矛盾产生的根源，特别是在北高加索地区。在这样的现实背景下，决定北高加索地区的教育政策优先发展方向有极为重要的意义。

过去十年的改革对民族地区教育体系的结构产生了巨大的变化，需要对此进行科学的思考。

20世纪90年代后半叶，同俄罗斯的其他地区一样，北高加索地区的学前教育机构数量也有了明显减少。但是按照地区教育政策部（Управление региональной образовательной политики）的统计，全俄的下降比例是17%，而在北高加索地区的情况是，达吉斯坦、北奥塞梯 - 阿兰、斯塔夫罗波尔地区是6%，阿迪盖、卡拉恰伊 - 切尔克斯是9%，罗斯托夫地区是18%。仅在1995～1998年，幼儿园学童人数有明显下降，在阿迪盖，从14700人减少至12400人；在达吉斯坦，从52100人到45300人；在卡拉恰伊 - 切尔克斯，从12400人到11300人；在北奥塞梯 - 阿兰，从25300人到21900人[①]。导致学前儿童数量减少的主要原因是国家预算短缺，教育服务变为有偿服务。

接受学前教育的儿童中有一半由于经济条件不允许、交不起学费而无法去幼儿园和儿童乐园等地学习。这是当时全俄都出现的普遍现象，它给初等教育带来了巨大的压力。如果儿童没有在家庭接受相关的知识，就不具备学习小学教学内容的能力。从1999年起，北高加索地区的学前教育机构出现了明显的增长趋势。

在20世纪90年代，北高加索联邦区各共和国开始创办小学和幼儿园的教育培养综合体。虽然数量不多，但是它为学校教育完善提供了可靠的保障。

---

① Супрунова Л. Л. Гуманистическая направленность государственной образовательной политики на Северном Кавказе//Педагогика. –2001. №5. – с. 31.

表 1 - 5 北高加索联邦区各共和国的学前教育机构总数及其学生人数

北高加索联邦区的共和国	学前教育机构总数（所）			儿童人数（千人）		
	1999	2000	2003	1999	2000	2003
阿迪格共和国（Республика Адыгея）	138	133	128	11.8	12	12.3
达吉斯坦共和国（Республика Дагестан）	493	514	541	43.7	48.3	51.7
印古什共和国（Республика Ингушетия）	27	27	23	2.3	2.1	2.7
车臣共和国（Чеченская Республика）	—	—	—	—	—	—
卡巴尔达 - 巴尔卡尔共和国（Кабардино - Балкарская Республика）	257	256	237	28	29.1	29.6
卡尔梅克共和国（Республика Калмыкия）	125	124	128	8.7	9.5	9.8
卡拉恰伊 - 切尔克斯共和国（Карачаево - Черкесская Республика）	104	104	106	10.9	11	10.8
北奥塞梯 - 阿兰共和国（Республика Северная Осетия）	224	222	224	21.7	21.7	22.3

在 20 世纪 90 年代，虽然北高加索联邦区的所有共和国都经受了巨大的经济困难，但是中等普通教育学校的规模仍然有增长趋势。Л. Л. 苏普鲁诺娃（Л. Л. Супрунова）对 1998 ~ 1999 学年与 1985 ~ 1986 学年的数据进行了比较：阿迪格共和国（6%，13%），达吉斯坦共和国（8%，97%），卡巴尔达 - 巴尔卡尔共和国（10%，9%），卡拉恰伊 - 切尔克斯共和国（8%，57%），北奥塞梯 - 阿兰共和国（4%，8%）。

直到 2002 ~ 2003 学年，该地区普通教育学校的数量完全满足了该地区的教育需求。

表 1 - 6 北高加索联邦区各共和国的普通教育学校总数及其学生人数（2002 ~ 2003 学年）

北高加索联邦区的共和国	普通教育学校总数（所）	学生人数（人）
阿迪格共和国	175	61050
达吉斯坦共和国	1677	466061
印古什共和国	109	64588
卡巴尔达 - 巴尔卡尔共和国	290	140194
卡尔梅克共和国	229	55136

北高加索联邦区的共和国	普通教育学校总数（所）	学生人数（人）
卡拉恰伊－切尔克斯共和国	193	70263
北奥塞梯－阿兰共和国	212	103924
车臣共和国	458	193884

显然，普通教育学校网络的增长总趋势与创新型（инновационный тип）教育机构的建设相关。但是在北高加索地区的各共和国当中，这种新型的文科中学（гимназия）、实科中学（лицей）、单科加深型学校（школа с углубленным изучением отдельных предметов）和其他类型的可供选择的教育机构（альтернативное учебное заведенее）不超过北高加索联邦区各共和国学校总数的3%～7%。苏普鲁诺娃（Л. Л. Супрунова）对此现象进行了分析。她认为，有三方面的原因导致这种情况的出现。第一，新型学校的教师工资较高，该地区当时的经济状况无法保障。第二，由于没有足够的资金和师资队伍，所以北高加索联邦区各共和国的教育管理部门对普通教育学校结构改革的实施步伐持非常谨慎的态度。第三，教育管理者和大多数教师认为没有必要建立各种类型的学校。

毫无疑问，以上现象在北高加索联邦区各共和国的民族学校建设中也是存在的。目前在北高加索地区，特别是在北奥塞梯－阿兰共和国，正在形成一种以塑造新一代民族代表和创造者为目的的，在以母语文化传统为主的原则上进行教学与培养过程的民族学校。

从北高加索地区的民族学校建设经验的分析来看，这一问题无论是在理论层面，还是在实践层面都没有得到最终的解决。主要原因在于，教育界对民族学校在该共和国社会文化空间的地位和组织特点始终没有共识。虽然该地区有各种类型的民族学校，但是，在其建设中有一个共同的观点，即民族学校的教学既要有母语，也要有俄语。通过双语制来解决不同层次的语言教学问题。在初级阶段，重点放在母语教学中，到了高级阶段用母语和俄语教外语。在该过程的实施过程中要为个体在民族文化、公民和共同文明方面自决性的优化和全面和谐发展提供充分的条件。这也是俄罗斯教育的社会文化进程所提出的要求。

卡巴尔达－巴尔卡尔共和国可以找到民族教育模式的最佳表现，即在

一、二年级用母语教学，也使用一些俄语（民俄双语）①；从三年级开始逐步向俄语授课转移，也广泛使用母语，利用母语深化俄语（俄民双语）；从五年级开始使用母语和俄语两种语言教学，并确保二者的最高权威。就这样，民俄和俄民双语思想在同时较好地掌握这两种语言的学生个体发展背景下实现。

在北奥塞梯－阿兰共和国，这一计划也在实施。在提及北奥塞梯－阿兰共和国的民族学校建设问题时，共和国普通教育和职业教育部长 А. А. 列维特斯卡娅（А. А. Левитская）说："根据北奥塞梯－阿兰共和国宪法，北奥塞梯－阿兰共和国的国语是奥赛梯语和俄语。实际上奥塞梯语没有国语地位。显然，它没有成为教学语言。尽管在 77 所农村学校的小学阶段使用母语教学，但是在弗拉季高加索市连一所中学都没有这种情况存在。"这种复杂的情况导致相应的教学方法论基础和掌握奥塞梯语现代教学技术的有经验师资队伍的缺乏。

需要彻底改变民族学校，并使其成为在特有的民族文化基础上工作的，能够为解决文化间对话而服务的机构。这也是北高加索地区教育思想界面临的很多复杂而多边的问题中要求及时找到解决方案的重要问题之一。其中需要最大程度优化的是双语形成目标，即通过自然接触和影响，使教学成为两种语言和文化相互作用和相互补充的鲜活过程。

因此，制定民族教育模式成为发展民族教育体系的重要而长远的计划。在《奥塞梯民族教育构想》（《Концепции осетинского национального образования》）方案中提出建立民族教育模式的教育哲学基础，以供该共和国教育界进行探讨。方案中提到，奥塞梯民族教育最有效的体系是"在双语同步进行的基础上加深外语教学"。制定者提出的这一方法试图将保护奥塞梯语作为基础性教育培养职能的同时，加强充当母语功能媒介和文化间对话催化剂的俄语在各领域的作用。

该方法在民族学校的建设模式中被采纳。这里的主要问题在于如何确定教学量，怎么使用这些语言，课程转换怎样进行，等等，以实现用母语进行教育。2003～2004 学年，北奥塞梯－阿兰共和国实施了两种奥塞梯语民族学校模

① 民俄双语，指民族语与俄语双语，民族语即当地母语。下文"俄民双语"同。——译者注

式。实施的总体思路是开设专门的 10 ~ 11 年级进行教学（普通教育的、人文哲学的、数理化的班级）。不同模式给学生提供的语言学习环境也不相同。

第一种模式：（所学语言包括奥塞梯语、俄语、外语）以下课程用母语教学：奥塞梯语，奥塞梯文学，奥塞梯文化，俄语（1 年级），数学（1 ~ 4 年级），历史（5 ~ 6 年级），地理（6 ~ 7 年级），周围世界（1 ~ 4 年级），应用经济（10 ~ 11 年级），音乐和创艺（1 ~ 7 年级），体育和生命安全（10 ~ 11 年级），劳动（5 ~ 9 年级）。同时，普通教育 10 ~ 11 年级的社会课，自然科学专业 11 年级的生态课，物理数学班 10 ~ 11 年级的物理课用外语授课。

第二种模式：（所学语言包括俄语、奥塞梯语、外语）以下课程用母语实施：奥塞梯语，奥塞梯文学，奥塞梯文化，数学（3 ~ 6 年级），历史（6 ~ 7 年级），奥塞梯历史和地理（9 年级），周围世界（4 ~ 5 年级），应用经济（10 ~ 11），音乐和创艺（4 ~ 7 年级），体育（4 ~ 11 年级），生命安全（10 ~ 11 年级），劳动（5 ~ 9 年级）。第二模式中使用外语授课的课时量与第一模式相同。

显然，所提供的教学计划模式极大地增大了培养多语言个体的可能性，但是在实际教学的组织和方法论方面出现了一些困难。①用奥塞梯语和外语教基础科学课程需要高质量的教学方法理论。②需要培养用外语教物理、生态和社会知识等课程的教师队伍。我们认为，重要的是要弄清楚学生学习母语、俄语和外语的准备程度。

对以上所列的教学组织和方法上的问题，在民族学校学习的学生家长持不同态度。对弗拉季高加索市的学生家长进行的问卷结果显示，只有 4.7% 的家长愿意让孩子在民族学校接受教育。而在农村这一比例是 9.8%。这是因为在农村地区保留了传统的交际方式，在家里和学校都用母语交流，大多数家长希望孩子毕业后能留在自己的家乡。

大家对奥塞梯民族学校持这种消极态度主要有以下原因：

（1）与传统的普通教育学校相比，民族学校课程内容中的联邦部分教学质量很低；

（2）缺乏高水平的科学方法和教学方法所必备的方法论基础；

（3）民族语教师的教育水平低，他们毕业的院系在中学生和大众看来名誉不高；

（4）家长希望给孩子开通考上本国一流大学的"绿色通道"，而民族学校的毕业证将阻碍他们的发展道路；

（5）大家认为民族学校是古老形式的教育机构。

我们就北高加索联邦区各共和国的家长对于民族学校以上五方面所存在问题的态度进行了调查（见表1-7）。

表1-7　北高加索联邦区各共和国的家长对于民族学校的态度

北高加索联邦区的共和国	对民族学校持消极态度的百分比（%）				
	1	2	3	4	5
阿迪格共和国	29.5	32.8	15.4	15.8	6.5
达吉斯坦共和国	32.3	34.9	11.8	17.3	3.7
印古什共和国	37.2	29.6	17.7	8.2	7.3
卡巴尔达-巴尔卡尔共和国	28.1	31.4	14.3	17	9.2
卡尔梅克共和国	30.2	35.1	16	10.2	8.5
卡拉恰伊-切尔克斯共和国	34.6	24.3	15.4	15.2	10.5
北塞塞梯-阿兰共和国	43.5	27.3	10.2	10.5	8.5
车臣共和国	23.7	29.4	16.4	12.2	6.3
平均数	32.4	30.6	14.7	13.3	7.6

注：2001~2002学年，参与的被试者达2700人。

通过以上表格我们发现，北高加索联邦区各共和国的家长中持"与传统的普通教育学校相比，民族学校课程内容中的联邦部分教学质量很低"这一观点的占32.4%。此外，认为民族学校"缺乏高水平的研究和教学所必备的方法论基础"的比例也相当高（30.6%）。与此同时，有83%的被试者提出，民族学校作为一个社会性机构，为保护民族语言、民族传统和风俗是非常必要的。还有78%的被试者认为，北高加索地区是多元文化地区，所以各个共和国要考虑民族政治和宗教信仰，要为民族学校对本民族及其居民发挥作用创造条件。

北高加索地区的多元文化属性要求建立多种类型的教育模式，以充分保障各民族的民族文化方面的教学方向。例如，2003~2004学年，在北奥塞梯-阿兰共和国的中等普通教育学校共有49个民族的儿童学习。2002~2003学年，197所学校用奥塞梯语授课，7所用印古什语，3所用库梅克语，1 所用格鲁吉亚和卡巴尔达语。

实践证明，在南部联邦区的各共和国已经开始创立学习居住在本地区的各民族语言的学校。在阿迪盖开设了亚美尼亚语和希腊语学校、哥萨克和斯拉夫文化学校。这些学校的建设主要由各共和国在首都成立的民族社团发起，散居在境外的民族人士承担了这些学校的财政费用，给学生组织各种课外活动和娱乐节目。此类民族性教育中心起到非常重要的作用，最重要的是，它为各地区创造了多元文化教育环境，让儿童感觉到自己是该民族的代表，同时也是俄罗斯的公民。

20 世纪 90 年代的民族教育模式多样性还表现在中等普通教育领域中出现的非国立民族学校的形成和发展。这一方面的发展见表 1 – 8。

表 1 – 8　北高加索联邦区各共和国非国立普通教育学校（2002 ~ 2003 学年初）

北高加索联邦区的共和国	学校总数（所）		学生人数（所）	教师人数（人）	
	总数	已通过认证的数量	总数	总数	持高教文凭者数量
阿迪格共和国	1	—	79	14	9
达吉斯坦共和国	3	3	313	100	96
印古什共和国	1	1	79	23	18
卡巴尔达 – 巴尔卡尔共和国					
卡尔梅克共和国	—				
卡拉恰伊 – 切尔克斯共和国	3	2	361	90	68
北奥塞梯 – 阿兰共和国	2	2	243	61	47
车臣共和国	—				

应该指出的是，选择性公立学校模式（альтернативные государственные модели школ）的建立并没有成为普遍现象。从表 1 – 8 来看，北高加索地区的所有民族地区教育系统当中只有 2% 的非国立学校。当时在俄罗斯联邦的其他地区，这一比例在 7% ~ 15%（见表 1 – 9）。

北奥塞梯阿兰共和国的非国立普通教育学校有弗拉季高加索文科学校和弗拉季高加索人文学校。它们的教学计划和大纲以文科类的课程教学为主，其中摆在首要地位的是外语（占课时量的 23.2%），自然科学课程占学生总课时量的 10.8% ，数学占 20% 。这种趋势反映了社会对高质量的文科教育的需求。

北高加索地区的非国立学校种类有：没有实施深化课程计划的学校（школы без программ углубленного изучения предметов）（28%），深化课程教学学校（школы с углубленным изучением предметов）（23.5%），有深化课程班级的学校（имеющие классы с углубленным изучением предметов）（18.5%），宗 教 学 校（конфессиональные школы）（11.5%），实科中学（лицеи）（10.5%），文科中学（гимназии）（8%）。

表 1 - 9　南方联邦区各共和国非国立普通教育学校（2002～2003 学年）

南方联邦区各共和国	学校总数（所）		学生人数（人）	教师人数（人）	
	总数	已通过认证的数量	总数	总数	持高教文凭者数量
南方联邦区	85	45	8873	2180	1919
阿迪格共和国	1	—	79	14	9
达吉斯坦共和国	3	3	313	100	96
印古什共和国	1	1	79	23	18
卡巴尔达－巴尔卡尔共和国	—				
卡尔梅克共和国	—				
卡拉恰伊－切尔克斯共和国	3	2	361	90	68
北奥塞梯－阿兰共和国	2	2	246	67	51
车臣共和国	—				
克拉斯诺达尔边疆区	24	14	3343	713	648
斯塔夫罗波尔边疆区	10	7	1220	257	224
阿斯特拉罕州	1	—	15	14	9
伏尔加格勒州	15	8	1310	425	376
罗斯托夫州	26	9	2027	512	444

学校发展的主要方向是根据学生本身的特征对教学过程中的教育内容、教学方法和组织形式进行区别性对待。

根据北奥塞梯－阿兰共和国《教育法》的相关规定，要充分考虑民族特征实施教育大纲。它分为普通教育部分（主要的和补充的）和职业教育部分（主要的和补充的）。

普通教育大纲（Общеобразовательные программы）旨在解决形成共同文化认同，使个人适应社会生活，为有意识地选择和掌握专业教育大纲建立基础等问题。主要的普通教育大纲包括：幼儿教育，小学普通教育，基础教育，中学（完全）普通教育。

职业教育大纲（Профессиональные образовательные программы）旨在提高职业教育和普通教育的水平。主要的职业教育大纲包括：初等、中等、高等和高等之后的职业教育大纲。

目前有关制定和实施地区性教育发展大纲的工作正在继续，它要解决以下几方面的问题：

（1）确保共和国和联邦教育政策在教育系统建设民族区域方针的统一性；

（2）为联邦、共和国和地区层面的教育管理职能的依次排列和通过统一的目标和任务协调工作而建立法律基础；

（3）为实现教育内容的联邦和民族地区部分，支持统一的多元文化和俄罗斯教育空间而制定教育纲要和教学计划。

20 世纪 90 年代的一个重要趋势是儿童补充教育体系的形成。目前建立变异性（вариативный）补充教育发展机制的工作已全面展开，其发展动态可以分两个阶段：

（1）准备阶段：指 1992/1993～1995 年的校外机构体系改革。该阶段解决的主要任务有：形成有关组织和发展所有继续教育和儿童培养系统的新方案，将补充教育视为变异性发展教育过程中发现"最近区"的创新性领域；大众和教育机构开始关注和思考校外机构的地位。

（2）过渡阶段：（1995～1999 年）这一阶段的特点是推广有关教育机构儿童补充教育的示范条例和《国家和地区补充教育机构发展战略》（俄罗斯教育部 1994 年 5 月 25 日 12/1 号决议通过）[1]。这一时期解决了以下问题：扩大补充教育系统中发展个性的可能性；最大限度地利用校外教育在自我实现和自选职业方面的程控方法潜力以及传统和经验；使儿童的学校

---

① 《Стратегия развития государственных и муниципальных учреждений дополнительного образования》（Решение коллегии Министерства образования России №12/1 от 25. 05. 1994 г.）.

教育和补充教育一体化；通过利用传统的和寻找新型教育方式的办法发展儿童的创造力；实现自由选择多种补充教育领域的原则。

通过以上两个阶段的校外教育机构改革形成了新型的教育机构，其主要目的是发展儿童的学习动力和创造力，实施补充教育大纲，为个人、社会和国家的利益服务。

很明显，在 20 世纪 90 年代末至 21 世纪初，儿童的补充教育实现了其主要的社会教育职能，它通过一种全新的方案更新了其内容，即补充教育的内容要实现一体化。

这些措施为形成多专业性儿童联盟提供了机会，使补充教育机构（ДОУ）成为综合性部门，满足了儿童的各种兴趣和偏好。其模块式（модульный）教学方法弥补了补充教育以前的单一结构。北奥塞梯－阿兰共和国的补充教育机构作为一个完整的网络，内部有体育、艺术、音乐学校，儿童创意中心和不同发展方向的专业式学校。

为了解决地区当前的教育问题，2001 年 11 月在弗拉季高加索市召开了关于"南部联邦区各共和国儿童和青年学生教育的主要趋势和问题"的科学实践研讨会[①]。参会者广泛探讨道德教育问题并一致认为，现代俄罗斯的教育过程应该充分考虑民族文化与全球一体化的辩证统一过程。新的教育目标应该考虑到现代俄罗斯的多样性和文化教育特征及其方向、因素和发展机制，以及人类历史的发展前景。在现代条件下，俄罗斯国家机构要确定教育理论和实践的新方法，要制定适合家庭和社会领域教育以及各种方向的教育机构工作的有效机制。

多样性（вариативность）成为目前初等职业教育发展的主要趋势，并与扩大专业方向有密切关系。1998 年北奥塞梯－阿兰共和国的初等教育专业只有 35 种，到了 2003 年增加到 52 种。2002～2003 学年中等专业教育机构一年级的专业分配包括：技术性专业 33%，经济专业 24%，师范专业 14%，医学专业 14%，文化艺术专业 7%，法学专业 5%，农业性专业 3%。

随着国家教育标准（ГОС）的出台，中等职业教育干部培训的教育内

---

① 《Основные тенденции и проблемы воспитания детей и учащейся молодежи в республиках и краях Южного Федерального округа》（г. Владикавказ，ноябрь 2001 года）．

容开始更新。同时，对教育机构的授权、认证和认可过程的法律基础开始得到完善。目前在中等职业教育机构正在推行新的国家教育标准（ГОС СПО）。它要求不仅要增加专业种类，而且要在基础性和提高性水平上实现干部培养。此外，新的国家教育标准解决了通过中专和大学之间的连接性教育大纲建立连贯性职业教育体系的问题。

北奥塞梯国立师范学院（Северо－Осетинский государственный педагогический институт）培养初等教育和学前教育的师范类和方法类专家，母语及文学、外语、矫正教育、补充教育、体育、言语障碍及聋哑儿童教育和管理方面的教师。该学院教学水平高，在弗拉季高加索和周边共和国享有名誉。

高等教育系统不仅是传统教育过程的最后阶段，而且是各国发展人力资源和科学的重要领域。其发展趋势的主要特征包括多水平和多层次性，灵活性和多样性，开放性和多元文化性，连续性和区域因素包含性。

现代高等师范教育改革过程中应解决的战略目标包括：创建和发展以人为本的高等师范教育方案；制定调整教育机构和所有进行高等师范教育体系活动的法律法规基础；依照教育标准联邦和民族地区部分更新师范教育内容；为发展不间断的师范教育网络创造条件；等等。

高等师范教育内容的改革需要开发新的组织形式。

俄罗斯联邦国务院主席团工作组在有关教育改革的报告中提出，目前国民教育面临的最重要的问题就是完善师资培训工作[1]。该报告指出，要提高教师的职业水平，培养和形成符合现代生活要求和俄罗斯教育现代化必要条件的师资队伍。

大学是地区科学教育潜力集中的地方，它承担着文化教育中心和连续性师范教育的任务。大学的这一职能在民族共和国显得更为明显。这里的民族大学作为一个综合体，是本民族科学和文化创造能力的集中地。以北奥塞梯－阿兰共和国的北奥塞梯国立大学为例，其成立于1920年，目前有17个系，37个专业，1万多名学生。这里有880名科研和教育工作者，其

---

[1]　В докладе рабочей группы Президиума Госсовета РФ по реформированию образования（2001 г.）.

中 15 人为院士（其中 7 人是国际性科学院的成员），62 位是博士和教授，388 位是副博士和副教授。

2003 年教育界探讨有关《北奥塞梯－阿兰共和国师范教育现代化计划》的方案①，其中讨论最为激烈的问题就是师范教育现代化要求对地区师范教育内部和外部规律进行相应的更新，指出俄罗斯师范教育现代化基本方向和任务适应北奥塞梯－阿兰共和国条件的必要性，按照民族共和国教育的一般理念确定其内容的特殊性，并制定具体的实施措施。

20 世纪 80 年代后期共和国国立大学的入学情况如下：北奥塞梯国立大学（СОГУ）650 人，北高加索国立钢铁大学（СКГМИ）625 人，高尔基国立农业大学（ГГАУ）600 人，北奥塞梯国立医学院（СОГМА）200 人②。2003 年的情况如下：СОГУ 是 2225 人，СКГМИ 是 1219 人，ГГАУ 是 1678 人，СОГМА 是 570 人。高等教育的增长趋势表明共和国居民对高等教育兴趣的提高和高校各种专业的增加。1985～2002 年共和国高校认证了很多新专业，其总数超过 90 多种。

共和国国立高校大学生的扩充专业综合分布情况如下：经济学 24.6%，人文学科 19.5%，医学 8.7%，教育 6.7%，农业 6.2%，食品 4.3%，自然科学 1.7%，制成品 1%。工程技术专业的学生占大学生总量的 21.6%。

高考生之间的竞争也日趋激烈。20 世纪 80 年代末考生人数和大学名额的比例是 1.05～1.3，而到了 2002 年，在国立大学全日制学习的名额平均值变为 1.83。与此同时大大减少了来自其他地区的学生人数。异地考生的比例是 3%～4.3%，这种趋势在北高加索联邦区其他的共和国中也存在。这将影响各地之间的相互作用和高校之间的合作发展。

20 世纪 90 年代，非国立高等院校的发展提供了选择专业化教学方式的机会。但是在包括北奥塞梯－阿兰共和国在内的整个俄罗斯出现了

---

① 《Программы модернизации педагогического образования в условиях Республики Северная Осетия － Алания》（Владикавказ：МОПО，2003. － с. 41.）.

② Северо － Осетинский государственный университет им. К. Л. Хетагурова（СОГУ）；Северо － Кавказский государственный металлургический университет（СКГМИ）；Горский государственный аграрный университет（ГГАУ）；Северо － Осетинская государственная медицинская академия（СОГМА）.

法律、管理、海关、银行和其他专业的热潮，所以共和国的 9 所非国立大学都开设了这些专业。2003 年的非国立高校学生总数超过 2500 人。

20 世纪末俄罗斯科学的区域化特征是俄罗斯联邦主体授权发展大学后职业教育。因此，共和国的高校研究生和博士生人数不断增加。北高加索地区的教育、国家历史、哲学、地理、经济和技术科学等专业的副博士和博士学位委员会顺利执行其职能。

众所周知，在现代化条件下的社会发展中，教育与科学密不可分的联系成为经济增长和提高国民经济效率和竞争力更强大的力量。它也是保护国家安全、提升社会福利和公民生活水平的重要因素。

在此背景下，科学家聚集的各种有益的科学实践论坛和共和国高校举办的各类学术会议成为解决科学教育实践合作问题的重要场所。其中影响较大的有：地区科学实践会议"现代小学和教师培训"（2000 年）[1]，科学理论学术会议"现代高等教育的人道主义和人文主义"（2001 年）[2] 等。

北奥塞梯－阿兰共和国的师范教育现代化主要特征包括：制定师范干部在多文化、多语言教学过程条件下工作的培训和进修的民族地区内容；更新教育工作者在掌握与师范教育现代化相适应的民族教育知识方面的资质要求。

以上所列任务要求完善师范干部技能培训体系。在共和国教育工作者技能培训学院基地[3]（РИПКРО）有 9 个研究所、职业培训系和教师信息中心。该学院在充分考虑民族地区成分的基础上从事制定教学大纲、教学方法论教材和工具等工作。

共和国教育工作者技能培训学院基地的职业培训系主要解决在共和国需求量较大的新专业课程（经济、生态、教育管理等）的技术培训问题。每年的平均培训量是 7000 人左右，其中长期培训的有 1500 人，短期的 700 人，5000 多名教师参与各种讨论会。

---

[1] региональная научно – практическая конференция 《Современная начальная школа и подготовка учителя》（СОГУ, 2000 г.）.

[2] 《Гуманизация и гуманитаризация высшего образования на современном этапе》（СКГМИ, 2001 г.）.

[3] Республиканский институт повышения квалификации работников образования.

北高加索联邦区各共和国在俄罗斯联邦教育空间的教育改革中遇到的困难有：教学方法论方面的图书资料欠缺；中学和高校的现代化设备不充足；人们对教育系统的需要和关注不够。

本章小结

（1）区域化原则目前已成为发展民族地区教育体系的主导因素，它的形成标志着俄罗斯联邦变异性教育进入了一个新阶段。该原则能够使民族地区教育体系成为包含本地区地缘经济和社会文化特征在内的发展战略主体。在这种情况下，区域化和全球化之间存在一种辩证关系：随着后工业化文明的发展，对保护和发展民族文化的渴望表现得更为明显，并在一定程度上成为单一生活方式条件下保护民族认同感的基础。

20世纪90年代，联邦机构的地区游说（региональный лоббизм в федеральных органах）提出在俄罗斯联邦《教育法》和共和国的法律文件中的地区教育政策的新原则假设。按照他们的设想，地区教育应该拒绝统一的教育空间，赋予这些地区自主选择自己教育战略的权利和义务，制定符合该地区社会经济、地理、文化民主等条件的教育发展计划。

（2）随着联邦制和地方自治的发展，"地区"变成了社会生活的主体和主要因素，以提高民族文化价值和居民的民族文化需求为目标的局部区域空间成为一种新的社会环境，它是民族地区教育体系形成的基础。

想了解区域化的教育因素，我们应该着眼于该过程的社会文化问题，探讨区域化的宏观、中观和微观层面。在全球化进程条件下形成的教育，一方面，具有多维度和多功能的属性；另一方面，在区域化进程影响下，将以保护民族文化和地区社会政治自治为发展目标。

（3）以全球化和区域化相统一为客观条件，在俄罗斯教育空间的各组成部分之间设定结构职能性联系是21世纪俄罗斯国家教育发展的战略方向。此外，区域化进程本身以从全国性教育空间职能标准（统一性、不变性）向完全不同质的系统参数（非均质性、变异性）过渡为条件。

与变异性结构内涵指标相联系的区域化进程给教育系统提供了额外的

自由空间，激活了教育的变异性、人文性和民族性过程。

（4）保护俄罗斯社会文化和政治统一空间，要求优化区域和联邦教育之间的相互关系。在此，发展民族地区教育体系的主要矛盾表现在教育内容建设中的民族地区与多元文化因素之间的不同方向性。一方面，教育系统的发展应该促进民族认同感的保护；另一方面，为每一民族的代表顺利地融入世界文化教育空间创造条件。

（5）教育的功能是在它所提出的价值目标的基础上形成的，它的转型将产生教育模式的变化。在此背景下可以确定，20～21世纪，教育模式从专横独裁向人文化转变。以独裁为特征的学校发展目标方针在20世纪90年代的民主化进程条件下是行不通的，它与已形成的社会价值方向的发展是相抵触的，而它反过来引起教育系统结构内涵和过程程序的变化。在这种情况下，我们认为地区教育政策应该充分考虑人文化模式。

第二章　当代俄罗斯民族地区教育
体系分析方案

当代民族地区教育发展理论的制度化要求有其历史－哲学和历史－教育学层面的理解。同时，在制定民族地区教育系统分析方案过程中，要以制定相应的教学工具来论证最初的研究立场。

当代教育理论中有关教育体系的研究绝大多数情况下都是描述性的，因而需要新的以存在于民族地区教育体系中的跨学科分析过程为基础的方法。

后苏联时期的俄罗斯社会发展暴露出一系列的民族政治性问题。正如 Ж. Т. 托先科（Ж. Т. Тощенко）所说："目前在俄罗斯联邦领土上进行着民族认同、民族尊严和民族荣誉的客观唯物主义过程。"[1] 每个民族文化的起源不同，每个民族对自己在新千年中的发展道路都有着独特的认识。

当代俄罗斯教育过程中切实存在的一些普遍问题需要在地区层面上进行研究，也恰恰是在民族地区教育体系的层面上俄罗斯教育现代化成果才得以展现。

本章提出的民族地区教育体系的分析方案将采用哲学－教育学（философско－педагогический）、系统学（системный）、协同学（синергетический）的分析方法，并制定出作为耗散性社会文化结构的民族教育体系综合模式，确定其在当代人文主义教育模式背景下稳步发展的教育条件。

---

[1]　Тощенко Ж. Т. Парадоксальный человек. － М. : Гардарики, 2001. － с. 200.

第一节　北高加索民族地区教育体系的研究

现阶段俄罗斯社会教育现代化表现为全面的战略改革，根据解决社会问题的需求，各种内容丰富的教育模式层出不穷。21 世纪社会经济的稳定发展，俄罗斯在科技、生产和现代信息技术领域大国地位的恢复等问题都与教育和育人改革密切相关。

转型时期开启了教育领域的大规模改革，教育改革的成就依赖于教育政策的大力支持。这一领域国家责任的恢复以及国家在教育领域的积极作用为相关领域深刻而全方位的教育现代化提供了必要的资源，创建了有效的使用机制。

北高加索地区的教育改革过程极具教育学研究价值，可以研究切合民族地区教育体系发展的现实方向。

现在整个北高加索地区的教育体系成为国家基础结构的重要元素之一。普通教育内涵建设的人文化、地区化和多样化过程在大大加速。但是普通教育理论在方法论方面中尚不完备，需要更多科学的思想和学术理论，以及教育实践方面的依据。Г. Б. 科尔涅托夫（Г. Б. Корнетов）、А. П. 莉费洛夫（А. П. Лиферов）、В. С. 索普金（В. С. Собкин）、Л. Л. 苏普鲁诺瓦娅（Л. Л. Супрунова）、П. И. 皮德卡西特（П. И. Пидкасистой）、П. С. 比萨尔斯基（П. С. Писарский）、Х. Г. 特哈伽普萨耶夫（Х. Г. Тхагапсоев）、В. К. 沙波瓦罗夫（В. К. Шаповалова）和 Е. Н. 施亚诺夫（Е. Н. Шиянова）等学者在著作中对有关问题进行了研究。

随着 20 世纪 80～90 年代民族文化的复兴，对青年一代民族教育特征问题的研究引起了人们极大的兴趣。这是教育科学发展的合理结果，这一研究对象与社会文化基础紧密相连。

Г. Н. 沃尔果夫（Г. Н. Волков）认为，民族教育学的发展过程具有特殊性，在创建可称得上教育文化（педагогическая культура）的统一空间时，教育学和民族教育学之间有着复杂的相互作用。

民族教育学研究的发展使青年一代民族教育权利得以恢复。接下来，一些反映当代民族教育文化各种观点的研究数据被公布出来。如 1992 ~ 2002 年，俄罗斯各个地区关于民族教育的有 550 篇副博士论文和 110 篇博士论文通过答辩，其中 50% 以上是在北高加索地区论文答辩委员会进行答辩的。这些数字进一步证明了人们对本民族教育文化理论的极大兴趣。

根据 И. А. 索洛夫佐夫（И. А. Соловцов）的观点，在教育体系现代化条件下，号召将国民教育作为现代育人体系的基础。按照他的说法，影响因素有：

（1）国民教育教学过程的群众性（массовость）、可复制性（воспроизводимость）和工艺性（технологичность）。

（2）在国民教育学中教育过程具有完整性，表现在世界与人的统一中，把人作为教育目的的和谐的生活方式中，国家、社会和私人生活的统一中；在这种情况下，人内心的纯洁被看作人所处环境的净化、社会关系和谐以及国家现代化的必要条件；同时，还表现在教育过程的完整性中，其在国民教育学综合的教育学环境概念中占上风。

（3）当代教育体系中影响国民教育学一体化的因素有：将教育的本质理解为"培养"（взрастание），即基于个人、国民、国家和世界中的一切都和谐的原则，使人的自我成长与自然、人文环境相互作用；将使受教育者参与到一定文化价值体系中作为重要的原则和任务；把反思看作人精神面貌的自我认识和形成的方法，甚至作为认识其他人的方法。

（4）国民学校固有的按照家庭（公社）形式创办学校的思想，或许是把学校和民族文化元素的设计作为基础[①]。

地区层面的科学理论会议和科学实践会议的频繁举行，成为最近十年的稳定趋势。如，1995 ~ 2003 年在北高加索地区共召开了 220 多次地区会议，讨论民族地区教育体系的重要问题，此间共召开国际性会议 35 次，全俄范围的会议 67 次。从而使地区教育理论和实践问题的研究成为地区科学研究的特色。

20 世纪 90 年代中期在北高加索的科学研究中，地区教育领域的比较

---

① Развитие личности в образовательных системах Южно - Российского региона. IX годичное собрание Южного отделения РАО. Часть I. - Ростов - на - Дону: РГПУ, 2002. - с. 215.

研究成为热点。在复杂的民族地区教育体系环境下，比较研究将帮助专家了解国外教育理论的经验特点，为制定国家教育政策、改进各级教育教学机构的理论和实践提供必要的经验，使地区教师培养达到世界和全国的标准，研究各国家不同地区创新活动的经验，使其适应本国的教育形势。

如 1995 ~ 1999 年，卡拉恰伊 - 切尔克斯共和国国立师范大学（Карачаево - Черкесский государственный педагогический университет）举办了 5 次主题为"现代世界的比较教育学和教育问题"（Сравнительная педагогика и проблемы образования в современном мире）的共和国科学理论会议，来自北高加索 20 多个城市超过 300 名学者和教育活动家参加了会议。会议公布的资料显示，当今世界对国家教育体系研究的兴趣在增长，甚至对北高加索联邦区各共和国民族地区教育体系发展的各种观点比较的兴趣也在增长。

每年在北高加索科研中心由俄罗斯教育科学院南方分院举办的"俄罗斯南部地区教育体系中的个性发展教育心理学报告会"（Развитие личности в образовательных системах Южно - Российского региона）已经成为一种传统，并为地区间教育联系与科研合作的发展做出了巨大贡献。近年来报告会在埃利斯塔（Элиста）、皮亚季戈尔斯克（Пятигорск）、迈科普（Майкоп）、斯塔夫罗波尔（Ставрополь）和纳尔奇克（Нальчик）等地举行。2003 年的报告会由俄罗斯教育科学院科学教育中心在索契（Сочи）举办。会上汇报北高加索地区个性发展教育理论与实践问题的研究结果，分析个性发展的心理，以现象学（феноменальный）和本体论（онтологический）观点研究心理和教育文化的发展，考虑在北高加索人民文化教育传统和教育学革新的基础上发展民族学校，解决地区各级教师培训程序方法的保障问题。

分析报告题目和地区科学研究所涉及的领域可以得出如下结论：社会哲学性质的著作数量增加成为稳定趋势，在当前探寻俄罗斯社会稳定发展道路的社会形态下，民族地区教育体系理论与实践的职能思想在这类作品中获得发展。研究包括民族教育学和民族心理学的教育教学方面：Р. М. 阿卜杜拉耶娃（Р. М. Абдуллаева）、Г. П 艾达洛娃（Г. П. Айдарова）、О. В. 阿尔塔季莫娃（О. В. Алдакимова）、Ф. Х. 黑比诺娃（Ф. Х. Гебенова）、А. В. 加姆涅娃（А. В. Камнева）、О. Д. 穆卡耶娃（О. Д. Мукаева）、А. Б. 巴尼金（А. Б. Панькин）、К. И. 哈加利耶夫（К. И. Хаджиалиев）等。俄罗斯南部地区民族政治军事的发展方面：М. В. 伯拉耶娃（М. В. Бораева）、Н. А. 沃洛布耶娃（Н. А. Волобуева）、Г. Х. 盖达尔金（Г. Х. Гайдаржи）、О. В. 古卡连科（О. В. Гукаленко）、П. И. 卡伊格勒多夫（П. И. Кайгородов）、И. Б. 列维茨卡娅（И. Б. Левицкая）、Т. Н. 拉姆杰娃（Т. Н. Ломтева）、И. С. 罗哲茨耶娃（И. С. Роженцева）、Н. М. 萨仁娜（Н. М. Сажина）、Е. Н. 钱谷拉耶娃（Е. Н. Ченкураева）、М. Н. 乔马耶娃（М. Н. Чомаева）、Ф. М. 日塔克娃（Ф. М. Шидакова）、З. Я. 雅库博夫（З. Я. Якубов）等。当今国际少年社会化和多元文化教育环境的形成问题方面：Т. Н. 卡西亚纽克（Т. Н. Касьянюк）、Н. В. 科洛米耶茨（Н. В. Коломиец）、Н. П. 克拉夫措娃（Н. П. Кравцова）、Н. С. 克拉苏科娃（Н. С. Красюкова）、И. А. 彼得鲁列维奇（И. А. Петрулевич）、М. Р. 拉多维里（М. Р. Радовель）、Л. Л. 苏普鲁诺娃（Л. Л. Супрунова）、С. А. 谢尔巴乔娃（С. А. Щербачева）等。北高加索地区共和国、边疆区和州的教育发展问题方面：Б. К. 贾巴得洛娃（Б. К. Джабатырова）、С. Б. 伍兹杰诺娃（С. Б. Узденова）、Э. А. 哈帕拉让娃（Э. А. Хапалажева）、Е. Е. 哈塔耶夫（Е. Е. Хатаев）等。

А. А. 格列科夫（А. А. Греков）认为，北高加索地区的社会政治环境使其更加需要解决如下问题的科学社会团体：①俄罗斯南部完整的多元文化教育空间的保护与发展；②移民儿童的教育心理学支持。

俄罗斯教育科学院"俄罗斯南部教育体系发展"科学研究综合方案组的学者对俄罗斯南部完整的多元文化教育空间的保留和发展进行研究。这一方案考虑到了俄罗斯联邦民族教育及其现代化的所有问题。其具体化的形式是包括"当代北高加索地区青年学生精神发展的迫切问题"（Актуальные проблемы духовного развития учащейся молодежи в условиях современного Северо - Кавказского региона）和"北高加索联邦各共和国民族教育及其教育体系的发展"（Этнопедагогика и развитие этнорегиональных систем образования в республиках Северного Кавказа）两个子项目。上述子项目包括研究青年社会化问题、现代环境下民族个性的认同、教育实践的民族文化元素；呈现民族间紧张程度并设置消除其紧张的教育心理学机构；探索北高加索民族学校体系的特殊性等。

与帮助移民儿童有关的方案是从 1998 年起实施的"移民儿童心理和教育基础问题"综合项目（Психолого – педагогические основы работы с детьми – мигрантами）。该项目的重要目的是确定学校中培养移民儿童的教学形式和方法，拟定社会化和文化认同的教学过程中诊断学生困境的手段，建立培养儿童家庭的体系。在学校的文化教育空间中，移民儿童的培养增加了多元与选择性原则。在研究被迫迁徙的移民重新社会化的趋势与前景的基础上，测定教育体系对移民过程的最佳效果。

此外，在各种目标明确的教育机构实现教育现代化的背景下，研究创建信息化环境的问题。与此相关的研究题目有《俄罗斯南部创建媒体教育环境的理论方法基础》（《Теоретико – методологические основы создания медиаобразовательной среды образовательных учреждений Юга России》），该研究为媒体教育环境的设计提供了教育学、心理学依据，为创建一种可推广至地区教育体系的模式提供了参考。

一年一度的报告会和教育科学院南方分院的年会讨论地区科学研究的各种观点，对工作进行总结。俄罗斯教育科学院南方分院（ЮО РАО）将当代科学发展迫切需要的研究方向纳入首要计划，并据此协调地区的科研活动。显然，1993 年创建的俄罗斯教育科学院南方分院将注意力集中在地区科研发展的问题上，在科学探索中解决问题并将其付诸教育实践。地方管理局在北高加索各城市创建俄罗斯教育科学院南方分院科学教育中心：伏尔加格勒（Волгоград）、马哈奇卡拉（Махачкала）、索契（Сочи）、斯塔夫罗波尔（Ставрополь）、克拉斯诺达尔（Краснодар）、皮亚季戈尔斯克（Пятигорск）。

这样一来南方联邦地区的科学研究就和地区教育发展问题的研究联系起来。

致力于当代俄罗斯地区教育体系功能问题研究的有：В. И. 别斯帕洛娃（В. И. Беспалова）、Е. В. 邦达连夫斯科伊（Е. В. Бондаревской）、Е. В. 丹尼利丘克（Е. В. Данильчук）、Л. В. 列夫丘克（Л. В. Левчук）、М. Р. 拉多维里（М. Р. Радовель）、Л. Л. 苏普鲁诺维（Л. Л. Супруновой）等。

对这一问题的研究分析显示，每一位作者都主张制定明确的科学教育方案，并在方案中确定教育体系发展战略，充分考虑在作为基本发展趋势的创新制度下，创建其运行机制。尽管不同的研究方法有很大的差别，但是绝大多数研究都认为，任何民族地区的教育体系都是俄罗斯联邦统一教育空间的组成部分之一。

当代俄罗斯教育的基本目标和任务是保证历史的延续性，保护、传播和发展民族文化；在尊重个人权利与自由法制民主的社会国家中，培养拥有高尚道德的爱国者和公民；使儿童和青年形成完整的世界观和科学的人生观，发展民族间的关系文化。

基本的研究方向有：

（1）北高加索联邦区各共和国教育发展的历史学 - 教育学视角①；

（2）地区教育体系中民族教育学问题；

（3）多元文化教育问题，培养当代青年对待民族关系的宽容态度和修养；

（4）在地区教育发展的全新社会经济环境中，民族学校体系的问题；

（5）在各级教育机构中，教育内容的民族地区课程问题；

（6）为民族地区教育体系培训教师人员的问题。

各地区学者特别重视分析解决民族冲突的心理学和教育学环境。地区科学实践会议对"民族交往的文化：形成与发展的问题"〔马哈奇卡拉：达吉斯坦（Дагестан）国立大学，2002 年〕这一问题进行了讨论。Р. М. 阿巴克洛维（Р. М. Абакаровый）、З. Т. 加桑诺夫（З. Т. Гасанов）、М. М 加桑诺夫（М. М. Гасанов）、И. И. 格尔洛维（И. И. Горловый）、А. Н. 纽杜尔马卡梅多夫（А. Н. Нюдюрмагомедов）、К. О. 欧马洛夫（К. О. Омарова）、А. И. 苏卢茨基（А. И. Слуцкий）、Л. Л. 苏普鲁诺维（Л. Л. Супруновый）、Р. П. 切尔诺夫（Р. П. Чернов）和 Ш. М. 阿利耶夫（Ш. М. Алиева）等学者在论文中阐释了研究民族交往文化形成问题的基本理论与方法。

研究一致认为，北高加索地区的形势受许多未解决问题的制约并向负面方向发展。在完全适应俄罗斯联邦改革并考虑地区特点的基础上，北高加索地区推出了国家民族和民族政策关系新模式，但这种新模式的准备不够充分，大大影响了教育、科学和文化的发展。此外显而易见的是，民族

---

① 研究分析表明，有关这一方向的研究著作在 1996～1999 年大量出版。

教育学研究与当代教育实践的联系十分薄弱。

校际跨民族交往文化教育中心主任 З. Т. 卡萨诺夫（З. Т. Гасанова）在论文中指出，遵守教育教学原则可以克服沙文主义（шовинизм）和民族主义（национализм）情绪。根据他的观点，民族交往文化教育概念可以为各种人文专业的科学研究定位，在教育机构的教学组织过程中，通过丰富多彩而富有成效的活动实施。

由皮亚季戈尔斯克国立语言大学（Пятигорский государственный лингвистический университет）起草的联邦 - 地区方案《通过语言、教育和文化实现北高加索的和平》（《Мир на Северном Кавказе через языки，образование，культуру》）在解决民族交往文化形成问题上起到了积极作用。该方案为研究北高加索人民的语言、传统与风俗、文学、艺术等人文价值创造了现实基础，展现北高加索人民对民族间和平与友谊的追求。

方案提出，要以举行北高加索学者的经验交流会议等形式促进人文科学和社会科学领域的研究①。就这样，正是在认清教育在解决全球文化和

---

① 1995 ~ 2003年北高加索特别重要的学者论坛有：俄罗斯国际学术会议"青年学生的教育问题"［切尔克斯克（Черкесск），1995年］；全俄科学理论代表会议"现阶段民族关系发展的社会民族问题"［弗拉季高加索（Владикавказ），1995年］；大学科学实践代表大会"民族文化复兴基础上的青年教育"，国家规划方面的首批厄尔普鲁士出版物是"俄罗斯民族：复兴与发展"（纳尔奇克，1996年）；地区大学科学理论代表会议"当代高等教育的人文科学化"［弗拉季高加索（Владикавказ），1996年］；大学学术代表会议"教育的人文科学化"［卡拉恰耶夫斯科（Карачаевск），1997年］；全俄科学实践代表会议"当代俄罗斯的多元文化教育"［皮亚季戈尔斯克（Пятигорск），1997年］；大学科学实践代表会议"当代高等教育中的哲学、教育心理学和社会经济学问题"［斯塔夫罗波尔（Ставрополь），2000年］；国际科学实践代表会议"北高加索的多元文化教育：问题、趋势与前景"［马哈奇卡拉 - 皮亚季戈尔斯克（Махачкала - Пятигорск），2000年］；国际科学实践会议"民族教育学——生命教育"［埃利斯塔（Элиста），2001年］；地区科学实践会议"民族教育的现实问题"［弗拉季高加索（Владикавказ），2001年］；大学科学实践代表会议"新兴信息技术及其使用"［弗拉季高加索（Владикавказ）2001年］；全俄科学实践代表会议"全球化环境下的北高加索"［迈科普（Майкоп），2001年］；地区科学实践代表会议"当代高等教育的人道化和人文科学而化"［弗拉季高加索（Владикавказ）2001年］；全俄代表会议"意义创建教育中的文化一体化"［马哈奇卡拉（Махачкала），2002年］；全俄科学实践代表会议"现代教育学和教育体系的问题"［迈科普（Майкоп），2002年］；国际代表会议"信息技术与体系：科学与实践"［弗拉季高加索（Владикавказ），2002年］；全俄科学实践会议"多民族社会中民族教育学和民族心理学的宽容教育问题"［马哈奇卡拉（Махачкала），2003年］；全俄代表会议"俄罗斯南部的稳定发展"［罗斯托夫 - 顿河（Ростов - на - Дону），2003年］。

文明发展问题中扮演的角色之时，研究者对教育教学活动中的教育哲学兴趣才表现出来。

第二节　当代民族地区教育体系分析的理论基础

教育体系发展的哲学根据是由古希腊哲学家柏拉图（Платон）最先提出的。他指出教育关系中最基本的组成部分：文化（思维世界和永恒形式）、社会（城邦、国家）、个体（人）。在文明发展的每一阶段，这三者都表现出独特的价值论定位和原则。后工业文明（цивилизация постиндустриального типа）使狭隘实用主义（утилитарно－прагматический）和唯理主义（рационалистический）价值观拥有优先权，这一发展方向已造成人类学（антропологический）和生态学（экологический）的灾难。

当代的教育哲学思想开始拒绝 17 世纪 Я. А. 夸美纽斯（Я. А. Коменский）提出的转向"教育文化合理性模式"的唯理主义和"知识中心"（знаниецентризма）模式。与此相关，教育哲学获得了全球性、历史性和社会文化性特征，保障了多种形式的文化再生产，成为社会发展的源头。在这种情况下，教育的人道主义价值特性要求从以下三个有逻辑关系的模块进行研究：教育的国家价值、教育的社会价值、教育的个人价值。

上述三个模块体现在教育体系的社会文化空间中，体现在教育发展的宏观趋势与联邦主体的社会经济相互影响的问题研究中，同时也是确定国家教育改革方向和战略的基本因素。

经验主义（эмпиричность）、理论思想滞后（запаздывание в теоретическом осмыслении происходящих процессов）、缺乏引导和矫正改革过程的方位标（отсутствие ориентиров, направляющих и корректирующих процессы реформ）是当代俄罗斯联邦社会经济改革的主要特征，这也适用于在程序和内容方面发生巨大变化的教育领域，它与现代社会的权力下放和人道化进程相联系。

上述过程渗透社会生活领域的方方面面，如政治、经济、文化和教育。教育的社会化职能发生了变化，逐渐产生了民族地区特色。人们期望教育承担社会经验再生产的职能，承担改革现代社会中文化与文明的职能，承担为新一辈人树立生活观的职能。

由于地区化首先涉及社会文化制度中的教育制度，所以重新考虑全球化背景下未来教育发展的作用、形势与前景就显得十分必要。

20 世纪 80 年代苏联的解体破坏了俄罗斯的国家统一教育空间（единое образовательное пространство）。每一个主权独立的共和国都获得了教育体系发展所必要的自由。恰恰是通过对外部过程的观察，才使得人们看清了内部过程。这里说的内部过程，用 B. A. 希图耶夫（В. А. Шитуев）的话说，是与教育的世界观和哲学相联系的，与权利的保证和内容相联系的，与从教人员的心理和思维方式相联系的，与几十年来苏维埃政党和政府机构创建的"苏联人"的理想相联系的……而此前由于长时期处在"铁幕"（《железный занавес》）之下，教育机构全面政治化，导致苏联的教育体系与国外迅速发展的教育体系之间拉开了距离[①]。

在当代，地区教育体系发展是俄罗斯教育科学的首要问题，但迄今为止，还没有制定出教育教学实践中民族地区方面的方案，也没有确定这一问题的研究方向，这就使得创建地区教育发展的理论体系十分有必要。

在 17 ~ 18 世纪欧洲文化基础上形成的传统教育发展模式的弊端，在当代教育学理论中一次又一次被证明。

传统教育模式的首要特点就是课程中心论（предметоцентризм）。它首先采用在独立课堂上传授知识的原则，其次是在主体和客体关系中存在权威，最后是与社会发展过程的微弱匹配度。上述传统教育体系的特点体现出封闭特性。用协同学（синергетика）的语言来说就是，在同等条件下传统教育体系不利于发展。传统教育体系无法适应迅速变化的社会现实，二者的矛盾导致了教育危机。全球化呼吁教育发展的全新方法论原则，呼吁教育发展的新方向。

借助于科学的方法来理解这些哲学思想，利用这些哲学思想可以在理论上解释自然和社会的影响。当这些思想表现出不足，或者它们不符合所

---

① 　Шитуев В. А. Правовые аспекты развития единого образовательного пространства СНГ// Право и образование. － 2000. №5. － с. 15 － 16.

观察到的现象时，那方法就需要变革了。

从历史的角度回顾教育学及其方法论基础的发展问题是很有意思的事。教育青年一代，教会他们怎样生活的问题是随着人类的出现而出现的。教育学的历史包含许多有意思的内容，在原始社会，教育作为重要的社会职能机构被分离出来，教育组织的形式和方法具有开放性。在古希腊时期，教育制度多变，确定课堂教育学内容的途径也是多种多样。中世纪教育学的发展，从本质上来讲不可避免地带有神学特性。正是此前在一定方法论原则上积累的教育学知识，其系统性成为教育科学的重要特点。

17 世纪初期，Я. A. 夸美纽斯（Я. A. Коменский）在教育学的基础上提出了方法论，他描述了教育教学过程的规律性，将教育学这个研究对象当作一门科学，将其分离出来并做具体说明。

最近十年我们成为教育科学地位变革的见证者。如果说以前的教育学主要是对教育教学过程的描述和分析，那么现在的教育学则主要研究教育制度的形成和发展规律。现在，教育学已经拥有独立的地位，作为社会的教育学、教育哲学，甚至是一个综合的科学领域，被称为 "эдукология"（有关教育的科学）。所有这些都是传统教育学方法论扩展的证明，也是相邻学科整合趋势的体现，它为在社会文化变革的环境下，研究教育制度发展规律 "打开了通道"（《получить доступ》）。

这样，在教育理论框架内形成了如下研究领域，教育哲学（философия образования）、教育社会学（социология образования）、社会教育学（социальная педагогика）等。这大体上都与科学知识整合的具体过程相关。与此同时，自然科学和人文科学知识相收敛，"人文科学和具有人文科学因素的科学数学化的现象开始出现"［Г. 波梅兰采（Г. Померанц）］。这一过程的结果，就是教育学知识的形成和科学探索系统的方法论发展。

科学史，主要是自然科学史，用几百年向我们证明，先进的科学理论和独特的发明产生于学科交界处，产生于本学科方法论基础上各种 "知识领域"（《знаниевое поле》）的相互作用的环境中。研究的方法论定位发生了变化，以至于自然科学和协同学的研究原则成为描述教育过程的基本研究方法。

20 世纪末 21 世纪初，教育学在很大程度上需要引进哲学和自然科学方法论的内容来描述教育学现象。很多时候引进的方法论局限在服务于苏联教育学的马克思列宁主义哲学（以下简称"马列哲学"），这也使得马列哲学在描述社会过程中的局限性被暴露出来。同时，马列哲学在文化以及作为其组成部分的教育政策的方法准则形成方面扮演了重要角色，它是基于辩证唯物主义方法原则的苏联学校模式发展的思想基础。20世纪80年代，马列哲学在教育学的打击之下出现了危机，它的原始理论以及在社会科学中的定位需要被重新认识。接下来，本书将介绍教育学在当代社会科学体系中的八种定位。

B. E. 格穆尔曼（В. Е. Гмурман）认为，一方面教育学诞生于其他的知识领域——哲学、修辞学（риторика）和国学，更重要的是教育学被认为是以独立于教育学的理论为基础的指导性规范学问。这一观点解释了科学教育知识的社会哲学性质，也解释了其科学方法论机构腐蚀的问题。

20世纪上半叶著名的研究者 С. И. 盖森（С. И. Гессен）确定了教育学作为实用哲学的地位，并用此证明了这一学科发展的共同方法论基础。苏联时期站在无产阶级、工业化和自然科学唯理主义立场上的教育制度变革，明显地伴随着对"资产阶级"和"哲学"教育法的排斥。盖森坚决捍卫这样一个观点，即教育学理论和实践需要在"俄罗斯的优良传统"、宗教价值和全人类定位的基础上发展。在提到劳动学校的问题时，他认为教育应当以哲学认知为依据。

盖森仔细研究现代科学的分类，将教育学纳入有应用价值的"有关艺术活动"的科学中。理论科学区别于应用科学，前者是"合乎规律性"的，因为它发展的基本目标被认为是"证明存在的规则"，这其中首先就包括哲学。

在分析一般哲学规律的基础上，教育学在每个社会历史的发展阶段论证了教育的战略。在确定了发展教育学理论与实践的哲学地位之后，需要注意的是教育学研究对象本身具有社会属性，这一特征的描绘必须在哲学范畴中实现。

在哲学范式之外是无法理解教育过程本身的社会现象、本质、发展的规律性，以及教育学观点的历史趋势。哲学一方面是教育学研究的方法论基础，正是在这个方法论基础上，科学教育学的观点和理论被反映出来；

另一方面哲学是理解教育学经验的理论基础。

在复杂的教育哲学问题中，教育的目标和本质问题凸现出来，这一问题表现出价值论和世界观的特点，不依赖于哲学，它无法解决这些问题。И. В. 别斯图热夫－拉达（И. В. Бестужев－Лада）认为，教育的本质和目标问题是连接哲学和教育学的基本问题，这个问题的答案就是"保证世代再生产，也就是个人、父母、工人、公民的形成……或者说是儿童、少年、全人类的最合理的社会化，对社会生活的最佳改造。"

尽管教育学具有应用性特点，但恰恰是它理论方面的发展使得哲学理论和教育观念之间的深入关系获得理解。与此相关，编写大学教育学专业的教育学教科书的作者，在应用教育范畴中研究现代哲学的方向，说明哲学方法论观点在社会教育制度中的发展。例如，苏联教育科学院院士Ю. К. 巴班斯基（Ю. К. Бабанский）为师范学院教育学专业大学生编写教科书时，研究了作为教育学方法论的实用主义（прагматизм）、新实证主义（экзистенциализм）、存在主义（неопозитивизм）、新托马斯主义（неотомизм），正是它们决定了西方国家的教育政策。

由于上述著名的哲学方法论思想，苏联学者受到尖锐的批评。关于研究方法论特点，必须指出的是，这种研究以 20 世纪社会过程为例，阐释了哲学理论与教育实践相结合的重要观点。这些教科书的作者，以及苏联时期编写的其他教科书的作者，集中分析了马列哲学及其对教育政策的影响。

马列哲学在长时间内奠定了国家教育发展的方法论基础。20 世纪 80～90 年代苏联体系和单一哲学思想破产，必须开始寻找新的社会发展方位标，这个方位标的特点就是"多元方法论"（《полиметодологическая》）的哲学概念。

在这方面 В. А. 斯拉斯杰宁（В. А. Сластенин）和 Г. И. 奇热科娃（Г. И. Чижакова）指出："今天可以说，作为教育学方法论的全球化哲学体系时代［如马克思主义（марксизм）、有神论（персонализм）、新托马斯主义（неотомизм）等］已成为历史。必须承认当代哲学观点具有自身的文化和传统局限性，同时允许融入其他文化，它们的相互作用变得越来越明显。"

教育哲学作为新的教育理论与实践研究的方法论，在 20～21 世纪之交出现了。与此同时，教育哲学这一概念作为社会教育学研究方向，形成于

20 世纪下半叶的西方社会，并成为研究社会与人类发展规律的交叉学科领域，而这首先就是教育学和哲学的交叉。

在教育学理论与实践发展过程中，教育哲学承担了监管职能（регулятивная функция），也就是确定研究方向和界限的职能。这些科学研究方向的基本任务，主要是从社会文化过程和现象的视角分析教育的经验。Л. А. 斯捷潘施卡（Л. А. Степашко）指出，教育哲学应该纳入文化的主要部分，这样更有助于教育制度的选择，促进社会发展的正面趋势和当代人类的精神选择。

然而，Б. С. 基尔且斯基（Б. С. Гершунс кий）指出，应该以什么样的形式定义研究教育发展的哲学科学分支，在当代还没有一个公认的观点。从一方面讲，可以从整个哲学的立场分析教育问题；从另一方面讲，研究对象应该向教育学现象和过程靠近，使关注教育发展的逻辑和规律性成为哲学基本问题所需要的。

对于教育科学领域的研究，更具体地说是对教育制度发展过程的研究，哲学的基础性和跨学科性赋予了其表现和描述教育学的规律性，并赋予观察和研究教育问题的现象一定的理论和思想。

在教育学发展的现阶段，人们希望教育哲学能够确定民族地区教育制度发展的战略和战术，适应社会进步的积极趋势；与此同时关注文化学、社会学、心理学、哲学、经济学、政治学等学科的综合化。

当今世界社会全球化进程提出了新的教育主张，并确定了教育在社会中的职能。与世界文明发展同步的社会生活各个领域的综合化进程，为教育制度提出了重要的要求——承担社会制度的职能，从社会发展的角度看，要促进社会的长远发展，保证社会利益的平衡。Г. 乌沙米尔斯卡娅（Г. Ушамирская）认为，对于研究地区教育制度来说，应该在实践中模拟俄罗斯联邦主体的发展前景，在"模拟的视界"中认清未来。尽管超前的研究表现为一种思想，但是其成果对处于向稳定社会发展模式变革的阶段来说，是十分重要的。

当代教育哲学作为人文学科，在很多方面帮助克服我国教育科学与世界文化科学及社会发展过程的绝缘性，提高研究的理论水平。

在专题研究"教育：哲学、文化、政治"（Образование：философия，

культурология，политика）中，А. С. 萨别索斯基（А. С. Запесоцкий）指出，当代教育哲学是分析作为独立体系的各层次和层面的教育科学的一些方法论、概念和手段。他坚持这样的观点，并据此将研究领域分成三部分：①教育哲学作为哲学的分支；②教育的哲学问题；③教育哲学作为教育理论的分支①。

在将教育哲学作为哲学的一个分支研究时，应适当地将注意力放在分析教育作为社会再生产机构而起的作用上，这种社会再生产机构是以某种类型的人为主体的。这样，第一方面的研究者将再生产具有一定社会特性和价值论特点的人的社会制度纳入教育中。尤其是 С. И. 盖森（С. И. Гессен）在分析人类学中教育教学从人的模式到直接技术的模式这一发展传统的基础上，创建了教育学和哲学理论相结合的科学方法论模式。

研究教育的哲学问题，即上述第二方面的研究者为了研究一定的社会教育学现象，相应地从社会学、文化学、心理学和其他学科的角度将分析研究对象的知识引用过来，以保证必要的跨学科的研究背景。

如果将教育哲学作为教育学的一个分支研究，那么根据 А. С. 萨别索斯基（А. С. Запесоцкий）的观点，应该分成两个水平：①用以创建教育方法论的元理论，使未来的研究能以此为基础，分析问题并设计解决问题的手段；②单独的教育学现象和教育实践的方法论基础。

在研究民族地区教育制度的过程中，我们以作为教育学分支的教育哲学为支撑，正是这样的教育哲学形成了教育学现象研究的原始方法论定位。

这样，Б. С. 格尔顺斯基（Б. С. Гершунский）将哲学教育学知识的客观基础进行整合和关联得出如下结构：价值目标、体系结构、过程和结果。我们认为，应该在上述结构的相互作用中研究教育理论和实践发展的基础模式。因此，教育的功能领域形成于指定价值目标的建立，在这一价值目标的变换中教育模式发生着变化。与此相联系，很典型的是教育模式从专横霸道（авторитарный）向人道主义（гуманистический）转变。专横霸道的学校所建立的独特目标在 20 世纪 90 年代的民主转型环境中表现出了自身生命力的缺乏，这与盛行的社会价值发展定位相矛盾，首先导致

---

① Запесоцкий А. С. Образование：философия，культурология，политика. – М. : Наука，2002. – с. 73.

了教育制度中结构内容和过程规则的改变。

在教育理论发展过程中出现一个有趣的规律，随着教育学的发展，研究对象越来越远离一定社会背景下的教育教学活动范围。也就是说，教育发展取决于所处社会文化空间的发展过程，并且描述了这一空间的种类。在这方面，社会进步的规律性和与之相关的发展模式成为教育过程的决定性观点。

在哲学范畴框架内制定出教育模式的世界观和认识论基础。教育模式表现为教育关系的组成部分：文化价值、社会（国家）和个体。

Х. Г. 泰哈格普萨耶夫（Х. Г. Тхагапсоев）以历史追溯的角度研究哲学教育学知识的动态。他指出，教育思想的变革与文化文明发展紧密关联——从知识的教条和国家（权力、权威）至上到科学的唯理主义和文明的国家制度、开放的社会、民主、个体成长和文化传播。

恰恰是在教育定位从"知识中心"向"文化中心"转变的过程中，现代教育模式表现出来。现代教育模式首先需要符合教育内容的组织结构，在这方面重要的是要放弃课程中心论，接受一体化教育的基本原则。

现代教育哲学全球文化的基础是人道主义的价值，承认人是整个世界的一部分。这个观点在很多方面表现得没有价值，但是在伴随着全球性灾难的"技术文明"发展的很长一段历史时期内，它体现出特别的意义和现实性。

因此，教育领域在现代文明多方面的深刻危机中发展，教育哲学的基本任务是揭示教育领域中过程的本质和基本内容。

从 20 世纪 80 年代起，许多国家开始出现这样的观点，即认为当前的教育模式已经结束了它的使命，它完全不能满足现阶段文化与文明发展的需要。媒体和教育学出版物表达出这样一个观点，即需要对一系列教育实践和教育学活动进行重大调整，需要新的符合当前人类进化的教育模式。

如果能够理解教育哲学是一个跨学科的研究领域，那么就应该把表现在文化与个人社会变革发展中的规律性作为研究对象。价值空间正是形成于文化与个人协调一致的发展中。教育制度按照社会变革的规律发展，同时教育模式也是社会发展趋势的反映。

首先要提到人道主义、人文主义和科学一体化。正如 Э. 弗洛姆（Э. Фромм）指出，人类的未来取决于社会是否恢复人道主义定位。今天毋庸置疑的是，现代社会各个领域都充满了危机：政治、经济和生态领域，各个领域都处在病态之中，到处充满了不合理，急需变革。在这种环境下，教育哲学解释了"新人类"的形象。他们首先具有人道主义思想和科学地形成道德价值体系发展定位的世界观。培养这样的人需要建立新的可以称作"全球教育治疗体系"（《система глобальной педагогической терапии》）的教育制度［A. 比切伊（A. Печчеи）］。

研究当代教育发展问题，首先应该指明教育模式的分类。苏联教育学理论体系的分类思想形成于 20 世纪 80 年代，其在教育学中的反映是优化各个科学理论。

Ю. К. 巴班斯基（Ю. К. Бабанский）在全俄教师代表大会上的论文中指出，最优化理论（теория оптимизации）出自教育学的规律性："可以用各种教学方法、形式和手段相结合解决一系列教育教学问题。""这是生活的需要，这是为具体的环境选择合理方案的科学发展逻辑，而不是为全国选择一个通用的教学方案。不分城市、农村，不分上、中、下等级。"科学院院士认为，选择最优化方案要逐渐成为一种各学科领域的新思想，不能排斥。

这方面与自然科学中的莫佩尔蒂－拉格朗日（Мопертюи – Лагранжа）最小作用量原则（Эйлер 原则）（принцип наименьшего действия）类似，这是通过最小活动的概念表现运动与平衡的通用规律。现在科学证明最小活动原则在描述自然科学诸多领域的现象和过程中的适用性，甚至可以说它是表现各个领域过程路径最大概率的哲学原则。所以这一原则不但在自然科学领域使用，还用来描述社会过程甚至教育现象。教育最优化原则就是最小作用量原则。

所以，历史上教育学与各人文学科、自然学科的交叉联系，促进了反映最原始的社会和人类发展规律的方法论形成。当今时代为教育领域提出了新问题，解决这一问题需要基于新的方法论和与之相适应的科学研究工具。

随着系统论（системный анализ）、协同论（синергетик）和控制论（кибернетик）的发展，围绕各自科学问题的跨学科研究和各种知识的综合化变得很有前景。对于拥有全人类价值的全球性问题需要有新的系统的理解。每一门学科都超越传统观念的限制，最大范围地扩大了自己的问题域。跨学科研究（междисциплинарный контекст исследования）成为科学研究方向和研究对象的新的发展动力。

当代教育学正在讨论"关于以协同学概念①研究教育学过程"的问题。应该指出，协同学模式的传播在当代跨学科研究中起到了消除自然科学和社会科学界限的目的，并为宇宙进化论学说奠定了描绘性基础。

协同学模式允许使用结构主义模式（конструктивистский модель），在结构主义模式中，未来被看作某种可以使用的治标剂，而现在处于选择过程当中。

20 世纪末，国内外人文学科领域对使用协同学工具表现出极大的兴趣，原因在于协同学显示出新的科学模式和新的描绘世界形象的特质。协同学研究具有宽广的文化背景，协同学将注意力放在了作为我们周围世界发展的基本原则的非线性上，社会因素中的非线性将破坏当代科学公认的叠加原理。

第三节　教育体系模式

20 世纪 90 年代，社会文化的变革和文明发展的加快决定了新教育模式的出现，新教育模式在于将人的智力活动和道德精神领域的因素作为变革的源泉。教育系统作为保存和传播文化的基本社会部门，在后工业文明时代，随着教育关系原则的变革而发生了巨大的变化。地区化趋势决定了当代俄罗斯民族地区教育系统的发展。在地区化过程中，每一个民族共同体都发现了发展民族文化权利的道路。与此同时，当代民族地区教育发展原理需要用哲学、历史学解读。在此条件下，需要调整作为社会发展必然过程的民族起源的各种理解方式。Л. Н. 古米廖夫（Л. Н. Гумилев）在前

---

① 协同学（synergetics），是 20 世纪 70 年代以来在多学科研究基础上逐渐形成和发展起来的一门新兴学科，是系统科学的重要分理论。其创立者是联邦德国斯图加特大学教授、著名物理学家赫曼·哈肯（Hermann Haken）。协同论主要研究远离平衡态的开放系统在与外界有物质或能量交换的情况下，如何通过自己内部协同作用，自发地出现时间、空间和功能上的有序结构。协同论以现代科学的最新成果——系统论、信息论、控制论、突变论等为基础，吸取了结构耗散理论的大量营养，采用统计学和动力学相结合的方法，通过对不同的领域的分析，提出了多维相空间理论，建立了一整套的数学模型和处理方案，在微观到宏观的过渡上，描述了各种系统和现象中从无序到有序转变的共同规律。——译者注

人研究的基础上，为各种民族现象和民族体系发展规律做了严格的定义。我们并不把古米廖夫的理论绝对化，只是认为这是当代将民族起源作为社会文化现象进行分析的著名学说之一。

古米廖夫使用系统论的方法（системный подход）分析民族起源，在决定人类变革的生物运动形式和社会运动形式的结合中研究各种民族现象①。

人类圈来源于民族共同体（этносы）。民族共同体在许多个世纪的发展中随着生存环境的改变形成了适应的特质。与此同时，民族共同体创建了特殊的生存形式，甚至表现出将"约定俗成的行为"和基本的精神文化——民间文学、史诗、宗教——传给后辈的能力。民族共同体是一个体系，用古米廖夫的话说："出于对互补性（комплементарность）的感知，将自身和其他类似的体系相比较。"在这种情况下，民族起源的基础表现为一种行为欲望效应（эффект пассионарности），具体来说就是生物圈的动力（民族共同体的生物物理学基础概念）。古米廖夫将这种"激情"概念（пассионарность）定义为"不带任何可见目标的行为欲望"②。激情是人类行为的现实动机，维持自己与后代生存、生活的渴望迅速上升导致了欲望的碰撞。正是这样的客观过程形成了具有一定文化与教育发展水平、创造性思想、民族生活习惯的民族区域。并且，民族关系是在互补性原则（принцип комплиментарности）基础上建立的，互补性是理解民族起源过程的基本地标。

我们认为，互补性也能够解释当代俄罗斯教育分解的原因。如果说苏联时期民族地区政治化教育表现为基于一定社会政治环境的超民族区域整体化结构，那么现在这一特点开始出现松动。激情张力的衰退（由客观历史原因所致）导致统一区域的分裂，欲望的冲击导致离心力的增长，离心力的增长导致每一个民族地区出现急促的动荡，动荡时期的国内局势导致"民族自身的急促动荡"与统一国家联盟的人为建设不一致。

20世纪90年代民族地区"主权"的形成决定了教育系统发展前景的变革。在当代，落实教育内容的民族地区部分（национально－региональный компонент содержания образования）是地区教育的主要发展趋势，是本民

---

① Гумилев Л. Н. Этногенез и биосфера Земли. - М: Рольф, 2001. - с. 166.

② Гумилев Л. Н. От Руси до России: Очерки этнической истории /Послесловие С. Б. Лаврова. - М. : Рольф, 2001. - с. 8.

族地区文化要素再生产的过程。因此必然出现如下问题，即这一过程以何种形式与文化教育领域的全球化趋势相呼应？古米廖夫在民族起源理论和激情理论中描述，全球化趋势是在保证文明稳定发展所需的生物物理运动的基础上在全人类范围内创建统一的超民族地区的客观过程。恰恰是这种可持续发展理论（концепция устойчивого развития）预见到"人与自然""民族与自然""技术与自然""文化与文明"体系中重心移动的必然性，要求形成与之相符的适应能力和辨别能力的民族素质。激情理论允许遵循文化教育领域中全球化和地区化相互作用的逻辑。

所以，民族起源理论（теория этногенеза）的基本任务就包含在激情理论的解释中。激情理论是需要解释的"未知数"。可以证明，激情碰撞作为一种"社会爆发"与某些符合"呼唤与回答"［A. 汤因比（А. Тойнби）］、"时间轴向"［К. 雅斯贝尔斯（К. Ясперс）］以及其他分析术语的民族主体相关。

古米廖夫在研究民族地区假设时提出了"系统"和"磁场"的补充原则。激情爆发创建了某些积极的群体，这些群体中的个体大多是在无意识的情况下以"磁场"的形式联合起来的。上述微粒模型在与周围环境相互作用过程中组成了"系统"，即社会群体。研究民族起源和民族文化特色要考虑整个民族行为的心理特点。20 世纪 90 年代出现的民族学的阿克梅学派①（акмеология），研究达到"极致"（акме）并形成一定社会体系的民族运动。所以，当代民族起源研究需要采用协同学，即"有关自然和社会中自我组织的科学"的原则、方法和角度实现。

这样，古米廖夫的民族起源理论可以解释当代国民教育中的许多社会文化过程，而国民教育首先是与民族教育体系的发展和维护俄罗斯联邦统一教育空间的思想相联系的。研究结果表明，在社会发展的所有阶段，教育发展的战略目标都与文明发展的一定水平相联系，与民族文化自我价值建立的倾向相联系。一方面，重要的是每个个体都认为自己是文明的代表，拥有当今世界变革必需的知识、能力和素养；另一方面，应该为将个体纳入民族和社会文化当中而创建所必需的教育环境。

---

① 阿克梅学派：该学派是 20 世纪初俄国的一个反对文学流派。——译者注

В. И. 扎克维金斯基（В. И. Загвязинский）在其代表作《地区教育系统的设计》（1999 年）［《Проектирование региональных образовательных систем》（1999 г.）］中首次尝试研究民族地区教育体系发展的问题。他对在深远而持久的危机时期俄罗斯教育改革所经历的演变道路进行了预测。他指出，今天俄罗斯教育肩负着重大使命，即借助大、中、小规模社会团体的和谐关系，促进社会稳定与改革，恢复和发展国家文化与人力资源。在此系统中首先涉及的最重要、最基本的关系就是"人与自然"（человек - природа），"人与社会"（человек - общество），"社会与自然"（общество - природа）和"人与人"（человек - человек）的关系。

需要补充的是，在这种情况下要尽一切可能争取全国、全区和全市范围内出台的政策，而这些政策要能够体现俄罗斯联邦《教育法》、俄罗斯联邦总统 1 号令（Закон РФ《Об образовании》，Указ №1 Президента РФ）等重大法律文件的原则。但是目前尚未实现教育作为一种价值的优先发展；实现自己的创建统一的（虽然内部有差异）教育空间；未能保障俄罗斯和世界文化传统的联系性和继承性；还没有实现教育在教学中的优先过程与结果，通过教育和教学的相互作用帮助学生实现自己的潜能，保证教育领域中国家和地区利益的统一性和互补性。

教育学和教育历史展现了各个社会发展阶段教育目标的实施机构，形成了反映每个人教育和德育水平的准则。特定的历史发展阶段形成了特定的教育类型。

В. И. 基涅岑斯基（В. И. Гинецинский）建议将与教育系统相关的历史归类。他指出，在将历史上的教育类型进行归类时需要一定的准则：

第一，把握普遍（形式上的）特点，用它们来分析各种历史、社会经济和文化环境下的教育过程；

第二，将整个教育过程划分为相互关联的阶段；

第三，揭示出教育过程中最本质的特点。

在对教育实践进行分析的基础上，基涅岑斯基将教育类型划分如下：宗教 - 神学的（магико - ритуалистский）、宗教的（калакогатийский）、神学的（теологистский）、人文学的（гуманитаристский）、人类学的（пансофистский）、纯理性的（рационалистский）、精神的（интеллектуалистский）、人类工程学的

（эргономистский）、综合的（комплексистский）和文化学的（культурологистский）。
我们认为，这种分类主要的科学价值在于，揭示了每一个时期教育制度发展
的主导思想，反映了教育发展各阶段的历史继承性。

重要的是，教育过程类型的特点是存在的，扩大来讲也包括学校和其
他教育教学机构类型的特点，从社会文化储备的角度看它们的特点，把学
生对社会文化的掌握看作教育过程效率性的重要条件。

为了确定教育系统的类型，基涅岑斯基建议研究普通教育学校的教学计划
和教学内容。他指出，"正是由于在这样或那样的历史时期主要注意力集中在
某一些学科上，才使得这些学科逐渐成形，从而使教育的历史类型有了差别。"

与此同时，用以研究整套教学计划的方法也只是表面的。在这种情况
下可以分析教学计划是"轻载"还是"超载"，但是不能分析教学内容。
内容丰富的学科可以用来说明教育系统的类型准则。在这种情况下，类型
学（типологизация）可以基于分析各个民族地区教育内容中民族文化方
向的表现程度构建。

苏联时期，由于国家文化教育空间的统一性，教育制度的类型学问题
没有出现。苏联教育制度有统一的社会文化基础，这个社会文化基础反映
在教育内容上，统一的教育标准是统一国家联盟统一教育空间的基础。

А. П. 利菲洛夫（А. П. Лиферова）在分析世界教育体系的相似点和
相互关系的基础上提出了著名的地区类型学（типологизация регионов）。
他的理论可归结为，国际教育空间不但可以被看作各个发展水平的民族教
育系统的总和，它还具有另外一种实质，即总结当今世界全球化趋势的特
点。在这方面利菲洛夫归纳出如下的地区类型：

（1）教育一体化进程的发源地（如西欧、美国和加拿大）；

（2）积极推进教育一体化过程的地区（如亚太地区的朝鲜、中国台
湾、新加坡、中国香港、马来西亚、泰国、菲律宾、印度尼西亚；拉丁美
洲的国家）；

（3）排斥教育一体化过程的地区（南非以外的非洲部分国家、亚洲南
部和东南部的一些国家、太平洋和大西洋上的岛国）；

（4）由于社会经济政治原因，教育和一体化过程被破坏的地区（阿拉
伯国家、东欧和原苏联国家）。

有代表性的教育体系类型学建立在分析社会经济发展因素的基础上。当然，这是在民族教育体系发展的层面上说的。但这种情况下没有考虑许多有意义的因素。

20世纪90年代初，由于社会政治进程和分裂主义倾向的加剧，文化教育空间开始细化，民族地区教育体系形成并获得发展，分离的界限由新的民族地区教育政策确定。

我们认为民族地区教育体系类型化最重要的标准是：

（1）结构典型准则（структурно - репрезентативный），指出当代教育内容中文明和文化发展问题所达到的程度。在这种情况下民族文化、全俄和文明社会的问题揭示程度决定了教育内容的组织模式；

（2）内容相关准则（содержательно - корреляционный），揭示联邦和民族地区教育内容组成部分的一致程度（按年代次序排序的、直观认识的、统一世界观的）。

重要的是，在教育教学过程中要实现联邦课程和民族地区课程的联系。北奥塞梯－阿兰共和国以及北高加索其他共和国的教学情况的分析指出，课程中学生所获得的教育内容民族地区部分和联邦部分的知识相关性十分薄弱，甚至没有为形成完整的教育过程创建必要的环境。

分析1995年和2003年北高加索联邦区各共和国普通中等教育机构教学计划，可以揭示出教育内容的联邦部分和民族地区部分课程的关联程度（见表2-1）。

表2-1　教育内容的联邦和民族地区部分及其关联①

北高加索联邦区的共和国	1995～1996学年			2002～2003学年		
	联邦部分（%）	民族地区部分（%）	关联系数	联邦部分（%）	民族地区部分（%）	关联系数
阿迪格共和国	73	27	0.08	72	28	0.12
达吉斯坦共和国	68	32	0.12	69	31	0.16

---

① 表格中指出了教育内容的学校部分教学课程的方向。2002～2003学年教学计划中民族地区部分课程百分比减少，主要由于学校享有开设具有联邦意义的课程的机会。在计算出关联系数之后，我们考虑了教育内容民族地区结构的补充的模式。

续表

北高加索联邦区的共和国	1995～1996 学年			2002～2003 学年		
	联邦部分（%）	民族地区部分（%）	关联系数	联邦部分（%）	民族地区部分（%）	关联系数
印古什共和国	76	24	0.11	79	21	0.12
车臣共和国	71	29	0.10	77	23	0.13
卡巴尔达－巴尔卡尔共和国	75	25	0.11	75	25	0.13
卡尔梅克共和国	70	30	0.10	69	31	0.14
卡拉恰伊－切尔克斯共和国	73	27	0.09	76	26	0.12
北奥塞梯－阿兰共和国	72	28	0.07	71	29	0.09

分析表 2－1 可以得出如下有趣的结论，缩小教育内容中民族地区部分课程和相关大纲内容的课程时数，将导致教育内容的联邦和民族地区课程匹配系数增长。

我们认为，教育体系最主要的特征是其耗散性（диссипативность），它表现在对社会文化进程的开放性之中①。

教育体系的耗散性表现在其信息在与周围社会空间中的元素、一定的文化"背景"的相互作用中发展和变化的能力。耗散性因素保证了自身体系的稳定，保持低水平的熵数。教育体系中的社会制约性表现在两个方面：①体系发展由外部对其态度的变化促进，所谓变化用协同学语言说就是"秩序混乱"；②体系的自我组织过程可以保持它的稳定性，这种稳定表现在对外部"秩序混乱"的适应上。

因此我们认为，民族地区教育体系可持续发展的基本标志是衡量对待社会文化开放性程度的综合系数，我们将其称为教育体系的耗散性参数（коэффициент диссипативности）。

---

① 20 世纪 70 年代，比利时物理学家普利高津提出了耗散性结构学说，这也是一种系统理论。耗散性结构的概念是相对于平衡结构的概念提出来的。长期以来，人们只研究平衡系统的有序稳定结构，并认为倘若系统原先是处于一种混乱无序的非平衡状态时，是不能在非平衡状态下呈现出一种稳定有序结构的。普利高津等人提出：一个远离平衡的开放系统，在外界条件变化达到某一特定阈值时，量变可能引起质变，系统通过不断与外界交换能量与物质，就可能从原来的无序状态转变为一种时间、空间或功能的有序状态，这种远离平衡态的、稳定的、有序的结构被称为"耗散性结构"。这种学说回答了开放系统如何从无序走向有序的问题。

耗散性参数（КД）=联邦部分（ФК）：民族地区部分（НРК）×关联系数（К）

联邦课程（федеральный компонент содержания образования, ФК）是指教育内容的联邦部分教学课程的百分比或者数量；民族地区课程（национально - региональный компонент содержания образования, НРК）是指教育内容的民族地区部分教学课程的百分比或者数量；关联系数（коэффицент корреляции, К）表示教育内容的联邦部分和地区部分关联程度的系数。

耗散性系数是无量纲的系数，取值范围为 0 ~ 1。在教育体系类型化模型的设计中我们打算遵循以下规则：

0 < КД ≤ 0.3　　　　表示教育体系低耗散（类型 I）；

0.3 < КД ≤ 0.7　　　　表示教育体系中等耗散（类型 II）；

0.7 < КД ≤ 1　　　　表示教育水平高耗散（类型 III）。

分析北高加索民族地区教育体系耗散程度，结果如表 2 - 2 所示，可以得出如下结论，1996 ~ 2003 年北高加索所有共和国形成了教育体系新类型（类型 II）。

表 2 - 2　北高加索地区民族地区教育体系耗散性系数

北高加索联邦区的共和国	1995 ~ 1996 学年	2002 ~ 2003 学年	
	系数 1	系数 2	｜系数 2 - 系数 1｜
阿迪格共和国	0.22	0.31	+ 0.09
达吉斯坦共和国	0.25	0.36	+ 0.11
印古什共和国	0.35	0.45	+ 0.10
车臣共和国	0.24	0.43	+ 0.19
卡巴尔达 - 巴尔卡尔共和国	0.33	0.39	+ 0.06
卡尔梅克共和国	0.23	0.31	+ 0.08
卡拉恰伊 - 切尔克斯共和国	0.24	0.35	+ 0.11
北奥塞梯 - 阿兰共和国	0.18	0.22	+ 0.04

分析表 2 - 2 可以了解民族地区教育体系耗散性系数的动态变化。上述情况可以在北高加索民族地区教育体系类似的过程中得到证实。所以，对教育体系进行一定的管理原则推广是可行的，如在以北奥塞梯 - 阿兰共和国为代表的北高加索所有民族地区教育体系中。

所以，使用系统学的方法可以从整体上看清研究的对象、过程和影响，这是分析复杂社会问题的有趣方法。

我们认为，民族地区教育体系现代化可以建立在表现和分析其组织结构自动调节的原则上。

众所周知，"自动调节"（гомеостаз）概念是由 У. 坎农（У. Кеннон）提出的。他将其作为一个表示生命体特性的概念引入科学，"自动调节"表示生命体不依赖于机体所处的环境就可以维持"内部环境"的稳定状况，保证正常功能。

H. 维纳（H. Винер）[①]十分成功地利用"自动调节"这一概念来描述复杂社会制度的完整特性。接下来，这一概念被 B. И 韦尔纳茨基（В. И. Вернадский）和德日进（Тейяр де Шарден）用来说明全球社会变成"统一的有机体"的过程，而 H. H. 莫伊谢耶夫（H. H. Моисеев）试图用其把人类的命运和创建"新的自动调节"联系起来。

自动调节学（гомеостатика）是指有关某一系统生命力调节的科学，它研究矛盾的起因与内部矛盾调节之间的相互作用。恰恰是矛盾被看作体系维持稳定的基础。И. B. 普朗基什维利（И. В. Прангишвили）认为，自动平衡的基础是世界是矛盾的，并且稳定、自动调节体系应该来自内部矛盾的相互补偿和平衡。

俄罗斯联邦教育体系作为自动调节的体系，正处于全球化与地区化双重趋势的矛盾中。并且，两极对立体系自动调节的基本特点体现在子系统目标的矛盾中，克服这一矛盾就可以达到利益平衡。这样，20～21 世纪之交的俄罗斯，保证联邦和民族地区组织原则相协调的两极对立教育模式显得更容易被接受。与此同时，自动调节不要求二者对立，而要求二者协调，找到最适合它们的组合方式，防止把教育体系引入两极分化的极端观点中。

我们认为，用协同学的理论证明创建统一世界教育空间的可能性是十分失败的［以 A. A. 卡沙耶娃（А. А. Кашаева）为代表］。"世界教育空间"（мировое образовательное пространство）是个十分抽象的概念，正

---

① 在接下来的推论中我们将区分"自动调节"这一概念的生理学意义和社会学意义。

是由于世界上社会文化、政治、经济空间的异质性，使得这一术语失去意义。尽管根据全球化和国际化的理论应该创建统一世界教育空间，但是 20世纪末 21 世纪初的教育发展经验指出，在多元文化世界环境中，国际化拥有绝对优势，但教育空间地区化更符合民族地区的需要。

如果说与外界进行信息交流的开放性和目的性是教育体系最重要的功能，那么在统一的空间中，没有一种世界教育体系发展理论能在任一条件下达到上述要求。也就是说，世界教育体系不能存在于危机中，它注定要在不景气与危机中灭亡，而这二者是复杂而封闭的体系所固有的。

揭示研究民族地区教育体系发展过程的众多理论的特点，应该采取多种方法，可以找到各自教育领域发展的各种指标，接纳各种理论观点，以说明社会文化地区特点。

B. C. 索普金（В. С. Собкин）和 П. С. 皮萨尔斯基（П. С. Писарский）采用经验主义的研究方式得出 30 个类型学单位（指标），其中包括居民教育水平，由于经济原因失业的居民比例，每 10000 个居民中职业技术学校、中等专业学校和大学中的学生数量，9～11 年级辍学率，城市和农村学校中受过高等教育的老师比例，每 10000 个居民中参观博物馆和去剧院的人数等。将地区社会经济形势和教育体系状况联系起来，上述指标就显示出作用，这些指标在设计时就考虑到经济和人口统计学的规律、文化和人的潜能、地区教育结构的特点和教育过程的性质。使用因素分析法〔凯泽尔（Кайзер）的"varimax"方法〕可以得出确定地区教育体系类型的 9 个基本参数：

（1）地区文化潜能（20.14%）；

（2）影响教师收入不足的因素（16.53%）；

（3）教师职业培训的水平（13.42%）；

（4）社会人口吸引力（8.97%）；

（5）居民生活富裕程度（6.67%）；

（6）教育领域的长远投资（5.59%）；

（7）为援助工作人员和社会再生产而制定的教育领域的社会政策（4.23%）；

（8）地区文化基础和教育网络的生产能力（3.25%）；

（9）中等专业学校体系发展，失业程度（3.08%）。

通过调查发现，恰恰是地区文化潜能在民族地区教育体系空间中起到决定性作用，而地区文化潜能首先是维持社会独特本质和保存民族文化特色的方法。

在此要重点指出，维护社会、价值论、民族文化独特性的地区化是历史发展的必然趋势，而其也是防止统一化、标准化存在形式渗透的方法。区域分化支持所有形式的社会生活，所以其本质就是当代所有社会类型。因此可以断言，"地区化往往存在于社会关系的内部结构中"。

与此同时还要指出，在 B. C. 索普金（B. C. Собкина）和 П. C. 皮萨尔斯基（П. C. Писарского）的地区教育体系类型学构想（концепция типологизации региональных образовательных систем）中没有关注教育发展的教育学问题，虽然，他们将找出地区社会文化过程和教育体系发展的各种问题之间的关系，作为有针对性的地区教育政策的重要组成部分。

A. П. 车里雅毕岑娜（A. П. Тряпицыной）领导的学术团体建议设计地区教育发展规划①。研究者认为，专门规划方法（программно - целевой метод）与预测和指导性计划的方法一样都是实现国家教育政策的重要手段。

专门规划涉及资源、执行者和实现期限，是科学研究、实验设计、组织筹备和其他保证俄罗斯联邦教育发展领域的问题获得有效解决措施的综合体。规划的重要特征就是教育优先发展委员会成员从经济和社会的合理性出发，规定了联邦和地方财政拨款的程序。

设计人员指出，教育发展现阶段专门规划方法的特点在于，它保证在同一时间内实现教育发展两种形式的综合化：空间上，需要与联邦主体的力量相结合；时间上，对于为实现规划最终目标而划分的各个阶段需要有明显的连续性和统一性。

专门规划方法中最基本的是规划内容部分，实现规划的组织和财政机制，以及实现规划的监督（后者同时具有积极反馈信息的功能）。

运用专门规划方法的基本条件：教育领域机构改革的必要性和发展趋势的要求；教育发展出现的综合性问题需要通过实施规划来解决；仅仅依

---

① 受俄罗斯联邦教育部委托在《2002 年联邦教育发展规划》框架内完成。

靠现有水平，教育管理机构无法实现必要的发展目标；为实现各自的目标，（联邦、地区和市政府水平）协调使用财政拨款和各种物质资源的必要性。

使用专门规划方法的优越性总的来说有以下几个基本特点：

（1）规划的指导性，规划的实现期限直接取决于保证规划实施的财政和物质资源；

（2）规划基本目标和任务的系统性，按照解决地区教育发展中最复杂的综合性问题设计规划；

（3）保障，所有教育管理主体采用统一的方法解决发展中的问题；

（4）性能，集中有限的物质和财政资源解决地区教育发展中的基本问题；

（5）可能性，在可利用预算资源有限的情况下吸收预算外资金，包括关心教育的国企和私企赞助、银行贷款、国内外投资者的捐赠。在此可以说专门规划的最大特点就是能够在各种条件下吸纳资金；

（6）确保社会监督的潜力，规划目标和任务形成过程和财政资源使用过程具有提供社会监督的潜在可能性（鉴定委员会和实施委员会等）。

尽管上述建议的模式足够复杂，但是它可以客观评价地区在建构稳定的教育体系空间中的潜在能力。

我们认为，所推荐的教育体系类型模式，可以作为制定管理每一种已证明的地区教育发展管理模式的基本管理结构类型。

第四节　多元文化教育和地区教育问题

20～21世纪之交，民族地区色调有所变化，教育维持社会经验再生产的社会主义功能开始具有民族地区特色，并对现代社会文明和文化现实进行适当改进，树立新的生活价值定位。

地区化（регионализация）和民族化（национализация）趋势是俄罗斯教育改革的基础和内容。尤其是最近十年出现了以人类中心说的思想和方法为基础的新的社会意识范式。在这种情况下，民族地区教育体系发展陷入社会政治经济不稳定的环境之中，陷入俄罗斯联邦各主体之间低效的法律文化之中。

20世纪末，俄罗斯联邦教育的分散化管理和地区化趋势，使确定一个共同而有意义的教育内容显得更加必要。这种统一的教育内容应该由国家来制定，由教育机构来付诸实践。教育内容的改革在20世纪80年代获得发展，只是这一过程的科学基础至今仍不够充分。形势之复杂可以这样讲，教育定位的多样性要求存在不同的教育模式，每一种不同的形成教育内容的方法需在不同的模式中得到实现。

A. M. 诺维科夫（А. М. Новиков）曾分析在新社会经济环境中职业教育体系教育活动的各种观点，他详细地研究了区域化原则。首先在教育内容的地区化中，他意识到统一的教学计划、教学大纲和教科书的危害[①]。在教育机构中实现职业教育内容民族地区部分的同时，以毫无依据的"创新精神"（самодеятельность）引进许多课程，这些课程与地区问题远没有关系，但是打着"创新"（инновация）的旗号。

在这一点上 В. А. 列克托尔斯基（В. А. Лекторский）公正地指出，当代俄罗斯教育领域的许多改革不但没有帮助我们在这个新世界占有一席之地，相反，却将我们挤到了世界的边缘。

民族地区教育体系发展战略应该维护统一的教育空间。

В. А. 米亚斯尼科夫（В. А. Мясников）在统一教育空间下理解复杂而多层次的变革过程。变革的结果是新体系的出现，而这种体系具有如下系统性原则：完整性，体系和周围环境的相互联系性，结构性，多重描述性。我们认为上述原则表述得不够准确。

在系统的组织结构背景下，许多子系统之间相互影响、相互作用。子系统之间的相互作用表现出整体化的特性，子系统在整个系统中拥有单独存在时所不具备的特性。

系统的基本特点是完整性和结构性。研究系统中的结构性，应该说明子系统从属关系的分配原则，也就是说某一级子系统的目标应从属于高一

---

① Новиков А. М. Российское образование в новой эпохе／Парадоксы наследия，векторы развития. - М.：Эгвес，2000. - с. 142.

级子系统的目标。只有实现上述条件，所有复杂的分层系统才能作为统一的整体（единое целое）而发挥作用。俄罗斯教育体系表现为各民族教育体系（子系统）一体化的超体系，所以民族地区教育体系全球发展战略的内外部协调性就成为国家统一教育空间发展的必要条件。

20世纪80年代教育体系改革打算在现代化、人道主义和多样性原则的基础上重新制定发展战略。В. Д. 沙德林科夫（В. Д. Шадриков）指出："学校改革是重要的社会现象，是巨大的社会建设过程，改革过程将管理部门和教师界的力量联合起来。"[①] 在这种情况下，以提升教育质量为基本目标，中等教育要在结构、内容和教育教学过程的组织上进行改革。这一任务的复杂性可以这样讲，从20世纪50年代开始，苏联学校的教育内容仅仅是对基础学科领域的教学内容进行了补充，没有发生过原则性改变。20世纪70年代末80年代初的苏联学校发展特点：按照国家制定的教育标准，学生需要掌握大量的知识，学习负担过重。

教育改革领域需要解决的问题很多，这些问题与整个社会的思想变化，与基于新世界观设计教育内容的必要性，甚至与教育机构的教学方法、组织管理和物质技术设备相关。找到教育过程的新教学模式十分重要，而俄罗斯还没有准备好将其作为一种科学的理论并实践。苏联学校用十年时间构建的方法论在新的社会现实中站不住脚，甚至给俄罗斯教育带来了危机。为了克服危机，首先要在教育内容制定上赋予各共和国较大的权力，要在教育民主化上确定统一的战略方针。

这样，全苏国民教育工作者代表大会（1989年）[②] 在最短时间内制定出经过全面讨论的实验性教学计划草案。该草案建议的模式具有明确的目的性，制定者希望实现教学的细化（дифференциация），这一点要从学生的能力和兴趣出发，甚至要考虑到民族地区的特点。教育计划仅仅规定了全苏课程体系大约35%的内容，包括俄语（这是各民族之间交流的国家语言）、数学、自然科学，另外许多时间（约65%）都分配给了民族地区的教育内容。

---

① Шадриков В. Не останавливаясь на полпути//Народное образование，1989. №7. Стр. 6 – 13. с. 6.

② Всесоюзного съезда работников народного образования（1989 г.）.

可以看出，这个构想在新的教学原则基础上，着力于解决教育的人文学科化问题。这里所说的原则首先是减轻学生负担，细化、个性化教育教学过程，为课程的综合化创建现实基础，保证将新的教学创新引入学校实践中。

该草案所建议的学校模式在俄罗斯联邦《教育法》中被确定下来。《教育法》根据学校民主化思想解除国家对教育政策的垄断，规定了各联邦主体对教育体系的管理。与此同时，这个文件还有一个特点，就是对联邦中央和地方的教育权限做了规定。

《教育法》第二章还宣布教育的人道主义特点，全人类价值、人的生命与健康、个体自由发展的优先权，在一定程度上为找到全俄、全人类与各民族价值之间的平衡点提供了必然性①。教育政策的原则变成公民性教育和爱国教育，这意味着必须在学生的全俄公民感和民族认同感之间确立相互关系。在这种情况下，教育政策保证多民族国家统一的文化和教育空间，为民族文化和地区传统提供保障。当代俄罗斯教育立法的特点，用В. К. 沙波瓦罗夫（В. К. Шаповалов）的话说就是"从文化的集权化和教育的一元化，向多民族国家联邦教育空间的新理解转变"②。

应当指出，"教育空间"这一术语在 20 世纪 80 年代进入俄罗斯的教育学界，最早出现在俄罗斯联邦《教育法》中。Л. В. 列夫丘克（Л. В. Левчук）指出，这一术语在教育学词汇中用来表示，在教育分散管理情况下，对联邦教育统一性的保护和对其离心力的克服。

现在"空间"（пространство）这一概念被社会学领域广泛使用。政治家提出，必须在俄罗斯、白俄罗斯、独联体、欧盟和其他独立国家联盟的行政领域范围内创建政治空间；经济学家和法学家也提出在经济和法律领域建立经济和法律空间；文化活动家也提出统一文化空间等。进入信息时代，优先创建统一的世界信息空间对于后工业文明来说十分重要。

---

① Закон Российской Федерации 《Об образовании》 //Справочник менеджера образования. В 2 - х т. /Сост. В. С. Гиршович. М. : Новая школа, 1995. Т. 1. 400 с. с. 5 – 6.

② Шаповалов В. К. Этнокультурная направленность российского образования. – М., 2002. – с. 228.

我们认为，俄罗斯联邦统一教育空间发展的法律定位表现为，满足为与社会条件相适应的各层次各阶段的教育发展法律护航的需要。

教育要想实现其职能，需要一定的教育环境作为空间，教育空间具有地区封闭性，对质量和数量指标也应该有说明。作为教育空间的基本特点，应该明确其结构组织和功能特点，以此确定它满足地区要求，解决儿童和青年教育、教学、发展与社会化问题的可能性。

同时 Л. В. 列夫丘克（Л. В. Левчук）指出："统一教育空间在地理概念上涵盖俄罗斯全部疆土——这是必要条件。"我们认为在教育学理论中，"统一教育空间"这一概念的阐释不是基于教育的"空间"原理，经过复杂的哲学及各个学科的复杂推理形成的。教育空间的构成基于一定的目标定位，这一定位在俄罗斯联邦宪法、俄罗斯联邦《教育法》、联邦教育发展规划和其他标准法案中获得解释，由于联邦和地方利益的失调，它们并没有成为地方教育政策体制。

当代教育体系运行的基本问题是，缺乏科学的地区教育体系发展管理模式；缺乏制定教育规划和将其引入教育过程的技术标准；甚至缺乏引入以学生为中心的教育模式（личностно－ориентированные модели образования）的科学程序，这里所指的以学生为中心的教育模式，要求教育工作者考虑新的职业思维模式，实现创造性的自我发展。

Е. В. 邦达连夫斯科伊（Е. В. Бондаревской）的方法很有趣，他建议分析"以学生为中心的教育战略"实施机制，他认为在最近几年，俄罗斯南部地区社会、文化和教育的破坏问题十分严峻，而教育体系只有在社会稳定的条件下才可能发展，我们也同意其观点。所以就现在的形式来讲，与其说是对"体系的发展"还不如说是"对动荡和不民主的社会中的教育机构的发展战略"[1]。恰恰是使用协同学的方法，才能解释教育体系从不平衡状况向稳定状况转变的原理。

根据邦达连夫科伊的观点，"统一教育空间是加强教育机构之间联系，

---

① Бондаревская Е. В. Единое образовательное пространство Северного Кавказа как среда воспитания человека культуры и нравственности//Интеграция культур в смыслосозидающем образовании：Материалы всероссийской конференции. - Махачкала：ИПЦ ДГУ，2002. - с. 160.

促进它们发展与富足的区域，是它们拒绝个别领导和老师独断专行而享有自决权的机会，作为周围社会需要的教育结构，这是它们在或大或小的文化视野中的自我决定，这是为所有人获得有质量的教育创造条件。"

这里特别要强调的是，"统一教育空间"这一概念是指当今有质量的国家教育空间，这类教育在民族观点的解释下就是"承担民族复兴和发展的责任，用历史和文化改变人的精神世界"的教育。

我们认为，上述民族教育的定义带有一些主观色彩。首先应该明确"民族文化复兴"的概念。在 20 世纪 80~90 年代苏联的大众传媒、科学政论和教育学心理学出版物中经常提到少数民族的"民族文化复兴"。一般人印象里，苏维埃历史上没有苏联人民民族文化发展的位置，但我们认为那样的说法是错误的。毫无疑问，苏联在民族政策上存在一定程度的极端措施，但不能因此说苏维埃国家就是人民的"殖民者"，没有促进民族文化的连续发展。我们认为，从客观上讲应该说在苏联时期民族文化获得了正面的发展。

民族学校发展的思想是影响北高加索地区民族关系稳定的重要因素，Г. С. 杰尼索娃（Г. С. Денисова）对其进行了反复研究，总体上是围绕地区教育问题展开的研究。他把注意力放在了各民族独特文化复兴的必要性上，文化复兴要基于民族学校的发展，民族学校是民族文化信息传播的重要渠道。

与此同时，必须强调要慎重、周密地思考这一问题，因为在当代整个北高加索地区多民族关系尖锐的形势下，在每一个多民族的共和国中，如果教育体系规定统一的目标，则有可能成为民族之间、共和国居民之间社会文化联系断裂的原因。

这样，统一教育空间不但是为儿童和青年的教学、教育和发展创造的统一环境，而且是统一行政领域社会文化发展的基本因素。所以必须指出，统一教育空间是解决多元文化教育（поликультурное образование）问题的关键。

在教育和教育学思想的永恒价值中，以人道主义和民主制、自由和平权、公民、拥有宽容的世界观、多文化对话和民族理解能力思想为基础的俄罗斯公民教育占据特殊地位。这在多民族的社会环境下十分重要，多民族的社会环境依赖于多文化和理解教育的优先性。出于各个民族群体文化和教育利益的考虑确定以多文化教育为基本目标。

将教育一体化建立在文化对话和使儿童参与文化沟通这种思想上的现象，自然而然地成为当今世界发展的趋势。B. H. 察杜洛夫（В. Н. Цатуров）指出，自然界存在各种"地理上的民族"，地域不同，自然气候特点不同，而这一统一性和表现形式的多样性会在各个方面对社会的文化和功能产生作用，也必然会渗入民族的生活传统和民族教育学之中。

从历史的角度研究多元文化教育问题的起源时会发现，在文明初期出现两种对立的解决方式。例如古代的东方国家（印度、日本等），都是单一民族国家，它们的特点表现为宗教的封闭性、社会的封闭性、单一文化的教育。而古希腊的现象刚好相反，基于多神论（политеизм）、普世哲学（философия всеобщности）和思想开放性的社会发展原则，"开放的教育"获得发展。开放教育的目标是研究多方面的自然和社会发展规则，培养"世界公民"[第欧根尼·辛诺普斯基（Диоген Синопский）]。同样地，古罗马的学校基于双重文化发展原则，按照学校要求，学生除了要学拉丁语外，还必须学习希腊语和希腊文学。后来到了中世纪，中东和西欧的学校教育内容是基于双重文化原则的宗教教育，在这种情况下，母语失去了优先性，人们首先学习阿拉伯语言及其文化，或者拉丁语言及其文化，根据地区宗教特点的不同信仰伊斯兰教或者基督教。

17 世纪 Я. А. 夸美纽斯（Я. А. Коменский）在自然教育教学原则的基础上建立了教育学的科学基础，他在《大教学论》（Пампедия）[1] 中特别关注了文化互动教育学。夸美纽斯的看法具有普遍性，他认为民族和全人类的起源应该在教育教学中有机结合，这一思想在他所主张的各级教育模式的教育内容中获得体现（母育学校[2] – 母语学校 – 拉丁语学校 – 科学院）。

---

① Пампедия 是指整个人类的普及教育。"педия"在希腊语中是指培训和教育，使人们成为文明人，而"пам"是指普遍性。所以，连起来的意思是如何教所有人周围的一切。（Я. А. Коменский, Д. Локк, Ж. - Ж. Руссо, И. Г. Песталоцци. Педагогическое наследие. М.：Педагогика, 1989 г., 416 стр.）——译者注
② 母育学校：夸美纽斯的教育学思想的组成部分。

在文艺复兴时期，学校教育内容超出母语和本土文化，学习现代各国语言的内容大大增加。19 世纪德国哲学家教育家 И. 费希特（И. Фихте）赋予文化以哲学、教育学依据，他从一个民族对待外族文化的角度来研究民族教育。К. Д. 乌申斯基（К. Д. Ушинский）通过论证每一个民族都有决定自己民族性格的教育体系这一假设，将这一思想进一步深化。乌申斯基的研究贡献在于对俄语学校和异族①学校中语言教学的研究。

20 世纪上半叶，С. И. 盖森（С. И. Гессен）继续研究这一问题，他得出结论：当教育符合教学、艺术和宗教的原则时，才具有真正的民族特点。盖森论证了在教育实践中，民族教育中的全人类教育和全人类教育中的民族教育这两个过程是统一的。依我们看，这一统一过程只在两种情况下出现，一是人类社会文化经验在空间和时间上的多样性和统一性，二是各种民族文化的相互制约性。

这样，多元文化教育思想的历史根源和演进历程得到澄清。现在，多元文化教育是民族和谐与进步的道路上克服分裂、促进团结的重要因素。

在现代教育学中，"多元文化教育"（поликультурное образование）这一术语表现出将不同民族的社会制度价值作为教育内容中的跨文化思想。多元文化教育属于社会学和心理学范围的内容，它以现代世界多元文化性的相互作用为条件，是文明进步道路上克服民族分裂、团结各民族力量的重要因素。

当今世界许多国家都迫切需要多元文化教育，从而使上述社会教育学现象在学术语言中以各种术语的形式得以体现：多民族教育 [Дж. 本科斯（Дж. Бэнкс）]、多文化的教育 [Я. 百伊（Я. Пэй），Р. 柳斯伊尔（Р. Люсиер）等]、文化对话学校 [В. С. 比博列尔（В. С. Библер）]、多元文化教育 [В. В. 马卡耶夫（В. В. Макаев），З. А. 马利科娃（З. А. Малькова），Л. Л 苏普鲁诺娃（Л. Л. Супрунова）]、教育的多文化性 [М. 沃柴德（М. Уолцер）]、教育中的自由多元论 [Б. 威廉斯（Б. Уильямс）]、教育中的多元文化 [Г. М. 科贾斯皮洛娃（Г. М. Коджаспирова）]、多元文化的教养 [Н. В. 巴尔托夫斯卡娅（Н. В. Бордовская），А. А. 列昂（А. А. Реан）]、多个文化的教育 [Г. Д. 德米

---

①　异族指旧俄时代俄国东部边境地区的非俄罗斯人。——译者注

特里耶夫（Г. Д. Дмитриев）]、复杂文化的立场 [В. А. 基史果夫（В. А. Тишков）]、自由人的教养 [В. Д. 谢苗诺夫（В. Д. Семенов）]、全球教育 [А. Ю. 科贾斯皮洛夫（А. Ю. Коджаспиров）] 等。上述每一个概念表述不同，但在保证教育过程中，文化的相互作用和使年轻一辈获得全人类文化成就这一点上是一致的。在本国教育学传统中，"多元文化教育"一词更接近于反映教育和文化过程的相互作用。

В. В. 马卡耶夫（В. В. Макаев）在他的著作《多元文化教育：历史视角与现代问题》（《Поликультурное образование：исторический аспект и современные проблемы》）中指出，"多元文化的教养（поликультурное воспитание）"更能反映教育学中多元文化的本质，因为它不仅包括人的教育，还包括个体在所处的社会中能够形成的个性的目标、任务和基本方向。

"使青年一辈获得种族、民族和世界文化的教育，基于此的全球意识的发展，生活在多民族环境中的意愿和能力的形成"这一观点在多元文化教育下得到理解。

同时，利用多元文化理论可以解释教育教学体系，即在这样的体系中，学生在理论和实践层面上能够系统掌握既属于世界文化范围，同时又带有他们所固有的、科学合理的、民族社会的、民族心理的、宗教信仰的、语言特色的知识、能力和素养。

根据 М. М. 库尔皮耶夫（М. М. Курбиев）的观点，"多元文化教育，是学校的学生在理论上和实践中，学习有明确范围的，系统的，既属于两个或多个类型的文化又有自己认知信息的，民族社会的，民族心理的，宗教神学的，语言和其他特点的知识和技能。"

摆在教育体系面前最重要且最具世界性意义的任务是创建必要的环境，在人道主义价值建立上和找寻更有效的个体及社会认同形式上，为个人和社会提供确实的帮助。

多元文化教育问题对于所有国家来说都十分迫切，需要从以下几个方面展开：

（1）学校用两种语言施教。这一目标在民族构成不均衡的国家实现。包括在美国的非国立学校中，学生学习英语和本族语（西班牙语、意大利语、俄语等）。这一模式包括各种教学过程组织方案。这样，有的班级在教授母语的同时教授简单的英语，有的班级采用混合式教学，使学生感到学英语不再困难。并且在这样的班级里，由于学习材料的深度和范围不同，教学的水平也不尽相同。上述教育机构的基本目标，就是通过母语学习帮助孩子们了解自己民族的特点。

苏联的学校也存在本族语言和文化的学习，但是在母语的教学上缺乏多样性的基础（根据掌握程度和学习动机），同时学习母语和学习外语一样，基于同一套方法论体系上。在非俄语的民族学校里存在纯母语教学。直到 20 世纪 80 年代民族学校才改变教学模式，在学习母语的同时开设俄语课。

（2）开设将少数民族①文化和占统治地位的民族文化相整合的课程。外国人众多的西欧和亚洲更多地表现为这一特点。并不是说让外国儿童和侨民学习所在国的文化传统就叫作多元文化教育。从本质上讲，多元文化教育更重要的是让他们了解世界和所在国的文化，并成为这个国家的公民。从这个角度来讲，多元文化教育表现为公民教育的组成部分。

我们认为，多元文化教育任务的这一方向和多民族国家形成原则的历史有关。

В. Д. 沙德里科夫（В. Д. Шадриков）分析了西方和东方多民族国家的结构原则。根据西方的原则，多民族帝国分为宗主国（民族国家）和殖民地；而东方的原则则是将新的领土和人民纳入统一的国家。俄罗斯的多民族结构是 16 世纪末按照东方的原则形成的。沙德里科夫认为，领土的扩张和俄罗斯帝国的形成是"农民殖民地化"的结果，表现了俄罗斯人民最伟大的热情。毋庸置疑，大面积的殖民地必然导致当地居民与殖民者的冲突，但殖民地的建设并不是按照"胜利者"的原则进行，而是按照公共的社会价值原则进行。

---

① 俄罗斯的"少数民族"（национальное меньшество）概念具有与我国同一概念很不相同的意思。它表示的是人口数量很（极）少的族群。俄语中的"少数民族"是指保留着作为其一小部分的本民族的民族意识、语言、文化、生活方式及其他民族特征，居住在本民族传统的分布区域之外的异族范围之中。"少数民族"与"民族"概念不同。"民族"，即使是人数很少的民族，但有自决权，而"少数民族"没有自决权。——译者注

上述多民族国家形成的原则也适用于教育模式的设计。例如，基于少数民族文化和占统治地位民族的文化一体化而建立起来的教育模式，在西方的社会文化建设原则中得以实现。在东方原则下建立起来的教育体系中，各种民族文化教育理论平等共存并相互作用。但是现在，很难清楚地看到它们这样或是那样的教育体系，很明显，每一个多民族国家都有按照自己的组织原则建立起来的教育体系。所以，除了西方和东方原则，还应该论证多元文化教育模式的文明组织原则。

与此相关，创建"国际学士制"（международный бакалавриат）教育中心的草案在 20 世纪 90 年代获得发展，83 个国家 600 多所教育机构参与其中。草案的总设计 Р. 师皮尔（Р. Пиль）规定将依靠民族文化和自觉意识掌握其他民族的文化作为基本任务。

А. А. 列昂（А. А. Реан）、Н. В. 巴尔托夫斯卡娅（Н. В. Бордовская）和 С. И. 拉祖（С. И. Розум）通过对少数民族各种文化教育需要的考察，提出多元文化教育的目标。在此基础之上，他们给出了多元文化教育的建议：

（1）在多种文化存在的情况下，人要适应各种价值；不同传统文化教育背景的人要相互配合。

（2）文化对话的方向定位。

（3）拒绝对其他国家和民族采取文化教育垄断。

与此同时，我们认为，年轻一辈多元文化教育的基本目标是让他们以整体的视角（холистический взгляд）看待全球化过程，形成文化一体化世界观和人文主义常识。

多元文化教育是普通教育中掌握相邻民族的文化知识、传统、信仰和文化价值中的共性和个性、教育人在精神上尊重外族文化现象的组成部分。

20 世纪末 21 世纪初的多元文化教育问题，其迫切性是 20 世纪末俄罗斯社会民族关系尖锐化的结果。20 世纪末的经济危机导致对文化价值的重新评价，在整个社会失衡的情况下，出现保护民族价值的倾向。

教育过程中的文化一体化，文化价值多元化，承认民族社会团体、宗教联合会权利平等的思想，要求在教育中采取多元文化原则。在社会现象多样化的情况下，多元文化是社会稳定的重要条件，是每个人都能融入世界文化教育空间的保证。

我们在教育内容的民族地区因素和多元文化因素的不协调中，看到了当代俄罗斯民族地区教育体系发展的基本矛盾。教育体系的发展一方面维护各民族的平等，另一方面也为融入世界文化教育空间创造条件。

当代多元文化教育，不但应该较多地分析不同民族文化教育的方法，还要想尽一切办法采取长远措施，使今后能形成精神道德价值体系。以历史的眼光看待一定文化发展中的永恒与特殊现象，感受时代精神特色，揭示各种民族文化假象。多元文化教育的长远措施是揭示和分析表现文化综合特点的"文化定型"（культурный стереотип）。因为文化定型是民族间相互作用相互补充的总和，研究任何一个民族都必然基于自己体系的研究。这一措施符合人道主义的教育，因为它的定位就是文化的价值研究。

以这样的形式组织的多元文化教育，以创造性的跨学科方法为支撑，以形成合理的文化反省为方向。在文化反省中，个体通过思索世界和人类的民族文化模式获得提升。多元文化思想的形成是这一教育过程的结果，这也反映了当代世界教育发展趋势。

本章小结

（1）分析民族地区教育体系发展的复杂形势可以得出这一结论：当代教育发展的制度化，要求有自己的哲学文化和历史教育学思想作为基础。在制定民族地区教育体系方案时，选择合适的教育学工具，确定和论证原始的研究立场十分重要。

制定民族地区教育体系分析方案以哲学－教育学的、系统的、综合化的方法为基础，将其作为耗散性社会结构的民族地区教育体系综合化模式，确定在当代人道主义教育模式背景中，以稳定发展的教育学环境为原则。

从最初的假设得出的结论是，地区教育空间的形成和发展，基于对各种结构模式产生直接影响的所有社会因素的相互作用。所以，任何教育空间最重要的特点都是开放性和耗散性，这两点保证教育空间和整个社会文化环境的相互作用。

（2）由于我们的研究对象具有社会学性质，所以对它的描述合乎哲学知识的范畴。尤其是在哲学模式之外，无法理解包含社会现象、教育本质、发展规律，以及确定教育学思想起源倾向的教育学过程。我们认为，一方面，只有在哲学中才能找到教育学的方法论基础，才能解释科学教育学的思想和理论；另一方面，只有哲学才能作为教育学经验思想的理论基础。

（3）在一系列复杂的教育哲学问题中，教育的目标和本质问题最重要，它决定着具有价值论和世界观特点的教育体系发展的战略。没有哲学背景这个问题就无法解决。与此同时，在民族地区教育体系的研究中，我们将教育哲学作为教育科学的一个分支，是研究教育学现象的原始方法论定位。我们认为在价值目标、体系结构、过程和结果的相互作用中，得出哲学教育学知识的客观原理［Б. С. 格尔顺斯基（Б. С. Гершунский)］，也应该在相互作用中，研究教育理论和实践发展范式的基础。例如，教育的职能基于价值目标的定位，价值目标改变时教育的范式就会发生变化。这方面最典型的例子，是教育模式从独裁主义向人道主义转变。独裁主义学校特有的教育目标在 20 世纪 90 年代民主化发展的过程中表现出衰弱的生命力，这与当时社会发展的价值定位相矛盾，最终导致教育体系中结构和过程的改变。

（4）随着系统分析、协同学、控制论、诠释学的发展，跨学科研究和知识综合化越来越有前景。具有全人类意义的世界性问题需要新的、优质的和系统的方法。每一门科学尽可能地扩大自己的研究领域，摆脱传统的束缚。跨学科的研究背景成为所研究获得新发展的动力。

根据古米廖夫的方法，我们研究作为民族地区教育体系发展外部过程的民族起源问题。我们并没有将他的思想绝对化，但是我们认为他完整地描述了作为社会文化现象的各种民族问题和民族体系发展的规律性。在书中我们论证了古米廖夫基本的理论思想，并在此基础上分析了苏联解体后俄罗斯社会文化和教育形势。

互补性原则解释了当代俄罗斯教育蜕变的原因。我们认为古米廖夫的民族起源理论可以解释当代俄国教育中的许多社会文化问题，尤其是民族地区教育体系发展和维持俄罗斯联邦统一教育空间思想的问题。

（5）民族地区教育体系的类型学问题是研究地区教育过程的一个重要课题。在教育体系类型学理论［А. П. 利菲洛夫（А. П. Лиферов）、В. С. 索普金（В. С. Собкин）、П. С. 比萨尔斯基（П. С. Писарский）、В. И. 基涅岑斯基（В. И. Гинецинский）］的基础上建议揭示教育体系的耗散程度。

第三章　民族地区教育体系的人文化

　　民族共同体（этнос）在俄罗斯经济、政治、社会和文化领域发挥的作用日益增强，促使俄罗斯联邦各主体内新教育环境的形成，这正是文化多元论的重要特征。这得益于教育的变异性原则（принцип вариативности образования）在国家教育政策中的有效运用，中央与地区在规定教育内容上权限的合理区分以及教育内容的合理分配。

　　教育发展的基本问题包括：普通教育内容达到现代化水平，人道主义（гуманизация）在个体发展中的实现，人生价值、社会准则和其他文化元素融合为一个有机体。我们注意到，同样重要的问题还包括在教育领域中，俄语作为国家语言，俄语学习受到的威胁日益增长，人文学科标准中联邦和民族地区成分的差异不断增加。

　　在本章中，笔者着重分析人道主义如何作为现代民族地区教育系统的发展基础和多文化教育空间的构成因素而存在。

第一节　民族地区教育体系发展战略中的人道主义化和人文化

　　教育体系（образовательная система）历来就充当着个体社会化的重要媒介，并起着通过文化和智力发展完善个体发展的重要作用。生活节奏的加快和知识量的增加，使得全球与国家利益、物质与精神生活内容之间的断层日益增加，从而迫使我们在 21 世纪建立新的教育战略，其中很重要的一点是，要培养下一代有目的地迎接后工业化的生活，这一点已经成为必然选择。作为社会空间的完整组成部分，教育体系无法独立解决上述问题。正因为此，教育在很大程度上成为政治内容，而政治在当今世界里也带有教育的特征。

每个国家在现代环境下都对增加的人文因素表现出了更多兴趣，这与教育已经成为处于优先位置的最高效"生产"部门相关。正如 В. И. 索达斯基（В. И. Солдаткин）所指出的，一个国家的文明成就并不只是社会生活物质技术基础的发展现状，更是教育体系的完善、公民受教育的程度、普通水平劳动力的高度职业化和培养，这明确了教育在全世界范围内新的历史使命。也就是说，教育发展的问题同时也是地缘政治学（геополитика）的问题。按 С. В. 格拉乔夫（С. В. Грачев）的话说，地缘政治学是基于历史复杂的文明、宗教和地区文化传统掌握具体的地理空间的学问。最佳的地缘政治学应该同时考虑教育发展中民族的和全人类的，地区的和联邦的，以及民族文化的和社会经济的特性。就此格拉乔夫得出结论："教育中的民族地区成分总是在某种程度上具有地缘政治学指向"[1]。

我们认同其观点，同时我们认为，建立保护国家统一教育空间的文化教育形势也是地缘政治学的问题，而教育内容中的联邦成分在很大程度上表达了地域政治的利益，是保护公民身份的基础。

正如 А. С. 扎别索茨基（А. С. Запесоцкий）所说的，能使所有社会主体获得普通和职业教育权利的教育政策，最能体现其作为国家活动的特性。教育政策反映了教育体系发展的战略，同时具有社会特征。这种社会特性致力于并维持一定形式的文化、社会意识形态、教育传统和已有的社会国家。

当代俄罗斯教育政策的特殊性在于，地区和联邦主体[2]越来越多地成

---

[1] Грачев С. В. Геополитика в истории образования нерусских народов//Педагогика. – 2000. №7. – с. 64.

[2] 联邦主体是俄罗斯的一级行政区的统称，这一概念是 1993 年俄罗斯联邦宪法引入司法体系的。截至 2010 年 5 月具体包括 83 个联邦主体：21 个共和国（республика），9 个边疆区（край），46 个州（область），2 个联邦直辖市（自治市）（город），1 个自治州（автономная область），4 个自治区（автономный округ）。各联邦主体一律平等，各有不同的国家法律地位。——译者注

为其形成的最积极的参与者。俄罗斯联邦宪法（Конституция Российской Федерации）规定，其国家主权地位给予各地区自主施行教育政策，确定教育发展的目的、任务和愿景的权利。而这些从实践来看，并不总与联邦完全一致。俄罗斯联邦《教育法》（1992 年）指出，国家教育政策的目的和任务基于民主化原则。然而，原则本身具有双重性。一方面，俄罗斯联邦宪法保障个人和公民的权利和自由（以个体为主体）（индивидуальная субъектность）；另一方面，宣称民族和民族共同体具有社会政治自决的权利和选择发展方向的自由（以集体为主体）（коллективная субъектность）。

对该文件的综合研究证实，20 世纪 90 年代的国民教育改革主要有两个基本目标：①在联邦主体框架下，保护和激励各民族文化发展；②在俄罗斯国家发展环境中，形成统一的文化教育空间。

据此，各联邦主体的教育法显示出保护和保留民族文化的倾向。例如，卡巴尔达－巴尔卡尔共和国（Кабардино－Балкарская Республикая）的《教育法》指出："要保护卡巴尔达－巴尔卡尔共和国领土内人民文化传统和民族文化的教育系统；⋯⋯通过教育体系，复兴和发展卡巴尔达－巴尔卡尔共和国的当地民族。"马里共和国（Республика Марий）的《教育法》指出：教育体系旨在"复兴和发展马里共和国当地的马里族和其他民族的民族语言、文化、道德精神和民族价值观"。鞑靼斯坦共和国（Республика Татарстан）的《教育法》宣称"保护教育的人道主义性、人民民族性"。类似表述在全国所有民族地区皆有体现。

满足民族地区需求，要求制定出原则上包罗万象，并具有双重成分的教育内容结构模式，包括联邦和民族地区的教育内容。在联邦中央制定的结构功能模式中，能看到一个有效的方式，即寻找并保持在个人、社会、多民族国家和俄罗斯各个民族共同体的需求和利益之间存在的，不一致因素的，全面均衡状态的有效方式。如果教育内容中的联邦成分，是为了全俄精神气质和公民意识的培养，那么教育内容中的民族地区成分，就是为了使孩子熟悉本民族文化、传统和习俗，也就是说解决民族认同的问题。据此，З. Б. 莎拉科娃（З. Б. Цаллагова）认为，个体将自己等同于民族一致性的倾向是民族共同体精神气质的重要组成部分。

与此同时，我们认为"民族地区成分"（национально－региональный компонент）的概念在学术上明显不够严谨。"民族的"一词与某一民族的特殊性有关，但在多民族的共和国条件下，需要定义的"民族"不应该仅包括某一个民族的特征，哪怕是占据该共和国名称的民族。这里应该有实现不同民族文化个性的可能性，在以和平为主导的社会教育环境下，它应善于建立民族间交往，在所有民族共同体合作的基础上，进行文化上的民族教育对话。

北高加索（Северный Кавказ）地区的教育形势呈现出这样的特点：该地区通常在很大程度上选择民族地区教育体系的长远发展方向，在政策、主权和民族文化自主方面高瞻远瞩地改革以确立民族权力。在绝大多数情况下，教育致力于解决民族文化的自主位置和已有民族利益的优先性。

类似的情形在现行的俄罗斯联邦《教育法》中得到强化，即普通教育内容中的民族地区成分不仅在不同的联邦主体中得到不同的解释，而且在大多数情况下不能够保证学术方法上的最低限制，在不同教育机构教学培养过程迫切需要保质保量的教学。

总体来说，20世纪90年代各联邦主体教育领域的政策特点是：致力于改变对普通教育机构的教学大纲和计划的定位，并建立稳定的地区普通和职业教育体系。

教育民族化最早的自发过程是于20世纪90年代，在联邦和地区法令层面合法化的。民主化、人道化和多样性原则，在俄罗斯联邦《教育法》中得到论证。尽管地区被赋予选择教育发展路线的权利自由，但法律宣布教育的人道性特征、全人类价值观的优先性、人的生活与健康及个体自由发展。

各共和国法律完全效仿联邦法律的基本章节，其中包括教育领域国家政策的任务表述，建立各层面教育机构教育内容和活动的需求。已通过的北高加索联邦区各共和国《教育法》中的民主化、人道化和多样性原则是与已有的每个民族特殊性相协调发展的。

这样，2000年通过的北奥塞梯－阿兰共和国《教育法》（Закон《Об образовании》республик Северного Кавказа）确立以下北奥塞梯－阿兰共

和国在教育领域的政策原则（第一章）：

（1）教育的人道主义特征，全人类价值观的优先性，人的生活与健康及个体自由发展；培养公民性，精神性，道德性，爱国主义和对祖国的爱。

（2）类型教育机构的延续性，保障教育从低级向高级的转向。

（3）结合学术成就和国际标准，保护和发展祖国的优秀传统。

（4）统一共和国和联邦文化与教育空间，保护和增加（发展）奥塞梯民族文化与传统，以及北奥塞梯－阿兰共和国领土的其他民族文化与传统的教育体系。

（5）人人都能享受教育，发展与培养学生对环境和特殊条件的适应。

（6）国立与市立教育机构教育的世俗性。

（7）教育管理的民主性公共性。

（8）教育机构的自主创造性。

（9）国家与国家教育系统拨款的主导作用。

（10）教育过程的持续性。

以上每一条原则的实现都有赖于教育体系的多样性，它规定了不同目标的教育机构（中等普通教育学校、多学科教育机构、文科中学、实科中学等）的发展。

和俄罗斯联邦《教育法》共同呈现的还有教育过程管理机制，它控制教学机关的工作和他们活动的拨款。

与此同时，教育改革的实施因政治动荡、社会紧张、经济崩溃等原因而资金缺乏，停滞不前。

正如第一章第二节所示，《共和国教育发展纲要》（《Республиканская программа развития образования》）是北奥塞梯－阿兰共和国在教育领域的国家政策组织基础，其与《俄罗斯联邦教育发展纲要》（《Программа развития образования Российской Федерации》）有机关联。

由北奥塞梯－阿兰共和国政府批准的《共和国教育发展纲要》，符合北奥塞梯－阿兰共和国议会对共和国和民族特殊性的考虑。但是在北奥塞梯－阿兰共和国《教育法》通过后的整个时期，该《共和国教育发展纲要》都没有被制定出，这对规定原则机制的实现起了消极的影响。

20世纪90年代通过的基础性民族地区教育体系发展法令还包括《俄

罗斯联邦民族文化自治法》（1996 年）（《О национально - культурной автономии》）和《俄罗斯联邦民族语言法》（1991 年）（《О языках народов РСФСР》）。

《俄罗斯联邦民族语言法》第三章第 7 条规定，完善俄罗斯联邦各民族的语言文化是发展国民教育体系最重要的目标之一。在第一章第 9 条"选择教育和教学语言权利"中指出，公民有权利自由选择培养和教学语言。在第二章提出，国家保障在国家领土内建立培养教育机构体系和其他形式培养和讲授俄罗斯联邦民族语言。第四章提到，俄罗斯联邦和俄罗斯联邦行政主体以立法形式确定在中等、中等专业和高等教育机构中的语言学习。在第四章第 10 条对民族语言和俄语双语均衡做出规定，也就是说，第一章规定国家为俄罗斯联邦公民提供条件学习、教授母语和俄罗斯联邦各民族的语言，而第二章中指出俄语作为俄罗斯联邦国家语言在中等、中等专业和高等教育机构中的学习。

《俄罗斯联邦民族文化自治法》（1996 年）为俄罗斯联邦内民族文化自治奠定了法律基础，限定了国家各民族文化的发展形式。现行法令第 1 条指出："俄罗斯联邦内民族文化自治是民族文化自决的主要形式，是俄罗斯联邦各个民族团体和公民社会的联合。在此基础上他们自愿、自治和自主解决保护独特性、发展语言、教育和民族文化的问题。"

在第 10～11 条规定了使用民族语言（母语）进行普通基础教育，选择教学语言的权利。据此，属于某一民族团体的俄罗斯公民，在符合俄罗斯联邦法律和俄罗斯联邦主体法律所提供的教育系统框架下，有权使用民族语言（母语）进行普通基础教育，选择培养和教学语言。

为了保障使用民族语言（母语）获得普通基础教育和选择教学语言的权利，民族文化自治可以：

（1）成立非国立（社会）学前机构或组织，并在这些机构内使用民族语言（母语）培养孩子；

（2）建立非国立（社会）教育机构（基础教育，初等、中等、高等职业教育），使用民族语言（母语）教学；

（3）设立其他非国立（社会）教育机构，使用民族语言（母语）教学；

（4）在所属教育机构的参与下制定教学大纲，出版教科书、教学手册和其他教学书籍，以保障使用民族语言（母语）获得教育的权利；

（5）为联邦权力执行机关、俄罗斯联邦主体权力执行机关、地方自治机关提供建议：在国立和市立教育机构内使用民族语言（母语）学习的班级、学习小组，使用俄语学习并深入研究民族语言（母语）、民族历史和文化的国立和市立教育机构；

（6）参与国家教育标准和在国立与市立教育机构内使用民族语言（母语）学习的示范性大纲的研究制定；

（7）为非国立（社会）教育机构组织师范及其他干部提供培养和进修机会等。

使用民族语言（母语）学习的非国立（社会）教育机构，按照俄罗斯联邦法律和国家教育标准，保证俄语作为俄罗斯联邦国家语言学习，同时按照联邦主体法律学习俄罗斯联邦主体的国家语言。

第12条指出，联邦权力执行机关、俄罗斯联邦主体权力执行机关保证在必要情况下，在国立和市立学前机构建立小组，在国立和市立教育机构建立班级或教学小组使用民族语言（母语）学习。考虑民族文化自治的提议和地区的具体条件，建立使用民族语言（母语）、进行俄语学习并深入研究民族语言（母语）、民族历史和文化的国立教育机构，同时建立补充性教育机构（星期日学校、选修课、文化教育中心和其他教育机构），以研究和宣传民族语言（母语）和民族文化等。

各联邦主体确定在教育体系发展战略中日益增长的地位和责任以及教育内容的建设，这促进了民族地区教育体系的发展进程。据俄罗斯联邦《教育法》第二十九章，各国家主体被赋予按照民族地区特殊性和国家教育标准内容的民族地区成分，确定和实现地区教育政策、在自己的领土内制定和实现教育纲要的权限。

2000年初俄罗斯联邦出台了《国家教育要义》（《Национальная доктрина образования》，以下简称《要义》）。这是国家的基础性文件，其中确定了教育在国家政策中的优先地位和2025年之前的发展方向。不能不认同制定者的观点，即教育应该是国家政策的优先领域，是俄罗斯社会经济和文化发展的主要机制。

正如文件制定者所指出的，当今俄罗斯教育的战略目标与社会发展问题紧密联系，其中包括：

（1）克服社会经济和精神危机，保障人民高质量生活和国家安全；

（2）恢复俄罗斯在世界教育、文化、科学、高技术和经济领域中的强国地位；

（3）为俄罗斯社会经济与精神稳固发展奠定基础。

《要义》在序言中特别强调，承认教育领域积累的知识和智慧，在最大程度上，为每一个俄罗斯公民展示和发展创造性才能提供有利条件，培养公民勤劳和其他高尚道德准则。

在当今俄罗斯的国家发展阶段，教育的基本目标和任务：

（1）保障继承先辈历史，保护、传承和发展民族文化；

（2）培养尊重权利与自由和拥有高尚情操的，法制、民主、社会国家的公民和俄罗斯爱国者；

（3）培养孩子和青年完整、现代、科学的世界观，发展多民族关系文化。

尽管建立民族地区教育系统多样性至关重要，但《要义》指出，务必保护和发展俄罗斯联邦统一教育空间，这应该产生于民族和谐和民族文化关系框架中。《要义》特别强调要保护和维持俄罗斯人民民族独特性和其文化的人道主义传统。

我们认为，随着《要义》被不断地接受，所有联邦主体都面临确定教育政策领域的一系列问题，其中包括以下内容：

（1）依据《要义》，确立在2025年以前的发展民族地区教育体系；

（2）在联邦教育内容中还要反映民族地区成分，确立在保护统一教育空间框架下的地区教育政策；

（3）俄罗斯联邦内民族学校发展的问题与前景；

（4）21世纪多元文化与多元教育相互作用的方向与机制；

（5）在欧洲与世界教育共同体中的技术一体化；

（6）在现代高等和中等学校中的教育内容更新之路。

据此，国家的每一个民族地区教育体系都有了新的发展方向，这确定了民族地区教育体系在21世纪头25年在俄罗斯及世界教育共同体中的位置。《要义》的采纳是在保护俄罗斯文化教育完整性的道路上迈出的第一步。

对于确立近期教育发展战略同样重要的是，由联邦总统签署的《关于确立联邦教育发展纲要的文件》（《Об утверждении Федеральной программы развития образования》，以下简称《纲要》）。《纲要》是俄罗斯国家教育政策的组织基础，并确定着教育体系优先发展战略和它的实现方式。正如前言中所指出的，《纲要》的基本目标和任务要与地区纲要协调发展，地区纲要应考虑具体地区的民族文化、社会经济、生态、文化、民主和其他独特性。也就是说，由联邦主体管理并解决与确定教育发展战略和前景相关的问题。

《纲要》的起草者指出，当今俄罗斯的教育发展处于一个复杂的境地之中。影响教育机构活动的最不稳定因素是社会经济的不稳定，教育所必需的财政资源不足；教育领域的法律法规不完善；教育领域法律条令经常得不到执行。

《纲要》的基本目的：教育体系的发展是为了形成和谐发达的、具有社会积极性的创造性个体，并将其作为在俄罗斯联邦宣布的教育优先发展基础上，经济和社会进步的重要因素之一；最后达到制定"关于为个体、社会化国家利益保护和发展教育体系"提纲的预期目标。

每一个民族地区教育体系的形成，都建立在确立政治经济基础发展的国家结构，考虑公民本身具有获得某种形式的教育需求相互关系的基础之上。因此应该谈到教育政策发展的两方面基本因素，即国家的和公民的[H. 克雷洛娃（H. Крылова）]。由于复杂的历史传统和资源，主要主体的教育政策由国家制定，其中规定了教育发展的优先目标和实现它的途径与方法。

教育发展的国家利益与俄罗斯联邦统一教育空间保护紧密相关，这首先要求联邦和地区在教育政策领域的利益相一致，各联邦主体的立法基础与全联邦需求相符。

《纲要》的"教育问题"一章指出，在当今多计划、自发不可控和无监控的地区化条件下，统一教育空间在以俄语作为国家语言学习方面受到的威胁与破坏日益增长。在人文学科标准中，联邦和民族地区成分的差距不断增加。

应该指出，在 1999 年 6 月顿河河畔的罗斯托夫市（г. Ростов－на－Дону）就"以北高加索地区为例，保护俄罗斯联邦统一教育空间的立法管理程序问题"召开了议会听证会（парламентское слушание）。由此可以看出，北高加索地区的稳定局势对俄罗斯具有基础性地缘政治意义。

听证会意见指出，在新的社会经济和政策条件下，建立联系文化、科学、经济和民族间关系的机制必不可少，该机制可以促进俄罗斯国家的强盛。地区作为大型科学教育中心，将不同的普通教育和职业教育院校、学术研究机构集中在一起，并成为交换民族文化成就的重要手段，保障专家职业培训的现代化水平和俄罗斯南部的经济崛起。进一步指出，北高加索地区教育和科学领域的联邦政策，应该服务于保护和加强俄罗斯南部的统一教育空间，加强高校学生的学术灵活性，为保护和发展地区内教育和学术潜力创造条件，建立俄罗斯科学院北高加索地区分院，并将其作为协调学术研究和地区统一经济前景的中心。

我们认为，复杂的情况在于，教育改革中过分热衷于民族地区问题有损于全国的利益。换言之，在统一国家的条件下有可能出现这样的情况，即地区的教育政策成为支持联邦主体民族文化自治利益的自足机制。在复杂的状况下未必能够得出以下乐观的预测：教育改革在 2002～2005 年有望使"满足个人、社会和国家利益需求的教育系统平稳地进化发展"。

因此 А. С. 扎别索茨基（А. С. Запесоцкий）做了有趣的注解，他将俄罗斯当代教育政策定义为"冲突模式元素组合的非最佳示例"（пример неоптимального соединения элементов конфликтующих моделей）。该定义指的是，一方面，不加鉴别地采用自由派模式的价值、意义和优先权，以及这种模式所固有的特性"多元论、个人主义、国家的不作为"，这都与俄罗斯文化的世界观核心相矛盾；另一方面，当代俄罗斯教育政策在很多方面都是苏联管理体系的继承者，而苏联组织管理准则是以极权主义为导向的[1]。

---

① Запесоцкий А. С. Образование：философия，культурология，политика．－М．：Наука，2002．－с. 456.

　　尽管在教育哲学框架下该过程尚未被完全弄清，但很明显，正在运行过程的多定向性不允许现代教育政策的提纲和定向标单义地形成，也不可能使改革的当代准则只有一个含义。

　　教育改革的失败在一定程度上归因于未经过深思熟虑的国家政策、将教育模式完全对立的目标和价值指标相协调的渴望。从现代教育状况的角度分析 20 世纪 90 年代的改革，可以得出这样的结论：缺少科学依据的教育意义与价值变异，以及培养年轻一代的传统体系，对教育发展前景有消极影响。

　　毫无疑问，在俄罗斯多民族国家条件下，保护和促进民族文化发展、文化传统和独特性是很必要的，但同样重要的问题是，需要找出在该政策下，能够保护国家统一教育空间，为协调和相互补充联邦与民族地区的利益创造必需条件的教育政策。国家有义务在保护统一教育空间的过程中扮演重要角色。正因如此，2001 年 8 月 29 日俄罗斯联邦总统普京在俄罗斯联邦国家委员会会议上发表了《关于俄罗斯联邦的教育发展》的演讲，其中指出："教育事业的发展是具有全国性的重要任务。"

　　《纲要》的主要目标是，有利于形成和谐成熟、具有社会积极性和创造力的个体，以及在俄罗斯联邦宣布的教育优先的基础上，作为社会发展要素之一的教育体系发展。因此，近期教育发展的重要任务在于，在考虑国家多民族特性的基础上，保护和发展俄罗斯联邦统一教育空间。因此，为了确保教育作为一个完整体系发展，务必继续制定连续性国家教育标准的联邦和民族地区成分，以及不同水平和方向的示范性教育大纲。对此需要特别关注的是，作为联邦纲要组成部分出现的教育发展地区纲要的实现。

　　该准则在教学实践中的实现，主要与教育内容的改革和教育标准的引进相关。解决该问题的困难在于，俄罗斯联邦各主体以随意的形式实行教育内容中的民族地区成分。这使具体课程在根据统一标准引用计划和大纲，显示教育过程本身的效果时遇到困难。该困境的出路在于，必须按课程制定的教育内容中民族地区成分的国家（或者共和国层面）教育标准。

　　当代普通教育与职业教育的现代化机制体现在《俄罗斯联邦政府社会经济政策长远发展方向》（2000 年）（《Основных направлениях социально -

экономической политики Правительства Российской Федерации на долгосрочную перспективу》) 中，该 文 件 由 战 略 制 定 中 心 （Центр стратегических разработок） 的 Г. 格雷夫（Г. Грефа）制定。该方案的主旨在于，综合分析俄罗斯联邦政治、经济、社会形势并确定国家发展战略。教育现代化成为俄罗斯全面发展战略的第一章。据此强调，务必为当代俄罗斯民族地区教育体系发展创造条件。

与此同时，尽管面临很多任务和未解难题，未来十年对于北高加索联邦区各共和国的教育体系而言，却是积极改革的时间。地区教育理论经历了重要的意识形态变化，去除了严格规定方法论框架的师范限制。

北高加索民族地区教育系统中，普通教育与职业教育内容改革的基本思想：

（1）建立共和国统一教育空间的一体化思想（идея интеграции）；共和国规模下不同层面的教育系统与俄罗斯和世界教育空间内整体教育系统一体化的相互作用。

（2）在整个教育空间内，保障教育民族地区途径的地区化思想（идея регионализации）。为此在共和国内实现建立教学方法综合大纲，以学习本族语言和文学、民族文化、共和国地理和历史以及其他实现民族地区成分框架下的教学指导。

（3）人文化思想（идея гуманитаризации），关注当今时代教育的人文重要性、生态学成分，加强所有教育学科教授过程中的人类学与教育学途径。

研究北奥塞梯－阿兰共和国的教育境况应该强调它的历史民族传统地位，这在其法律条例中有所体现。

民族地区教育政策的基本方向：

（1）保障和满足共和国公民与他们的宪法权利，俄罗斯及北奥塞梯共和国的条例、联邦与共和国《教育法》相符的教育需求；

（2）制定和保障实现长期目标的共和国教育发展纲要；

（3）保证在共和国所有类型的教育机构中履行国家教育标准；

（4）制定国家教育标准中的民族地区成分。

在 20 世纪 90 年代，北高加索联邦区各共和国开始形成教育发展规范基础（为保障该地区教育发展顺利进行而出台的各种政府文件，如总统令、政府指令等）。

随着教育系统管理机制的革新，出现了普通教育和职业教育组织的变革，以实现现代教育技术的真正机会。

民族地区教育体系发展多样性，保障了北高加索联邦区各共和国普通教育学校内各项基础教学计划建设的不同模式得以实现。

北奥塞梯－阿兰共和国学校内现有四种不同的基础教学纲要，以适应不同类型的教育机构（北奥塞梯－阿兰共和国普通与职业教育部委员会决议，1999 年 5 月 18 日，第 10 号）[1]：

（1）针对普通中小学和深入研究人文系列学科学校的北奥塞梯－阿兰共和国普通教育机构基础教学纲要（普通）。

（2）针对北奥塞梯－阿兰共和国普通教育学校（学习语言——俄语、奥塞梯语和其他母语）。

（3）针对北奥塞梯－阿兰共和国民族学校（学习语言——奥塞梯语、俄语和其他民族语言）。

（4）针对北奥塞梯－阿兰共和国普通教育学校（学习语言——俄语）。

为不同基础教学纲要的传统概念模式提供足够灵活的机制，以解决教育中民主化（демократизаця）和人文化（гуманизация）的任务，更新它的形式和内容。这些任务可以在联邦和民族地区课程教学培养过程的制定和实现基础上解决。

根据北奥塞梯－阿兰共和国政府 2000 年 5 月 12 日第 117 条决议[2]，民族地区成分是普通教育学校基本（基础）教学纲要的组成部分，它包括以下课程：奥塞梯语（1～11 年级）、奥塞梯文学（1～11 年级）、奥塞梯历史（5～11 年级）、奥塞梯地理（5～11 年级）、奥塞梯传统文化（8～9 年级）、奥塞梯造型艺术与音乐（1～8 年级）、美术与音乐一体化方案。

以上课程为学生自决与自我发展，适应地区环境和熟悉俄罗斯及世界价值观创造条件。

---

[1] Решение коллегии Министерства общего и профессионального образования РСО – Алания от 18. 05. 1999 г. , №10.

[2] （Постановлению Правительства РСО – Алания №117 от 12. 05. 2000 г. ）.

为使教育内容尽最大可能接近共和国的需求，北奥塞梯－阿兰共和国总统 A. C. 扎索霍夫（А. С. Дзасохов）决定修改共和国《教育法》第一章的内容。据此出台了以下层面的国家教育标准：联邦部分、民族地区部分和教育机构部分（关于《修改后补充北奥塞梯－阿兰共和国教育法》的总统令，2003 年 1 月 28 日 6 号）[①]。

地区政策的优先发展方向包括：

（1）教育人文化（гуманизация образования）；

（2）教育生态化（экологизация образования）；

（3）发展教育经济和法制；

（4）教育信息化（информатизация образования）；

（5）为培养问题儿童建立教育大纲；

（6）为天才儿童建立教育大纲；

（7）建立教育大纲，保障学生的文化历史和社会适应性。

以上方向不仅对于北奥塞梯－阿兰共和国的教育政策有重要意义，对处于 20～21 世纪之交的其他俄罗斯联邦主体也同样重要。

作为教育改革的基本路线，人文化能够加强教育内容中的人类学、文化历史学和个体发展方面的知识，该过程本身能够保证各门课程的民族地区价值和地区大纲内容的优先性。

教育的人道化提出建立个体发展性文化教育，创建人性化教学基础上的教育方式、风格和技术，以及地区民族道德、社会传统和国际经验。正因如此，教育大纲中的民族共和国成分内容反映着该地区历史文化、社会道德、经济行政和区域地理方面的独特性。

在民族地区教育体系发展的环境下，实现的教育多样性基本路线，包含拒绝国家的教育垄断，注重考虑到各种形式和性质的国立、非国立和家庭培养的共存与合作，但其基础是最低限度的国家教育。

为了解决共和国教育形式单一的问题，同时发展儿童智力潜能，学校被赋予一定的创造自由：选择教学大纲、教育纲要和教学方法的权利。选

---

① Указ Президента РСО – Алания 《О внесении изменений и дополнений в Закон Республики Северная Осетия – Алания 《Об образовании》（№6 – рз от 28. 01. 2003 г.）.

择教学形式、方法和手段的权利。学生被赋予选择接受任意形式，包括家庭、非国立、走读、面授、函授、夜校等接受教育的权利；学生有权根据自己的能力掌握纲要材料；根据俄罗斯联邦宪法所有公民有权接受免费的完整的中等教育，据此九年教育对所有公民来说是义务的。

为执行北奥塞梯－阿兰共和国政府 2000 年 5 月 12 日颁布的第 117 号决议《通过强制性教学方法确保课程的民族地区部分》（《О мерах по обеспечению предметов национально－регионального компонента обязательной учебно－методической базой》）和 2001 年 4 月 20 日颁布的第 98 号决议《关于从 2000 年 5 月 12 日起执行北奥塞梯－阿兰共和国第 117 号决议》（《О ходе выполнения постановления Правительства РСО－Алания №117 от 12 мая 2000 г.》），北奥塞梯－阿兰共和国普通与职业教育部出版了 23 种奥塞梯语言与文学教科书，其总印数为 9.6 万册；11 种教学方法论手册，其总印数为 1.4 万册。在 2002~2003 学年准备出版 23 种民族地区成分课程教科书和教学方法手册。尽管如此，以上数量的教学书籍仅满足了教育体系需求的 86%。

与此同时需要指出，改革的基本成果体现在完善教学过程，使其符合现代要求，但尚未给予完善学生的培养工作应有的重视。

为校正该状况以建立高效的培养模式，在 2001 年通过了《北奥塞梯－阿兰共和国培养方案》（《Концепции воспитания в РСО－Алания》，下文简称《方案》）〔设计者 А. Ю. 别勒古洛夫（А. Ю. Белогуров）、Б. А. 塔霍霍夫（Б. А. Тахохов）〕。

《方案》致力于制定北奥塞梯－阿兰共和国培养战略，实现社会各界关注的，建立在杰出教育前辈和思想家的成绩，以及祖国传统和现代教学经验基础上的培养内容与结构、形式和方法的革新。务必熟悉在保障教学培养多样性与一体化基础上的培养工作各个元素的统一普遍原则，保护家庭、社会和国家培养的平衡。同时，要确定现代培养机制和它在共和国全部类型教育机构中的优先级。

《方案》制定者指出，在俄罗斯社会变革时期具有特殊意义的是形成世界观价值的培养基础，尽一切可能利用俄罗斯和共和国教育体系积累的培养潜能；保障世代传递在社会和谐基础上的社会文化价值，形成和平宽容的文化精神气质。正是社会培养资源，成为北高加索乃至全俄社会经济与精神平稳发展的基础。

培养方案为共和国确定实现发展个性，尊重本土文化与其他民族文化的模式，不主张自己的特权地位，能够在沟通文化内与文化间系统对话条件下积极友好团结。

现在共和国范围内正在积极开展《共和国培养综合项目》（Комплексная программа воспитания в республике）的制定工作，包括各年龄段青年的培养方式。

近期北奥塞梯－阿兰共和国教育系统面临的基本战略任务有：制定《语言法》（《Закон о языках》），议院通过符合教育的基础性法律法规《奥塞梯语》的国家大纲（Государственная программа 《Осетинский язык》）和共和国教育发展大纲。在建立教育内容部分务必要做到：完成地区教育标准的制定；根据劳动力市场需求和国家经济社会领域优先权，继续完善职业鉴定机构；保证确定乡村小型学校的教育教学法制定；制定教材的地区大纲；协助贯彻远程教育，保证其必需的教学材料、数据和知识基础、多媒体设备和技术。

2002 年 3 月由议会听证会出台的关于《北奥塞梯－阿兰共和国教育系统发展的现状与展望》（《О состоянии и перспективах развития системы образования в Республике Северная Осетия － Алания》）确定了共和国近期教育发展战略。听证会上强调，当今社会发展阶段向教育提出了新的原则性道德精神与社会经济需求；从广义上说，学校应该成为社会经济关系人道化与个人新生活建设的重要因素。

所以，北高加索联邦区各共和国的教育系统有义务利用自身潜力，在人权优先、实现民族文化和不同信仰平等、限制社会不平等的基础上，稳定社会、保护统一的社会文化空间、克服民族间紧张与社会冲突。

第二节　地区教育内容的人道主义基础

人的教育问题是当代社会全球性的问题，其紧迫性已在 20 世纪的"人类危机"（кризис человека）中表现出来，其本质体现在社会与个人价值观的转变、日益积累的生态与社会灾难的威胁。社会生活的危机性，在缺乏清晰明确的教育活动意义与目标的教育体系中反映出来。

按照传统的说法，教育被看作集合教学（传递知识的过程）和培养（发展个性的过程）的综合性概念。从广义上说，教育意味着在思维和活动空间中、在形形色色的关系和环境中"形成"个性。

人道主义思想（идеи гуманизма）对待社会发展的态度不曾改变。这些思想建立在教育系统的所有历史教育类型之上，社会文化需求和利益确定着它们的基本属性。人道化（гуманизация）作为教育哲学和社会政治的奠基性理论，其内容应该保证个体的全面而自由的发展，成为个体的全面社会化有效机制。在教育系统中，人道化思想体现在助益教育的人文化过程，这种人文化过程定位于教学培养过程中一般文化与民族文化成分的现实化。

教育系统作为一种耗散性结构（диссипативная структура），在一定的社会文化空间中发展，通过教学课程内容鉴定其价值。俄罗斯20世纪末的社会政治变革，使人们重新审视教育内容，创造条件实现民族地区教育体系中的教育内容结构双重成分模式，包括联邦和民族地区成分。在实现教育地区化的人文化条件下，需要得到在统一教育过程中协调教学课程途径的科学思考。正是这种人文化（гуманитаризация）成为地区空间民族文化教育体系的基础。

众所周知，在古代文化中形成了"关注自我"的观念（концепция《заботы о самом себе》），它建立在"知识就是真理"（《знания – истины》）与"个体就是主体"（《личности – субъекта》）的结合中。М. 福柯（М. Фуко）的著作《主体诠释学》（《Герменевтика субъекта》）详细阐释了这种观念思想和它对于教育科学的现实性。据该见解，人是教育的主体，人的学习过程中就是不断解码现有文化及其被重新孕育的意义（смыслы）。因此产生了合乎现实的问题：为了获得通向潜在意义与真理之路，将人转化为自己内在的"我"（发展过程）。在这种情况下，教育成为发现、实践和发展的途径。如此一来，在古代文化中形成了这样的教育过程概念，即只有当它带来学习者深刻的个性转化时，认识才是有益的。

然而，对待教育的类似态度一直延续到将教育的主体理解为某种"纯粹理性"（чистый разум）的新时代（эпоха Нового времени），而那时教育的任务总是与追求人类智慧的完善联系在一起的。科学与工业的发展将研制教育技术，使有知识的师父将大量知识转递给学徒，即老师给自己的学生。这样一来，认知与培养活动相互作用的理想被断送，教育仅限于为对青少年的教学。

在 20~21 世纪之交，当今世界许多国家已经进入"信息化"的发展时期，对培养高水平教育人才作为认识和活动主体的需求急剧增长。全面领会教育的现代问题，教育原理重点关注的是统一教育活动中教学与培养目标之间的内在矛盾，这也成为教育系统发展的内在根源。

如果教学（обучение）指的是组织教学课程框架和已有的教育标准中的过程，那么培养（воспитание）[①] 指并非组织在学习功课框架内的"无限"过程，而是在社会文化空间中的个体发展过程。因此，在现代教育学词汇大全中出现的"社会化"概念，指的是个体进入社会文化系统的发展过程。

教育机构作为基本的社会机构，其主要功能是教育和培养青年一代，使他们为迎接文明与文化发展条件下的生活做好准备。作为历史社会文化过程的有机组成部分，教育有义务在保护和增加社会与民族文化价值、保证继承社会经验方面起到重要作用，成为个体社会化的基本因素；因此应该提到教育在当今世界的社会文化作用。很显然，人类正在进入教育系统的价值论定向标发展阶段。

在 20 世纪 80~90 年代的教育理论途径中开始塑造教育的价值论原理，为提高个体精神潜能的需求提供了条件。В. И. 基涅岑茨基（В. И. Гинецинский）、

---

① воспитание（培养、修养）：个性的全面形成过程。在现代教育文献中有广义和狭义之分。广义包括个性形成的整个过程及其准备积极参与生产、社会和文化生活。从这个意义上讲，它不仅涵盖了学校、青少年组织、家庭和社会的教育工作，而且还受占主导地位的文学、艺术、电影、广播电视、教育教学等整个社会结构的影响。从狭义上讲是指人的世界观和道德面貌的形成以及审美情趣和身体的发展。它在家庭、教育机构和社区组织等场所得到实现。它与学习有机统一。在此期间，不仅学到知识，而且还形成了信仰，道德品质，性格特性。在教学实践中，它将划分为脑力、劳动、思想道德、美学和体育。［Новый словарь методических терминов и понятий（теория и практика обучения языкам）. — М.：Издательство ИКАР. Э. Г. Азимов，А. Н. Щукин. 2009.］本文用"培养"一词表示其含义。——译者注

И. Ф. 萨耶夫（И. Ф. Исаев）、Н. Д. 尼卡德罗夫（Н. Д. Никандров）、Н. С. 洛佐夫（Н. С. Розов）、В. А. 斯拉斯杰宁（В. А. Сластенин）、Г. И. 齐扎科娃（Г. И. Чижаковая）、Е. Н. 什亚诺夫（Е. Н. Шиянов）等研究者的著作，阐述了国民和世界教育发展战略的价值论基础，分析了价值作为培养过程理论的基础，解决教育的人文价值任务。

作为教育方案制定的方法论基础，教育理论有义务论证教育系统理论的价值论原则（аксиологические принципы）。

主要价值论原则包括：

（1）在保护文化多样性和民族差异的前提下，确保统一人文范式框架下的哲学观念和视角的等值性；

（2）在世界相互作用和相互依存的条件下，追求社会文化多元化和文化间对话；

（3）在统一多元文化空间中，借助文化的相互渗透主张全人类价值。

相互依赖与相互作用的世界观念证实，当今世界是全面的人的世界，因此当看到将人类联结在一起的总体表现特征时，重要的是要看到具体的人的特性。正如斯拉斯杰宁和齐扎科娃所言，"观察人内在的社会发展，意味着将思维从他的人道主义基础上分离出来。正是在这种思维环境中，人道化成为现代社会发展的全球化趋势，主张全人类价值乃是它的内容。"

这样一来，根据价值论见解的概念原理，教育作为社会教育现象，其基础特征是人道主义价值的保护和再生产。表现出多方面特性的人道主义价值（гуманистические ценности）处在民族、宗教、人种和意识形态的框架之中。正是在具体环境中，价值论途径预见到在教育中产生的不应该是民族价值与多方面的人道主义的对立，而是在对话和宽容基础上二者的相互支持。只有这样的见解才使人道主义价值观内容的多方面发展成为可能。

人道主义价值是社会构成的基本要素，正因如此，人性化作为在价值论基础上的教育内容创建过程成为教育体系发展的战略方向。斯拉斯杰宁和齐扎科娃认为，教育价值途径的现实性确立了以下基本因素：

（1）世界教育空间的价值论；

（2）价值空虚（ценностный вакуум）引起的当代教育危机，以及因之务必确定的俄罗斯教育现代化价值优先性；

（3）从专横教育到人道教育的模式转化。

我们认为，上述因素显示的基本原因与 20 世纪末社会文化变革进程向另一种社会结构的转换，其主要特殊性表现为克服民族和全球文明价值的矛盾相关联。在紧张的文明过程条件下，不可避免地要重新审视与社会发展目标相协调的社会价值。问题并不在于在观察期故意破坏的苏联培养体系，而在于现有的社会经济关系要求提交人类最前沿的其他价值观。

"转型"时期（этап《перестройки》）改革的总目标，在很多方面对价值演变产生消极的影响。因此著名数学家、喀山大学校长 Н. И. 拉巴乔夫斯基（Н. И. Лобачевский）的话显得更具现实意义："为了实现自己的使命，我们应该学习什么？……我认为，什么也不要消灭，完善一切。"

正如俄罗斯国内学者分析，20 世纪 90 年代之前的社会化过程研究[Н. Ф. 高洛瓦诺娃（Н. Ф. Голованова）、А. Г. 卡瓦廖夫（А. Г. Ковалев）、И. С. 马尔恩科（И. С. Марьенко）、Э. И. 蒙诺佐恩（Э. И. Моносзон）、А. В. 穆德里克（А. В. Мудрик）、Л. И. 诺维科娃等（Л. И. Новикова）]极少考虑到民族文化成分。这样，按照高洛瓦诺娃的观点，社会化是教育学研究的对象，社会化的基础是孩子自己的社会经验。

社会政治变革和与之相连的对俄罗斯各族人民的民族文化意识的保护和发展，要求活跃科学性的民族化过程。民族化（этнизация）被认为是民族共同体中个体的社会化，在年轻一代中形成民族自觉。审视民族社会化的特殊性，应该强调关注家庭、学校、民族共同性的社会化，同时也要关注个人在自己民族共同体中的自我认识和自我发展。

А. Н. 雅科夫列娃（А. Н. Яковлевой）研究了萨哈（亚库特）共和国[Республика Саха（Якутия）]中小学生和大学生的民族社会化问题。正如研究者所指出的，民族社会化（этническая социализация）包括家庭、民族学校（национальная школа）、民族共同性中的社会化，个人在民族共同体中的自决和自我发展。据此，雅科夫列娃为以社会化为结果的个体发展一体化特性引入了"被社会化"（социализированность）这一概念。被社会化的标志是对规范和价值的认识与接纳，孩子在教学培养过程和个体间关系体系中的参与程度。

在苏联教育学传统中，"人道主义"概念主要与强调关注人的发展的社会化方面相关。

Дж. 西蒙（Дж. Саймон）在专著《社会与教育》（"Общество и образование"）中称教育是"形成社会中人的方法"。我们认为，人的形成意味着，首先他对文化和文明基础的熟悉，广泛掌握职业领域知识，养成公共行为规范与准则。因此，引入俄罗斯著名教学论专家 B. C. 莱特涅夫（В. С. Леднев）的判断是恰当的，他认为教育是"将文化的社会遗传结构不断传递给下一代，它是注定形成个性的机制"。这种判断定位了社会教育体系功能的社会文化基础，指出了教育系统的"开放性"。我们认为，教育系统不可能被看作人为的组织机构。

从历史回顾的角度考察为满足苏联各民族的民族文化需求，以及构建教育内容而创造必要条件的问题，研究者发现，这种初次的尝试是在20世纪20～30年代。正是在这个时期，苏联采取了以实现文化教育环境体系思想为基础的教学模式。该教学模式意味着以掌握科学知识为根本支撑，这些科学知识能够使学习者形成对现实现象的理解，并奠定其思想方向。各民族的民族文化需求也得到合理的理解，这种理解表现在两个方面，即母语学习和掌握民族的历史、传统、风俗习惯等。苏联规定了统一的教育模式和其适合各共和国和地区的类型。应该注意到该战略在短时间内取得了显著的成果。可以肯定地指出，在几十年的时间里已经成功创作了一些民族文献，并建立了有本土语言、历史、文学等配套教科书的学校网络。

20世纪30年代，消除文盲人口和普及七年（基础）教育成为苏联当时的重要成就。如果说当时苏联超过73%的人口为文盲，那么以上过程的意义显得更加重大。与此同时，民族学校数量的增长在教育发展过程中呈现出不稳定趋势：20世纪50～60年代民族学校的数量急剧减少，这是因为文化的国家因素增强和它影响教育内容的必然性。与此相关的最大的现实社会需求是在内容上没有民族特色的教学模式。尽管"民族学校"的概念在观察期得到应用，但它的民族特性主要确定在形式上，而非在内容上。

文化国际化过程触及数世纪以来长期存在的社会文化继承机制的转换问题和在全人类行为准则环境中对民族价值的重新审视上。教育被迫屈从于完成多方面文化使命，以保证保护和发展形成现代人的文明成就与规范。

在后工业化文明发展环境下，哲学家、社会学家和心理学家对"民族性悖论"（парадокс этничности）产生了特殊的兴趣。据此，随着文化的国际化，出现了民族自觉性的增长。20 世纪 80～90 年代民族自我意识的增长表现在，将民族元素纳入社会发展当中的迫切需要之中。

应该注意到，俄罗斯各地区实施的包含民族文化成分的教育政策，在以社会文化学为基础的多元文化教育中起着决定性作用。实施民族与多元文化教育的指导性原则是个体发展的社会文化背景，是提出尽最大可能地考虑实际的民族现实，并在国际化世界中确定它的位置和意义。在该目标方针基础上，形成能够在多民族与多元文化环境中积极有效地活动、拥有成熟的感知认识和尊重不同民族文化个体的教育战略。该教育战略确定了教育任务：深入全面掌握民族文化基础，这是融合其他文化的必然条件；形成民族文化多样性概念，培养对保障个体自我实现条件的文化差异的积极态度；熟悉世界文化基础，揭示全球化过程与当代环境下人民相互依存的客观原因。

实现教育内容中民族地区成分这一概念，要求拥有国家教育标准的联邦和民族地区成分的总体概念基础，这一基础在多民族的俄罗斯社会、多层次的教育机构和民族地区成分形式多样性的条件下，要能够促进对俄罗斯统一文化教育空间的保护。

当代多元教育应该不仅依靠不同民族文化方式的对比比较分析，还应该全面利用历时方式追踪道德精神价值体系的形成阶段，在历史回顾方面看到某种形式文化发展的不变现象，感受"时代的精神风格"并展现出该民族文化发展的人为过程（артефакт）。多元文化教育结构中的历时途径，致力于揭示和分析作为最具特色的文化面貌总和的"文化定型"（亦有译为"文化的刻板印象"）（культурный стереотип）[1]。因为文化定型是彼此

---

[1] "定型"（stereotyping）最先由政治评论家 Walterippman 在 1922 年提出，描述人们对一群体成员所持有的简化的看法。"文化定型"指人们在跨文化交际研究或跨文化实际交往中，对不同文化背景的民族和国家成员的传统的、简单的看法。文化定型对跨文化交际影响很大，既有积极的作用，也有消极的影响。文化定型被认为是人类应付复杂的外部世界时，不得不采用的一种基本认知策略（胡文仲，1997）。——译者注

相互作用与相互补充元素的总和，那么研究它们中的每一个都不可避免地要抬高到系统本身的研究层面。如此组织起来的多元文化教育以跨学科创造途径为支持，并致力于形成多元文化学反思，其结果是认识主体上升到不同民族文化模式之上的世界观和人生观。该教育过程的结果是，形成在教育领域反映现代全球化趋势的多元文化思维。该见解符合教育的人文化思想，定位于整个地区的所有文化元素研究。

与多元文化教育原则和民族地区成分的人文化模式的实现相关联的，还有对统一教育空间的保护。这种做法与实施关于《形成宽容意识目标和防止俄罗斯社会极端主义》（2001～2005 年）[①] 规划的目标与任务相一致。我们认为，在共和国层面上，务必要提出让青年一代形成宽容（толерантный）的品行、对不同宗教的信仰自由态度和尊重其他民族文化的问题。以上立场的出发点应该由北高加索联邦区和其他俄罗斯联邦主体的教育政策战略确定。在俄罗斯社会变革时期，具有特殊意义的是形成世界价值观的培养基础，尽一切可能利用俄罗斯和共和国教育体系积累的教育潜能；保障世代传递在社会和谐基础上的社会文化价值，形成和平宽容的文化精神气质。我们认为，正是这种社会教育资源成为北高加索地区，乃至全俄社会经济与精神思想等方面可持续发展（устойчивое развитие）的基础。可持续发展，要求在地区规模上，建立考虑独特文化与文化间对话的道德伦理价值观体系。

我们制定的《北奥塞梯－阿兰共和国培养方案》（2001 年）[②] 提出，面向发展尊重本土文化与其他民族文化的个体，不主张自己的特权地位，这样就能够实现在沟通文化内与文化间系统对话条件下积极友好团结的模式。

如此一来，民族地区教育体系有义务在多元文化教育空间中维持文化对话，解决在熟悉当代民族和社会文化价值基础上的青年道德精神培养问题，这为俄罗斯民族教育体系从生存模式（режим выживания）过渡到发展模式（режим развития）提供了必要条件。

[①] 《Формирование установок толерантного сознания и профилактика экстремизма в российском обществе》（2001 – 2005 годы）.

[②] 《Концепции воспитания в Республике Северная Осетия – Алания》（2001 г.）.

20～21 世纪之交，民族地区教育体系的发展，一方面，反映俄罗斯联邦国家教育政策的优先性；另一方面，反映国家主体同时受制于社会政治特殊性，以及苏联、后苏联历史时期遗留的传统民族地区利益。

第三节　教育的人文化基本概念建设方案的人文性与民族性过程

教育空间建筑，一直以来都成为文化结构与功能以及社会文化模式的派生品。社会文化形势反映在可实现的教育模式和教育内容构成中。

В.А. 科涅夫（В.А. Конев）认为，班级课堂体系明确了"新时代文化和文化意义逻辑组织的特征"。在这种情况下，必然出现劳动分工、科学细化、对周围世界和其中的知识职能的独断单一态度的发展。社会文化模式的特殊性，在教育内容中得到体现。教学内容代表的文化倾向，使教育的人文科学化趋势更具现实意义。

教育人文化（гуманитаризация образования）问题在 20 世纪 80～90 年代的俄罗斯教学法文献中曾被积极讨论。当时人们主要关注自然科学与工程学的人文化，认为这些领域与全人类文化相去甚远。我们已就自然科学教育的人文化问题讨论多次。

在以上具体环境中，利用人文学科本身的人文潜能可以为我们解决问题，我们将教育的人文化定义为组织教学培养过程的形式与方法体系，这种过程使教学成为形成人个性的不可分割的组成部分。我们认为，正是这种人文化在保证技术、人文和自然科学学科的教育大纲里，在所学知识多层次一体化基础上负有综合的使命。

在哲学文献中，现代文明被当作技术成因形式的工业文明。这样，一方面，文明是进步和物质价值；另一方面，精神文化是全人类的价值和伦理道德方向。20 世纪两种"文化形式"之间的这种对立和对抗愈演愈烈［Ч. 斯诺（Ч. Сноу）］。

社会经济的增长使教育体系重新定位，从培养知识渊博、智力发达、心理成熟的人，转而培养技术、自然科学和人文领域专门化的"专家"，但人道、伦理道德成分是所有人成为高水平专家的重要因素。

社会组织的培养过程尽管带有内在的、动态的、易变的特点，但却基于持久的、永恒的价值观。人道主义原则经过数世纪的人类历史才演变而来。"人道主义"（гуманизм）术语本身来源于拉丁语"humanus"，指人类的、有人性的，统一了人与周围世界和社会多方面的相互关系，包括伦理道德价值与理想系统。

"人道主义"术语被西塞罗（Цицерон）所熟悉，他曾将该术语作为"人性"使用。尽管在不同的文化历史条件下，人道主义的解释有一些独特性，但最终其形成了价值方向体系，其核心为承认人的最高价值。在《哲学百科辞典》（"Философский энциклопедический словарь"）中该术语的表述如下：人道主义是指承认人作为个体的价值以及其自由、幸福、发展和表现自我才能的权利，以社会制度为准则评价人的福祉的历史变化观点体系，而平等、公平、仁爱原则是理想的人与人之间关系规范。

А. А. 拉图金（А. А. Радугин）指出该概念的另一方面："人道主义，是确定总体上的人类本质和单独个体的包罗万象的思想与价值的总和。"

这样一来，人道主义成为任何历史上形成的文化和教育体系的重要杠杆、社会发展的最高目标。这种目标追求为所有自己资质的完满实现，以及在生活的社会经济和精神领域实现和谐的创造提供必要条件。

教育人文化思想关注个人的成长和发展，是教育系统中不可分割的一部分，也是教育科学和现代教学法的奠基者们都有的思想。例如，夸美纽斯、И. Г. 裴斯泰洛齐（И. Г. Песталоцци）、А. 迪斯泰尔韦格（А. Дистервег）、卢梭、В. А. 苏霍姆林斯基（В. А. Сухомлинский）、托尔斯泰、С. Т. 沙茨基（С. Т. Шацкий）、Р. 彭斯（Р. Бернс）、Д. 布朗提斯（Д. Брандис）、Д. 杜威（Д. Дьюи）、П. 金内斯（П. Гиннес）、М. 蒙田（М. Монтень）、К. 罗哲斯（К. Роджерс）等。

人文化具有多方面的内涵。人文化问题研究的一个重要方向是多维背景。人文化可以理解为美好形象化（калакогатийская）、人类学（пансофистская）的问题，是一个人全面和谐发展的问题。

美好形象化是希腊语，是指一种要求达到精神、智力和体力发展三者统一的教育目的〔亚里士多德（Аристотель）的"外系统/表面系统"
（эписистема – пайдейя）是关于和谐的学说，关于人如何保持和谐；塔西
伦（Тацит）的是将能力（雄辩）和知识（博学）结合起来的理论；二者
为古希腊、罗马的哲学家和思想家〕。希腊语"пайдейя"不仅指普遍意义
上的教学和培养，它具有更加宽泛的意义：教育、有教养、启蒙、文化。
正是在"艺术"（техне）领域里，培训和培养、牢固掌握技能和拥有美德
之间，深刻而多方面相联系的思想被提出来。像有教养、启蒙和文化这样
的范畴具有物质性，这使得古希腊人能够建立起独一无二的、能够称得上
"人文的"教育体系，也就是说建立在"人文主义法则"的基础之上的教
育体系。正是以人为本，使得古希腊、古罗马对文化的理解具有无法超越
的人文主义意义。理想的人被认为是拥有完整而足够的美丽形象、品质的
人。应当指出的是，"пайдейя"的主要价值超越教育领域的界限，扩展至
生活的所有方面，并且以知识来评价人的品行：掌握某些技能、拥有某些
能力的人被认为是行家。

对人肉体和精神之美的崇拜，要求赋予人精神和肉体同等的力量，认
同其按照宇宙和自然赋予的样子，在统一体内发展其能力的必要性[1]。

这个范例总是具有人文性的特点。因此希腊神话中的人物身上，同时
融合了真理和崇高，而荷马史诗《伊利亚特》中的英雄则被赋予全人类价
值的深刻含义，他是创造和发展思想的代表，他对人类最后的号召是建立
更加现代的人类的号召，他以这种方式与"未来的人"（люди будущего）
交流，也就是说与我们交流[2]。

个人全面和谐的发展是教学和培养的主要目的，这个问题总是根据观
念体系的历史演变和社会演变而发展变化。人文主义的动机首先在社会政
治领域萌发，随后在哲学、教育和宗教思想上也得到体现。

人文主义的教育和哲学层面由以下三个重要的方面决定：①当时的政
治和社会经济条件；②历史上形成的教育模式；③人文和科学技术知识以
及文化传统的特点。

---

① Словарь античности. Пер. с нем. – М.：Эллис Пак；Прогресс，1993. с. 121 – 122.

② Боннар А. Греческая цивилизация，– Ростов – на – Дону：Феникс，1994. – Т. 1. – с. 77.

在科学知识体系中，"文化"（культура）是最复杂的术语之一。首先，它包含几个不同的语义，文化作为一个综合的概念包含人类活动的所有形式，与"生命的生物形式"（биологическая форма жизни）的活动相对立。

"文化"一词最初的意思是"耕作""照料""农耕"，但是对于现代人，即这一术语的体现者来讲，它的意思首先应当在培养和教育的范畴内来解释。在我们的观念中，"文化人"（культурный человек）这一短语指的是完全掌握品行、人际关系、行动的公认准则，精神上充实，道德上坚定的人。把人培养得有文化、有教养正是保证社会的存在与继承，保证作为社会主体的人的发展的重要手段。

根据 Э. 泰勒（Э. Тайлор）的观点，从广义民族学的意义上来讲，文化涉及知识、宗教信仰、艺术、道德、法律、风俗和某些其他特点，以及人作为社会成员所养成的习惯。正是文化的多样化，给了我们探讨世界社会生活的多元文化进程的基础，而在教学方面，我们得以探讨，如何将所有文化有组织地联系为一个拥有多元文化教育的统一体。

20 世纪初的著名学者、教育家 С. И. 盖森（С. И. Гессен），规定了下列在文化这个总体概念体系内的子概念[1]：

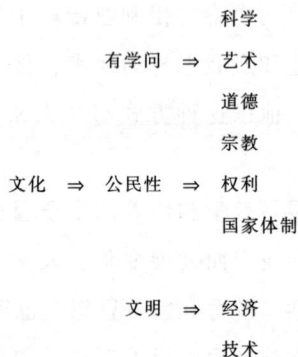

```
                              科学
                有学问  ⇒  艺术
                              道德
                              宗教
    文化  ⇒   公民性  ⇒  权利
                              国家体制

                文明  ⇒  经济
                          技术
```

在建立教育和文化间准确的对应关系时，盖森指出，教育除了作为个体的文化并不是其他别的，教育永远不会终结，教育的目的在于"使

---

[1] Гессен С. И. Основы педагогики. Введение в прикладную философию ／Отв. ред. и сост. П. В. Алексеев. - М. : Школа - Пресс, 1995. - с. 36.

人掌握科学、艺术、道德、法律、经济的文化价值"，将自然人转变为"文化人"。

语言学家 P. 威廉斯（P. Уильямс）将"文化"一词同下列术语联系起来：美学、艺术、文明、人文主义、科学。

由于教育体系被认为是学习者和文化的中介，因此文化在教学课程和教学纲要中能否得到完整和详细的反映，成为构建教育内容的主要问题。

P. 列瓦恩（P. Ле－Вайн）分析个人和文化之间相互作用的方法很有趣。按照他的观点，文化从一个方面来讲是由心理结构（психологические структуры）（心理动机或者心理复合体）产生的，即心理创造文化（心理→文化）；从另一个方面来讲，文化完全等同于心理（文化＝心理）。同时，个人可被看作完全由文化决定的个人（文化→个人），并且就像文化不同领域的"中间环节"，使文化的习俗连成整体并影响文化的制度（文化1→个人→文化2）。

在这种情况下，个人和社会文化体系的相互联系成为可能。在个人心理需求同社会要求相契合的情况下，个人和文化能够达到相对稳定（个人↔文化）。

以上展示了在进行"个人"和"文化"相互关系领域研究的过程中，可能出现的研究模式。我们认为研究类似的系统，对以下问题的研究尤其重要：复杂社会系统的自我组织问题和教育系统发展的问题，该系统代表文化空间和其中的关系体系。

应当将教育和文化的相互作用看作部分和整体的辩证统一，正如社会生活与其中各因素的关系一样，这是文化本身的定义给出的规范。同时，正如 Н. Б. 克雷洛夫（Н. Б. Крылова）所指出的，在教育学中，这种相互作用的事实呈现出最大的矛盾性。那就是，从一个方面来讲，教师承认作为构建教育内容的必要条件的这种联系的存在，这种联系形成组织教学过程的基础；而从另一个方面来讲，孩子自己不会意识到教学和培养对于他自身的成长是非常重要的文化过程。

现代集中教学学校和老师作为最重要的主体，决定着教学培养是否能够成功进行，学校和老师致力于传输一定量的文化信息，这些信息指向过去的文化价值，并继承它们。Н. Б. 克雷洛娃娅（Н. Б. Крылова）认为，学校和老师将指向旧时文化价值的信息与现代文化生活的价值疏离开。但是这种现象主要和教育系统特定的保守主义相关，这种保守主义体现在"文化滞后"（культурный лаг）① 的表象中。

A. 范海姆（А. Фанхем）和 С. 勃齐奈尔（С. Бочнер）的研究很有名，他们在研究中运用将文化按照差异程度来分类的思想，并提出文化距离的概念。他们规定，文化距离是"文化休克"（культурный шок）② 的主要决定性因素。

同时，在全人类文化空间中研究教育的发展时，应当指出这样一个事实：不可能在教育的内容中构建文化的所有元素和表象。在教育领域里的世界经验也表明，文化的反应仅仅是它某个部分的反应，这个部分首先同社会文明的发展趋势相联系。正是在调整教育的需求以使之同大众的社会文化教育相适应的过程中，体现出教育人文科学化的问题。这个问题显示出文化的绝对命令和社会文明准则在教育内容中的反映程度，这里的教育目的是发展个人、调整自身以适应现代文明的能力。

这样一来，教育的人文科学化在现代条件下，获得了更加广泛的用武之地，因为教育人文化在特定的意义中，就是在将人培养成能适应迅速变化的现代文明条件过程中的催化剂（катализатор），就是教育人文化的必要阶段。

Э. Н. 谷辛斯基（Э. Н. Гусинский）和 Ю. Н. 图尔恰尼诺夫

---

① "文化滞后"也叫文化堕距或文化落后。美国社会学家 W. F. 奥格本首先使用这一概念，用于指称物质文化和非物质文化在社会变迁速度上所发生的时差。该理论认为，有相互依赖的各部分所组成的文化在发生变迁时，各部分变迁的速度是不一致的，有的部分变化变化快，有的部分变化慢，结果就会造成各部分之间的不平衡、差距、错位，由此产生问题。该理论认为，一般来说，物质文化的变迁速度快于非物质文化，两者不同步，于是就产生差距。就非物质文化的变迁看，它的各构成部分的变化速度也不一致，一般来说总是制度首先变迁或变迁速度较快，其次是风俗、民德变迁，最后才是价值观念的变迁。——译者注

② "文化休克"（Cultural Shock）是 1958 年美国人类学家奥博格（Kalvero Oberg）提出来的一个概念，是指一个人进入不熟悉的文化环境时，因失去自己熟悉的所有社会交流的符号与手段，而产生的一种迷失、疑惑、排斥甚至恐惧的感觉。"休克"本来是指人体重要功能的丧失，如身体失血过多，呼吸循环功能衰竭等。但是，当一个长期生活于自己母国文化的人突然来到另一种完全相异的新的文化环境中时，其在一段时间内常常会出现这种文化休克的现象。——译者注

（Ю. Н. Турчанинова）在著作《教育哲学导论》（《Введение в философию образования》）中指出，教育的过程，就是个人在社会文化领域里的运动。从一方面来讲，人是活跃的，他在求知的道路上前行，研究并且完善个人的世界形式体系；从另一个方面来讲，个人在文化环境中成长并成为其中不可分割的一部分，接受规则、习俗和习惯，开发属于该社团的新型资源。正如二位作者所说，"个人文化在社会文化领域的变化发展正是教育哲学的研究对象"。

个人教育在同社会环境的积极对话中，在带有情感地进行价值判断的基础上，在掌握社会规范和行为准则的过程中形成。这一过程是认识世界和表现世界结构语言的结果。掌握语言（母语、科学语言、艺术语言、职业活动用语等）正是掌握文化现实的基础，而这一内化过程本身与"客观"文化的外部标志转变成个人文化的主观象征相关联。

有这样的设想：认识周围世界的方式和认识活动的特点，是由在无意识状态下习得的母语结构决定的。这种设想在科学上以著名的萨丕尔－沃尔夫语言学相对论假设（гипотеза лингвистической относительности Сепира－Уорфа）最为有名（萨丕尔于 1912 年提出这一设想）。由该假设可以推知，不同的民族对现实世界看法的区别，由各民族语言的结构差异决定。只有保护了语言，才能为保护个体在民族文化心理和民族文化准则基础上进行的教育和培养提供必要条件。

现代俄罗斯公民社会建立在剧烈的精神、社会自我意识思想偏极化的背景之下。教育领域承受着来自不同社会政治团体的压力，这些团体纷纷提出走出现有困境的办法，以及实现教育内容、形式和技术的现代化方案。

Б. 西蒙（Б. Саймон）在《社会和教育》（《Общество и образование》）一书中确立了下述理由充足的思想：整个历史进程应当被看成是教育化进程，而教育是人在社会内部形成自我的方法。从一个方面来讲，教育领域在社会经济基础上发展；从另一个方面来讲，正是教育蕴含社会经济发展的潜在可能，因为它是人道化因素再生产的机制。教育的社会功能首先在于，在掌握社会规范和文化价值的过程中实现个人的社会化。教育是社会文化价值再生产的领域。正如俄罗斯著名教育家 С. И. 盖森（С. И. Гессен）所说，"真正的教育并不是传递给新一代人以上一代人的文化内容，而是使他们知晓一种运动，他们通过继续这种运动能够创造出属于自己的文化新内容"。正因为如此，正确组织教育问题也是文化问题。

文化传统（культурная традиция）是构建教育内容的基础，因此相应地我们也有教学课程内容构建的文化教育基础的提法。教育固有的基础是它的文化教育地位和人文基础，而在教育过程中传授人文传统体现了它的人文基础。

A. 迪斯泰尔韦格（А. Дистервег）是这样理解文化相符性原则（принцип культуросообразности）的："在教育过程中必须考虑人出生和将要生活的时空条件。总之，要考虑全世界包罗万象的整个现代文化。"当然，该教育原则与年轻一代的教学和培养内容结构的民族地区见解观念相符。因此，重要的是要保证学生的跨文化适应能力（транскультурная адаптация），确保学生成为整个现代文明和文化的代表。

我们认为教育人文科学化的本质，在于以掌握、发展和使用一切知识作为生活人性化手段为目标，塑造思维和行动风格。同时我们证实，自然和技术科学的发展同社会导向相一致，并以统一的社会文化为基础。因此，我们将人文科学化看成是需求和行动动机的"文明化"，将教育的人文化看成是全部所教授知识的"人性化"，其定位在于学习者的实际需求。没有证据表明，人文主义思想对于社会发展的态度是不变的。人文主义思想以教育系统所有历史形式为基础，决定了教育系统的功能同社会文化的需求和利益相适应。

А. А. 列昂（А. А. Реан）、Н. В. 鲍尔多夫斯基（Н. В. Бордовский）和 С. И. 罗祖穆（С. И. Розум）对"教育的人文科学化"这一概念有不同的解释。他们提出将人文科学化理解为，致力于"不受教育水平和形式的限制而掌握教育的内容，教育的内容使人能够为了福祉，并以人的名义解决社会的主要问题，能够自由地同其他国家和民族、任何职业和专业的人进行交流，通晓母语、历史和文化，自由掌握外语并成为懂经济和法律的人"。

尽管该表述略显冗长，但它深入研究了"教育的人文科学化"这一概念的一体化思想。正是人文科学化，作为 20 世纪 90 年代教育发展的主要趋势，旨在培养现代人以包容的态度对待世界多元文化的进程。在现代教育的人文科学化的模式框架下，可以解决培养跨文化交流人才的问题。因此，教育的人文科学化是建立多元文化学校的过程。

整个世界范围内不断发展的一体化趋势和急剧增长的民族因素，越来越强调关注民族文化的发展。正是文化的多样性，使我们得以探讨关于世界社会生活的多元文化进程，而在教学方面，能够探讨有组织地将所有文化形式统一成一个整体的多元文化教育。

研究表明，以下三个常见因素，导致人文化和生活中民族因素增长趋势的出现，这三个因素使我们能够对比这两种趋势，并且分析它们的发展：

（1）意识到人类文明发展的危机特征。这一特征在一系列社会政治、经济、技术、工艺、生态、民族、精神道德现代性问题的尖锐化和严峻化中表现出来。

（2）重新评价历史经验，制定出新的符合现代人类社会生活各个方面的文化价值的发展方向，在全球进化过程中，由于人类的活动而形成的各种因素在急剧增长，这影响着文化价值的发展定位。

（3）认识过程的集约化（интенсификация）和科学知识的集成化，导致了在近几十年的时间里社会科学信息总量增加了两倍。

寻找并且制定新的的教学培养技术是社会意识发展合乎规律的现象。

多年以来有一种错误的观点占据着主导地位，那就是对社会生活进行技术武装必然导致各民族文化统一化，但这个观点已经被证明是站不住脚的。民族的起源，正如任何一种自然、自我组织的进化过程一样，有内在的动力特点，不可能被外在的过程控制。正是企图消磨民族、人种差异的尝试，导致今天社会上种族中心主义和国家主义趋势的增长，以及只重视本民族文化的情况的增加。同时，一个种族在辩证的范畴中是一种唯一的现象。一个种族不可避免地被置于整个世界文化联系的链条上，而这个链条是一个整体范畴。由此，重要的是要认识到，不考虑全世界、整个人类社会发展的条件，一个种族是不可能生存的，它始终被包括在同所有多元文化现象和传统相互作用的过程中，并在这个过程中保持自己的特点和不可复制性。

今天，保存和发展每个民族的文化的问题显得极其重要，也正是民族在当今社会转型中，能够完全保证个人积极调整自身以适应文明的紧张环境。

当抹去所有国家的边界时，当今世界的教育民族化问题，保护文化传统不仅对于少数民族来讲很重要，而且对于任何一个大民族来讲也很重要。正因如此，近年来一些欧洲国家，如法国、英国、西班牙等国家正在讨论民族教育的问题。我们认为，在确定民族教育可能发展的方向时，必须考虑下列由现代生活全球性问题而形成的因素：

（1）该民族技术发展不仅给居住在最近的民族的生态环境带来影响，并且对较远的民族的生活条件也会产生影响。

（2）国家能源发展的问题，这些问题涉及自然资源的消耗。在一个民族的范围内解决已经形成的问题的不可能性和地区间有时甚至是整个世界的合作的必要性。

（3）现代科学的发展机遇，这需要物质和技术的投入，而这么高的投入水平单靠一个民族是不能达到的，它要求国家间的合作（这里还没讲到科学发展的多元文化特点）。

（4）信息化水平的快速提高，这不可避免地导致之前分离的文化相互作用和相互渗透。

（5）生态技术问题，该问题决定了整个地球的进化和整个世界文明作为一个整体发展的技术性战略制定的必要性。

因此，民族教育的现代模式应当基于本民族文化的认同和与世界融合的原则。分析民族教学理论的起源使我们能得出这样的结论：个人在将自己和世界、人类、地球上的文化进行对比并习得另一种文化的"语言"之前，应当先了解自己的民族文化。但是如果在最初阶段民族化具有极其重要的作用，那么，个人全面成长的问题就需要在教育的人文科学化领域来解决。正因为如此，我们追求在社会生活中反映成长的趋势并调整它们以适应教育系统，同时我们提议将民族化和人文科学化看成综合体，强调并以实践论证教育人文科学化的民族教学方面。为了实现这一思想，我们将德日进（Тейяр де Шарден）的著名观点作为基础。他将人类进化的未来看作所有人在智力和精神一致状态下的融合，并把这种世界状态称为欧米伽点（точка Омега）①。

人文化与教育人文化为传递真正的民族文化的多元论提出了广泛的可能性。在这种情况下，人文化体系本身应当足够灵活，要考虑民族的精神气质和种族定位。人文主义和种族观念相结合的思想，可以在民族学校跨文化模式中得到最充分的实践。在这种模式下，民族教育和培养被认为是从本土文化的基础向全俄和全世界文化辩证转变的必要方式。除此之外，该模式具有先进性，因为它促使很多矛盾得以解决，解决的途径是用通用文化的、有社会意义特征的知识来充实教学计划。这些矛盾的解决在社会道德状况急剧恶化的条件下尤为重要和紧迫。

用逻辑分层法（логико - иерархический подход）来研究人文科学化问题使我们可以划分出三个研究的结构层面。

（1）哲学方法论层面（ФИЛОСОФСКО - МЕТОДОЛОГИЧЕСКИЙ）（抽象逻辑构建层面）。这是研究问题的最高层次，提出研究人类学和社会学的普遍问题的原则和方法：①哲学价值论的原则。在此框架下，人是社会发展的最高价值和终极目的。②唯物辩证法方法论。它包括的基本原则有逻辑和历史相统一的原则，自然界和社会普遍联系的原则；再现过去和展望未来的结合；通过整体的、普遍的、特殊的和个别的角度研究教育历史进程的认识辩证法；人的社会环境理论。③对问题的历史再现和系统逻辑的分析。④研究社会关系体系中的教育科学理论的历史逻辑的方法。⑤从文化层面分析在元理论构建体系中的人类学方法论。

（2）认识理论层面（ТЕОРЕТИКО - ГНОСТИЧЕСКИЙ）②。这使我们

---

① "欧米伽点"（Point omega）亦称"最终点"，是法国哲学家、神学家德日进（Teilhard de Chardin, Pierre, 1881~1955）提出的"用来表示最有组织的复杂状态"的论点。德日进认为，人类在"人化"进程中，必然会进行"社会化"（socialisation）和"全球化"（Planetisation）的活动。个人与个人之间互相联合起来，国家与国家、种族与种族之间互相联合起来，所有距离都消失了，全人类终于达到合而为一的大团结。世界正在进行最终的大综合（Mega - - synthese），通过这大综合，人类进化终于达到其"最终点"（Point omega）。这"最终点"不仅是尚未存在的理想中心，而且应该是真实存在的中心。由于它具有无限的吸引力，它能使心智层实践宇宙进化最后一次飞跃，突破物质与精神的关系，扬弃物质，使人们进入到"超个人""超国家""超种族""超意识"和"超时空"的完全精神化境界，即人们长期以来所渴望的最完满的神圣境界。——译者注

② ГНОСЕОЛОГИЯ，是古希腊语，意思是"知识""认识"。亦称认识论，是哲学的分支科学，研究科学认识的根源、形式和方法。

得以在普遍科学和具体科学研究方法的框架下，通过建立学科间的相互联系和相互依存性来研究问题，这一层次具有以下特点：①研究组织教学和认识活动中各学科的相互联系的系统结构方法；②对教育的心理学理念、个性培养和发展的教学再现分析；③对在构建理论、研究规律和现象方面人文因素的创造性应用特点的内部科学研究；④将科学认知的逻辑借用到教学活动中；⑤以系统结构的方法来组织教学和认识活动；⑥控制论的方法；⑦提出个人信息文化的问题。

（3）科学教育层面（НАУЧНО－ПЕДАГОГИЧЕСКИЙ）。这一层面具有应用性特点，具体的特点有：①以历史分析的方法研究人类中心论（антропоцентристская теория）及其科学意义和社会根源，以及现代教育基础的批判性外延；②以人道主义综合法对待组织教学过程、教育大纲和课程内容的构建，这些活动考虑了学生的现代范例和社会生活的现实；③在教学中定位个性的方法的原理；④发展教育理论、协同学理论的主要原理；⑤概念性研究机构的确定；⑥研究的实验性方法。

我们进行的研究建立在综合分析法理论之上，包括了人文科学化问题的三种结构水平等级。这样的综合方法使我们能看清问题的整体性和完整性，以及它在普通人类学和文化学概念体系中的意义；在功能上能够确定研究的目的、对象和客体；经过科学论证，从较高的哲学方法论层面制定研究机构的概念和范畴，在问题结构中标出逻辑认识论关系；勾勒出更具前景和人类工程的途径和方法，以实现具有教育地区系统特点和教育院校科学研究方向的问题。自然科学、技术和人文领域各自内部和它们之间的教育系统的全球化、一体化趋势，科学知识中人类学和社会学成分的加强和现实化，必然导致在普通和职业教育系统中制定适应现代需求的教学和培养技术的必要性。

从以单一科目为中心转向不同方向课程一体化作用的加强，促使建立统一教育空间的思想出现。在此框架下，人文和自然科学性质的不同教育课程都自然地相互作用和相互渗透。实现这个思想需要制定和确立现代教育的普通人文主义基础，通过形成超越具体教育课程部分教学目的和方向的内容一体化方法。为此所有教学大纲，自然科学的和人文系列学科的，都要改变其结构和内容。

在构建人文定位基础的理论概念结构中，我们认为内容应该具体地反映并在教学论上确定以下基本成分。

（1）道德人文学成分（этико - гуманистический компонент），是预先关注全人类和社会文化问题、分析未来的专家对自己活动产生的后果的道德社会责任感。其中，包括以下方面的分析：①从全人类、社会文化意义的视角分析研究科学理论的内容；②杰出学者和发明家的道德品质和世界观立场，以及在科学本身发展上的反映；③在取得和采用新知识过程中，学者和全社会所面临的道德选择；④学者和发明家对自己职业活动所产生影响的道德和社会责任感问题。特别需要关注的是，研究发明的全人类和民族国家成分，从全人类和具体民族的立场分析研究发明。

（2）历史相关成分（историко - корреляционный компонент），旨在激活教育中的历史法原则的使用，考虑同步对应联系和人类社会历史上所有活动和立场的形式发展之间的依赖关系，这通过在教育过程中提供给我们的历史主义扩展概念（расширенная концепция историзма）的多方面使用得到实现，其具体体现在所有教学课程中，既包括自然科学学科，也包括人文科学学科。历史主义扩展概念要求在新材料的研究过程中，不仅局限于已有发明的历史说明或是科学发明本身的历史性，而是给出时代的扼要社会文化全景、该发明的环境，包括时代的历史、文化发展，科学、技术和社会发展的相互影响与制约的不同知识领域的生产力水平。研究科学思想、规律和概念演变的合乎规律和历史回顾。

（3）哲学方法论成分（философско - методологический компонент），全面利用哲学、方法论分析不同理论原理的内容，使概念结构相符于客观实际的方法，广泛利用世界观哲学基础形成的积极方法。

（4）文化一体化成分（интегративно - культурный компонент），通过扩大学科间联系，在科学和历史文化层面上建立跨学科同步和跨科目对照。

（5）人文 - 认识论（诺斯替①）成分（гуманитарно - гностический компонент），表现在对教学过程的认识和研究方法中，人文方法和自然科

---

① 诺斯替：源于希腊语"gnosis"，意为"真知""灵知"，作者在这里讲"人文"与"诺斯替"结合在一起，是为了表达对"文化的认知"这一兴趣。——译者注

学方法一并使用。指的是学习生动的思维，现实的形象概念模型从客观外在语言向内在语言的转换，强调关注获得知识的价值意义内容，同时继承人文、自然和技术科学的方法论。

（6）生态活动成分（эколого - деятельностный компонент），致力于实现学生对自己未来职业活动的生态方面关注，以及学生对文明作为整体的发展的关注。

（7）社会表象成分（социально - презентативный компонент），对照教学大纲的内容，使之符合在国家和全球水平上社会现实的科学技术知识、政治、社会、经济的当代水平。

（8）美学情感成分（эстетико - эмоциональный компонент），要通过广泛使用文学艺术、音乐和造型艺术作品，学习现象和规律的、具有美学和大众文化意义的插图，来加强教学的情感成分和它的美学倾向。

（9）发展创造成分（креативно - развивающий компонент），表现为在概念分析和搜索教学中信息方法的合理转换，使学生能够从教学客体变为主体，为个性创造性的自我表现创造条件，保证教育的创造水平，同时在多水平上广泛利用教学中的个性活动技术。

这些成分组成了教育的普通人文基础结构，可以为自然科学和人文科目的教学大纲、计划制定提供基础。但是通过学科专业基本理论本身实现该教育人文科学化模式，需要具备以下三个基本要素：

（1）完全掌握当代教育方法、专业水平高、懂得人文学的专家；

（2）在教育人才领域形成和培养最新的教育心理学技术；

（3）保证教育过程在教学各阶段的必要教学方法。

21世纪初，北高加索联邦区各共和国制定的民族地区教育系统在发展中确定了以下目标：

为实现教育的社会目标应该强调内容更新，使之符合信息、后工业化和公民社会发展的全球化趋势的必要性。教育系统有责任为俄罗斯克服在社会经济、精神文化发展关键领域的落后创造条件；保证个人的社会与职业灵活性；形成机制使人适应现代生活的快速变化现实。

教育学目标与考虑个体机遇而持续更新教育内容的必要性有关。教育系统，应该为每个个体根据自己的潜能、兴趣和需要达到一定的教育水平创造先决条件。

在教育内容改革领域，近期的任务在于普通和职业教育每个阶段的目标具体化；重新审视教学大纲，以尽可能为学生减负，并增大补充教育和自我教育的可能性；奖励在教育内容领域的创新性探索和研究；为十二年制教育的逐渐过渡创造内容丰富的条件。

基于上述考虑，教育内容要兼具联邦、民族地区和学校成分，必须在形成和保护统一教育空间中规定每一个成分的权力。

第四节　在形成俄罗斯联邦统一教育空间的前提下实施教育内容的民族地区成分

20世纪80年代的教育系统转型已确定关于制定建立在民主化、人道化和多样性原则下的新型发展战略。正如 В. Д. 沙德利科夫（В. Д. Шадриков）所指出的，"学校的改革已经成为最重要的社会现象和最强有力的社会建设性过程。该过程将管理机构的力量和教师团体的精力紧密结合在一起"。当时，提高中等教育的质量问题就成为基本目标，它规定教学培养过程需要在结构、内容和组织等方面发生根本性的改变。该任务的复杂性还在于自20世纪50年代起，苏联学校的教育内容中只是增加了基础科学领域的学习材料，但并没有进行根本性的修改。而在20世纪70~80年代之前，苏联学校发展的特征是学生负担过重，这与国家标准中规定的学生掌握相当容量的知识有关。

教育改革领域面临着与很多方面相关的大量问题，其中既包括社会意识形态的转变和在新的世界观立场上重建教育内容，也包括教育机构中的教学法组织和物质技术配备问题。最重要的问题莫过于找到教育过程中的一种新的教育模式，但在俄罗斯学术界，无论是理论家还是实践者对构建新的教育模式都没有做好准备。数十年间，苏联学校在方法论上暴露出在评价新的社会现实时根据不足的问题，这造成了国民教育的危机形势。

通过授予各加盟共和国在构建教育内容领域的巨大权力可以克服这种危机，这种授权体现在教育民主化的总体战略当中。根据1989年全苏教育工作者代表大会①上通过的决议，应该在最短时间内准备好经过全面讨论的实验教学大纲草案（проекты экспериментальных учебных планов）。所提供模式的特点在于，草案制定者以学习者的能力和兴趣为目的，为教学分化建立现实条件，同时也考虑到了民族地区的特殊性。

根据教学大纲的规定，仅有约35%的时间用于学习全苏联共同体的课程，它包括作为全国人民各民族间交流用语的俄语、数学和自然科学课程；而大部分时间（约65%）应该交由各加盟共和国支配，以选择具有民族地区方向性和民族文化的课程以完善全部教育内容。

该教育方案的实现有望解决教育人文化的任务，在总结新的教育原则上为教学课程一体化建立现实基础，这本身也能够减轻学生的学习负担，促进教学培养过程中的细化和个体化，保证教育改革应用到学校实践中去。

他们建议的学校模式，在1992年俄罗斯联邦《教育法》中以立法的形式被确定下来。依据学校民主化的思想，国家将教育政策领域的垄断权力下放至各加盟共和国，国家各主体被赋予管理教育系统的权利。与此同时，该文件的特殊性在于，在规定联邦中心和各地区在教育发展领域的权力划分时，缺乏明确清晰的立场。在第二章中规定了教育具有人文化特征，全人类价值、人的生活与健康以及个性的自由发展的优先性。这在一定程度上为务必找出全俄、全人类与各民族价值之间的合理平衡创造了条件。此外，培养公民性和爱国精神成为教育政策领域的原则。这意味着必须确立学生作为全俄公民与本民族个体的相对认知关系。这样，教育政策本身有义务保证多民族国家的统一联邦文化与教育空间、民族文化和地区传统。

В. К. 沙伯瓦罗夫（В. К. Шаповалов）认为，当今俄罗斯教育方面的法律条例与之前版本的差异在于"权力基础由文化极权主义（культурный тоталитаризм）和教育一元论（образовательный унитаризм）向在多民族国家教育空间联邦制（федерализация）的新观点转换"。

"空间"（пространство）概念被广泛应用于当今社会的各个领域。政治活动家指出要在不同的行政区域框架内，即俄罗斯和白俄罗斯、独联

---

① Всесоюзный съезд работников народного образования（1989 г.）.

体、欧洲、独立的联合国家等建立统一政治空间；经济学家和法学家倡导要在经济和法律方面建立统一空间；文化活动家拥护统一文化空间等。进入信息时代快速发展时期后，后工业主义文明作为优先发展过程，要求建立统一的世界信息空间。

教育为了完成赋予它的各种功能，同样需要确定教育环境的空间。该空间应该具有自己的领域封闭性（территориальная замкнутость），并以具体的质性和量性指标作为特征。教育空间的基本特殊性应该是其结构组织和功能特性，它们规定教育空间应满足地区需求，解决儿童和青年学习、培养、发展和社会化任务等问题。

教育空间的结构要建立在一定的方向标之上。在俄罗斯联邦宪法（Конституция РФ）、《教育法》（《Об образовании》）、《联邦教育发展纲要》（《Федеральная программа развития образования》）和其他法案规定该方向标。但是，如果联邦和地区利益不匹配，它们将失去作为地区教育政策机制的地位。

Е. В. 邦达列夫斯卡娅（Е. В. Бондаревская）认为："统一教育空间加强教育机构之间联系的领域，以它们之间的继承性与相互丰富为目的，确保它们的自觉性而不受个别领导或者教育家的专横统治。统一教育空间是被其环境内区域性社会群体所需要的教育性结构，是它们在文化长期和短期发展中的自决权，为所有人和每一个人高质量的教育创造条件。"

这时需要特别注意的是，统一教育空间的概念意义在于建立高质量的现代国民教育，而"国民的"意味着"这种教育形式承担着民族复兴与发展的使命，为了人类的利益回应历史和文化的要求，改善时代的精神风貌的义务"。

我们认为，这种国民教育的定义带有某种主观色彩。首先，我们需要确定"民族文化复兴"的概念。20 世纪 80～90 年代，在俄罗斯学术评论、教育心理学出版物等大众传播媒介中，常谈到少数民族的"民族文化复兴"问题。人们曾经存在这样的印象，在苏维埃时期没有苏联民族文化进化发展的位置，但现在人们认为类似的主张是错误的。当然，在一定程度上，国家政策思路的实现中存在一些弯曲之处，但应该指出，苏维埃国家是民族的"殖民者"且没有激励民族文化发展的说法是毫无根据的。我们认为，客观公正地说，应该承认在苏维埃时期也曾有过民族文化发展的积极趋势。

我们认为，俄罗斯联邦统一教育空间的发展，在司法层面反映了与社会条件相符的各层次和各阶段教育发展的法律条件必要性。

应该认清，形成国家统一教育空间是重要的社会文化方案，它不仅要求拥有联邦各主体间政治机制的切实有效性和相互联系性，还要求提供与之相符的法律条件。

统一教育空间可以建立在教育政策与教育活动统一与相互制约的原则之上。A. A. 格里科夫（А. А. Греков）和邦达列夫斯卡娅认为，市政教育有可能成为这种教育体系。研究人员指出："统一教育空间是所有教育主体和所有与教育相关领域，特别是文化、医学、生态环境领域的共同作用，主要是将这种作用当作是社会政策里首先考虑的对象，这是专为儿童、少年和青年利益而出的城市统一教育政策。"

我们认为，形成统一教育空间必须使教育实践符合现有法律的要求，其中包括《人权宣言》（《Декларация прав человека》）、《国际儿童权利公约》（《Международная конвенция о правах ребенка》）、《俄罗斯联邦国民教育要义》（《Национальная доктрина образования в РФ》）、《联邦教育发展纲要》（《Федеральная программа развития образования》）和俄罗斯联邦《教育法》（《Об образовании》）条例。其中，教育政策的基本任务在于建立一种教育空间，在其框架之下保障以下非阶级属性功能：儿童的社会保护、市政或地区文化环境中的教育发展。这种环境应该完全符合在不断变化的社会文化条件下，个性的自我实现的思想。在教育发展方案基础上，要合理地建立不变的价值论导向，在城市或地区教育空间框架下形成横向和纵向关联的机制。

应该注意到，统一空间成功与否在很大程度上，既取决于学校教师、教育机构领导、家长、国家和市政当局代表的教育心理学文化水平，同时也取决于教育管理部门从专权向一体的管理模式的转变。

这样一来，统一教育空间不仅作为青少年学习、培养和发展的一定环境，而且同时成为行政区域内社会文化发展的基本因素。

"统一教育空间"的概念并不适用于描述苏联的教育状况。这是由于苏联教育空间既是统一的，同时其所有部分都是相同（изоморфизм）的，保证所有地区的学校内都使用同一的教科书、教学计划和大纲。苏联的解体引起了机制的"体系自我分解"，其后果是失去了已有教育空间的基本特性。

对于当今俄罗斯的"统一教育空间"这一概念，В. 巴岑（В. Бацын）反对在这样的语境中使用"统一"（единое）一词。正如他在《俄罗斯教育空间：统一的还是完整的?》（《Образовательное пространство России：единое или целостное?》）一文中指出，在俄语中"统一"一词在语义上带有这样的含义：内在地含有单级统治下的"个人""中心"，表示内在统治霸权，带有某种与"最高级要素"相关的层次意味。据此巴岑认为，在教育空间中使用"完整的"（целостное）一词更为准确。他进一步指出，比起使用"统一"一词，使用"俄罗斯完整教育空间"，则更加富有成效、内容丰富和复杂，而"统一"一词在该语境下无法隐藏自己的帝国集权隐喻。

但是我们认为，"统一"的概念更准确地反映并适用于当今俄罗斯的教育情况，这是由于具有联邦机构管理教育和已形成的联邦中心与地区，在管理教育体系、构建教育内容和组织监督与检验方面划分权利的相互作用机制。尽管地区政策有自己的特殊性，但民族地区教育体系是在联邦政治权利界限内发展起来的。正因如此，"统一"这一术语反映了民族地区教育体系在联邦教育政策环境中发展的共同进化因素。因此"统一"一词并不带有"形式划一"（единообразное）的意思。

特别需要指出的是，建立统一教育空间是联邦教育进程的成果。需要理解联邦空间内各主体的形式和内容一体化是建立在以下原则之上的：与之相关的教育发展方案，在教育政策领域全俄与各地区利益的协调，在联邦和地区水平教育管理建成的纵向沟通和联邦各主体教育体系间确立的横向联系。但是对于联邦教育进程的激励非常重要的还是建立稳定的、理念和组织上完善的地区教育体系。

П. Г. 谢德洛维茨基（П. Г. Щедровицкий）从功能组织的视角分析并使用了"教育区域"（образовательный регион）这一术语。他指的"教育区域"是"改革的单位、管理与试验的单位"。教育过程与学术机构的工作相比，有更广泛的空间，而且要实现教育过程的管理，务必要考虑具体地区的社会经济、政治、文化启蒙的特殊性，应该从"校外的教育"领域来找寻学术的见解。

应该指出，实行教育联邦制和民主化大方向，是规定多层次的地区化因素，将教育转向地区社会文化发展的基础。

在《2015 年前教育发展预测方案》（"Концепции прогноза развития образования до 2015 года"）中，编委会成员 ［Ю. 克罗梅科（Ю. Громыко）、И. 达维多夫（И. Давыдов）、В. 拉扎列夫（В. Лазарев）、В. 鲁布措夫（В. Рубцов）、В. 斯拉伯契科夫（В. Слободчиков）］指出，教育基层最尖锐的问题是学校分权制度问题。其中，"苏联时期教育集权化的斗争以潜在、隐藏的形式出现于 1985 年，自 1987 年起在形式上已经是公开的了，其目的在于建立不同面貌、不同形式的地区民族教育体系。这时饱受批评的教育集权化对于地方分权的拥护者来说只是工作的一种行政形式罢了"。

毋庸置疑，教育体系的地方分权，有着更加深刻的根源，它与地区本身社会经济任务解决的独立自主性的总定位息息相关。因此，教育的地区化是以众多因素为条件的社会进程，其中最重要的因素是追求在教育内容上体现地区历史文化、民族种族、地理民主和自然生态方面的特性。这样的目标为在教育内容中引入民族地区成分创造了必要条件。

现代普通教育内容民族地区成分的构成因素包括社会历史、民族学理论和文化学等方面。

民族地区成分的社会历史内容要求关注地区的历史、地理以及社会发展问题。不过，在教学大纲中并没有关于民族学方面的课程，尽管正是这方面的内容在民族起源环境中，认识本民族历史和表现民族进化规律性方面起着重大作用。正如实现民族地区成分的经验所显示的，在民族地区成分组织上，具有文化学方面特征的课程仅简化为母语、民族传统和风俗学习。也就是说，文化作为完整的教育，只能以不完整的形式呈现出来。该成分建议的三层模式能够帮助我们在"民族"和"地区"之间找到合理高效的组合形式。这样看来，现在的地区成分比民族的更占优势，但即使如此也不能保证国家和全人类之间的辩证关系进一步实现。

儿童生活和学习所在地的教育需求定位问题有着自己的历史，并且和克服教育形式化（формализация）、抽象化（абстрагирование）进程的影响有关系。20 世纪初，著名教育家 С. Т. 沙茨基（С. Т. Шацкий）提出了"局部性原则"（принцип локальности）。该原则要求教育过程定位于研究地方需要、实际的生活习惯和居住条件。此外，沙茨基还为学校与周围环境之间的交换规则做斗争，他认为教育系统应该是开放的，对社会变革做出反应并与之一同重建。

教育内容的民族地区成分主要致力于，为每一个青年人营造民族认同感（этническая идентичность），这指的是"所有群体成员感知的总和，包括象征、价值和共同的历史，这些决定了他们成为一个独立的群体"[1]。

联邦立法法案的实行主要与教育内容的革新和引入的教育标准相关联。在该问题的解决上遇到的一定困难，就是俄罗斯联邦各主体以随意的形式实现教育内容的民族地区成分，这增加了在课程中引入符合统一标准的课程大纲和计划，以及在教育过程本身中体现效率的困难性。

现今在教育内容中，引入民族教育成分的要求与务必解决以下最复杂的辩证矛盾问题相关联，这就是使人熟悉全人类文明知识与价值的同时，保证他的民族自我认同感之间的矛盾。

在学校教育实践中实现民族地区内容的基本目标，在于培养人学习民族文化基础、母语，同时将其纳入全世界文化与道德价值体系中来。但有关以下问题的争论仍在继续：为达成这个目标应该使用什么样的手段和方法；应该向教育过程提出什么要求；在教育过程中形成怎样的教育和培养路径，同时应考虑到总体需求、个体能力和特殊性。

在俄罗斯乃至全世界实践中引入的民族地区成分，都致力于解决当代教育中的矛盾，这是存在于教导年轻人在高科技和尖锐社会问题环境下生存的必要性和将所有应学之物"硬塞进"（《втиснуть》）教学框架的不可能性之间的矛盾。

俄罗斯联邦的现代学校，特别是民族共和国的现代学校提出了引入并在实践中实现教育的民族地区成分之任务。教育中的民族地区成分反映该

---

[1] Райс Ф. Психология подросткового и юношеского возраста. СПб. ： Издательство 《Питер》, 2000. 656 с. ： ил. – （Серия 《Мастера психологии》）. с. 248.

地区的文化独特性、民族传统、风俗和语言。引入民族地区成分是现代中等教育改革的首要任务。

与此同时，当代教育内容的民族地区成分的实现框架在共和国和市政层面上有显著的少数民族脱离国家的现象。这种脱离现象的特征是把注意力集中在本民族群体的社会文化价值上，忽略和其他民族文化教育的协同作用。

多元文化教育在防止"文化冲突"（культурный шок）方面起着至关重要的作用。多元文化教育（поликультурное образование）指知识、活动方式和有价值的情感关系经验的总和，它们反映了文化多样性对于精神和社会进步的重要性。我们的观点是，在多元文化教育结构中，民族地区成分有义务实现一系列的功能，从而使青年形成能够与不同种族和其他文化价值承载者共同合作的世界观。我们认为多元文化教育的作用包括：

（1）哲学文化学作用，致力于形成作为全球性意识组成部分的民族自我意识；克服狭隘的民族主义思维以及对待其他民族和文化态度的不良偏见与固有观念。

当今世界的文化学意义是形成多元文化思维和人文知识的基础，而多元文化思维和人文知识又会形成"价值方向"，即为某个个体选择相对于他个人更加有意义的现实要素。

社会民族环境对于个人形成心理特殊性具有首要意义。这种民族环境影响民族意识和个性自觉性的形成，也影响人的辨析能力和精神经验的形成。人的这种经验的基础是由道德原则和理想，关于人道、人与人之间的相互关系的传统与概念，以及对于人生意义的认识所构成的，而缺乏这些，任何社会都不可能正常运转。人一出生已经作为个体进入具有一定价值观的民族关系体系中，正是社会环境形成个人对于价值的概念。社会进程就是一代人将文化传递给另一代人的持续过程，通过各种社会机构（家庭、学校等）使个体社会化机制运转，帮助人们掌握必不可少的技能、知识、文化准则和意义。

正因如此，社会化可以被理解为个体确定价值观的形成过程。因为有关价值的概念形成首先受到社会民族环境的影响，正是被个人接受的价值代表着该社会民族环境的过程和现象成为他自己的价值观取向。再者，个人的这些价值观定位也会影响系统的形成，整个系统会在伴随着个体和社群意义增长的价值和它们的排列顺序之间确立一定的相互关系。社会化作为使个体熟悉民族、俄罗斯和全世界是文化基础的过程和结果，以及个性形成的重要机制，可以说明多元文化在内容和取向上的特点。

（2）伦理人道主义作用，考虑多元文化社会的思想和民族间交流的伦理道德；从教育内容和教学活动方法的人道主义视角，反映表现在具体民族形式中的人类文化经验。

"人道主义"（гуманизм）这一术语包括伦理道德价值与理想体系。西塞罗（Цицерон）曾将该术语作为人性（человечность）而使用。尽管在不同的历史文化条件下，人道主义的解释各有不同的特点，但最终它形成了以承认人的最高价值为核心的价值观体系。А. А. 拉图金（А. А. Радугин）将人道主义定义为，确定了总体上的人类本质和个别单独个体的包罗万象的意义的观念与价值的总和。这样一来，人道主义成为任何教育体系的重要杠杆，确定了实现多元文化的方式和社会发展的最高目标。这种目标追求为所有自己资质的完满实现和在生活的社会经济和精神领域实现和谐创造提供必要条件。教育人文化思想关注人道性的形成和发展，是夸美纽斯、裴斯泰洛齐、迪斯泰尔韦格、卢梭、苏霍姆林斯基、列夫·托尔斯泰、沙茨基、彭斯、Д. 布朗提斯（Д. Брандис）、杜威、金内斯、蒙田、К. 罗哲斯（К. Роджерс）等教育学大家，Ш. А. 阿蒙那什维利（Ш. А. Амонашвили）、Е. В. 邦达列夫斯卡娅（Е. В. Бондаревская）、В. П. 津琴科（В. П. Зинченко）、Е. Б. 马尔古诺夫（Е. Б. Моргунов）、Н. В. 卡尔洛夫（Н. В. Карлов）、В. Г. 基涅列夫（В. Г. Кинелев）、Е. Н. 施亚诺夫（Е. Н. Шиянов）等现代教育家以及 Н. А. 阿列克谢耶夫（Н. А. Алексеев）、Л. Г. 布尔拉科夫（Л. Г. Бурлаков）、З. Е. 格尔曼（З. Е. Гельман）、В. И. 丹尼尔丘克（В. И. Данильчук）、Л. В. 塔拉索夫（Л. В. Тарасов）等教学论、教学法专家教育体系中不可分割的部分。

（3）人文 - 认识论作用，致力于形成对故乡、俄罗斯和其他国家文化积极认知的兴趣；在教育内容中，反映本土文化在与俄罗斯及世界文化相互联系中的独特性和唯一性；为解决道德与社会问题，形成创造性地使用所学知识的能力。

在论证这种作用时应该指出，形成多元文化认知兴趣并使孩子熟悉文明知识、价值与保证民族自我认同的问题直接相关。在教育实践中，实现民族地区成分将促进"认识因素"和"具体化因素"的出现，使研究人员形成品格，活化认识有"多元认识"意义的周围现实机制的运作。现在北高加索联邦区各共和国正在寻找有趣的教育模式。在该模式框架下，青少年能够熟悉现代人文文化。其中印古什共和国（Республика Ингушетия）纳兹兰市（г. Назрань）的一所文科中学的教学大纲，就包含了一系列以形成学生的科学世界观和文化沟通能力为方向的课程。

根据大纲，除了母语、俄语和文学以外，学生还学习演说术、英语、拉丁语、第二西欧外语（法语或德语）、外国文学、历史、法学基础、政治学和社会学基础、哲学基础、经济学基础、宗教基础。

自然科学与数学学科模块包括以下教学课程：自然科学、数学、物理、天文、化学、生物与生态、地理与生态、计算机基础与制图。此外，教学大纲还特意设置了体育课和军事服务基础（医学知识基础）。学习每门课程的时间取决于学生在 8~11 年级选择的学习方向，即人文、物理学、数学还是生物学。另外，学生每周的必修课程量从 3~4 年级的 25 小时，到 10~11 年级的 36 小时不等。每个年级都规定有每周 2~6 小时的选修课程。

（4）教育反思作用，定位于认清和理解文化多样性对于个性形成和文明发展的重要性；形成与文化多元论相关联的道德概念和评价，并为将其转化成建设性人道行为的稳固观念和习惯创造条件。

在哲学著作中，现代文明被当作技术成因形式的工业文明谈及。一方面是文明、进步、物质价值；另一方面是精神文化、全人类价值、伦理道德取向。Ч. 斯诺（Ч. Choy）所称的这两种"文化形式"之间的对立和对抗，在 20 世纪最为尖锐。多元文化思维和人文知识为形成积极的教育反思创造条件，为人类形成公民社会提供可能，使与非人道主义化思维和排他性表现相对立的人道主义价值和定位，以及包容性成为可能。

（5）促进个性发展的作用，在多元文化教育过程中，人将意识到自己作为个体、民族的主体、俄罗斯公民和世界公民的身份，唤起并发展对自己和作为以上身份的自己的需要、利益和目标体系的兴趣。学习过程应该以个性定位的教学、培养的现代观点和方法为支撑。只有通过完全尊重个性的方式，以具体的条件切实保障每个孩子的自然天资得到发展，才能够使学校顺利地解决在复杂的现代世界中形成积极思维和有效活动的个体的问题。

教育内容的民族地区成分在实现以上作用的时候具有典型特征，并成为在地方和全俄层面上的众多教育任务解决的关联环节。我们认为，在教育实践中实现普通教育内容中的民族地区成分应该考虑到以下基本原则：

（1）民族文化在俄罗斯和世界体系中的辩证参与性原则。这一原则表现为普通文化行为准则体系，这些行为准则是所有民族文化教育在同等程度上所具有的。尽管每一种民族文化都有自己一定的特殊性，但它们同时都具有多方面的多变的成分，这些成分与每一种文化相同的分阶段发展因素有关，表现为独立的一种民族是全世界文化的一部分。

（2）民族教育的历史文化和文明倾向原则。这一原则要求我们揭示过去和当今现象的历史制约性，研究民间风俗、民族艺术、习惯和传统。"民族文化"概念本身就具有广泛的、多方面的、包罗万象的含义，是联合俄罗斯和世界文化内所有地域性社会群体认同作用的多方面的综合范畴。因为精神气质在民族哲学、民族宗教和民间风俗的相互作用下形成。同时，它们也是建设国家和多元文化教育学理论的导向。该原则致力于本民族和邻邦民族，在俄罗斯乃至全世界共同的文化传统中的地位和作用的辩证分析。在这里应该指出，在该原则内容丰富的实现体系中，务必依靠教育培养中的多元文化性和包容性思想，这能够保证民族见解与形成"世界文化和文明代表"思想之间的协调。

教育实践中在说明国家和世界文化基础时，务必遵循客观的历史主义原则。将国家历史以不正当的方式理想化，会使年轻人产生这样的错觉：只要效仿过去的经验，将陈旧的风俗习惯机械地搬到现代，就可以解决确定本国人民和世界文明发展战略这样复杂的问题。经验不足的教师通常就会选择最省力的方式，在实践中采取这种简便的方式进行教学。

（3）多元文化认同和个性自我实现原则。这一原则要求我们将关于人类和社会的知识列入地区教育内容，并将此类知识作为地区教育内容的基础。个性的形成能够使青少年形成人道主义世界观和人文知识，为在现代世界的多元文化体系中，个性的自我认知、自我发展和自我实现创造条件。

人的自我实现体现为在快速变化的世界中，追求自我个性潜能的完全表现和发展。自我实现的人只能够在"开放的"世界中，而非在民族框架和单一文化教条的世界中生活和创造。拥有完整的世界观和多元文化取向的人，在认识周围现实时才能够找到自己生活和创造潜能的用武之地，在"开放的对话"体系和文明化活动中实现自我。

（4）文化教育过程的全球化原则。该原则承担着发展完整的多元文化世界观，在现代世界发展个体克服语言、宗教、种族、国家障碍的交际的特殊性之责任。该原则是确定教育内容、在教育过程组织中，吸收信息沟通形式和方法的优势因素。任何一所民族学校的民族文化教育空间都应该对进步思想、人道主义、文化间的持续对话，以及它们在该民族复杂的历史发展进程中的相互作用和相互补充，在最大程度上持开放态度。这时教育的民族地区观点，应该成为全世界文化教育过程的组成部分。

这项原则在学校教育实践中的实施，向教师活动提出了特别的要求。教师不仅需要扮演带有其所有特殊性的民族文化的承担者和传递者，还要做一个有独立见解的教育导师，能够判断国家文化在全世界多元文化体系中的位置，并作为不同文化的中间人。很明显，民族教育反映了一些哲学和宗教的观点。宗教和民族信仰起着民族形成和民族整合的作用。多个世纪以来，对于国家真理和道德理想的追寻，多半是以宗教形式出现的。现代生活的习惯和传统也在一定程度上带有文化的性质。因此，在民族地区学习体系中出现了将精神培养元素带入世俗，主要是人文教育中的重要问题。这个问题需要从两个方向寻求解决办法：①在教学大纲中列入促进自己民族和全人类文明精神发展的课程，例如将宗教知识的历史作用当作个体的自我认知和自我完善；②在自然科学学科教育中强调世界观的培养，使学生积极形成现代世界科学图景。

（5）多元文化包容性（поликультурная толерантность）和国际教育前瞻原则。这反映为面向民族间和谐关系结构的个性的民族文化认同机制。重要的是在自己的教育实践过程中，找到体现不同社会文化教育的多元文化合作的表现方式。

20 世纪 90 年代末，北高加索联邦区各共和国出现了这样的趋势：根据各中等普通教育机构多样类型的建立，实现民族地区成分教育内容的模式。其中，自 1999~2000 学年，北奥塞梯 – 阿兰共和国在教育领域实现了以下普通教育学校共和国基础教学大纲。第一种模式，针对深入学习人文系列学科的文科中学（гимназия）模式；第二种模式，针对以俄语作为教学语言，学习奥塞梯语或其他本土语言的北奥塞梯 – 阿兰共和国普通教育学校的模式；第三种模式，针对以奥塞梯语、俄语或其他民族语言为教学语言的北奥塞梯 – 阿兰共和国的民族学校的模式；第四种模式，针对以俄语作为教学语言，并在小学中逐步引入奥塞梯语的北奥塞梯 – 阿兰共和国普通教育学校的模式。以上基础教学大纲中规定的概念模式为解决教育的民主化和人文化问题提供了足够灵活的机制。与此同时，在实现民族地区成分时，尚未全面研究内容的方法性问题。基础教学大纲提供了实现民族地区成分的多种形式，它们在教学年级和授课时间等指标上都有所差异。但是每一种模式所使用的教科书和教学法资料等又是统一的。这样看来，国家教育标准并没有切实保障教育内容的民族地区成分实现的多样性。

在《民族地区教育的方法论问题》（《Методологические проблемы национально – регионального образования》）一书中，П. Р. 阿图多夫（П. Р. Атутов）和 М. М. 布达耶娃（М. М. Будаева）将保护和发展俄罗斯联邦统一教育空间的思想与实现民族地区教育的必要性结合起来。该书的两位作者认为，民族群体的差异除了文化和历史基础之外，再无其他。文化环境的价值先决条件是为本民族的人民制定出统一的世界图景、本民族的生命保障形式和心理特征的共同性。与此同时，会产生一个合理的疑问：当今世界社会经济过程的一体化趋势，在多大程度上与民族传统、特征和文化的再生产相匹配？对于这个问题不同人有不同理解。全球化和地区化的辩证研究应该以民族起源的合理性为支撑。由于民族地区原则对文化的限制，在民族文化认同和民族认同过程中，民族个体在个人和群体层面上出现了适应性的加强。这样一来，社会经济领域的一体化过程成为合理的民族化先决条件。在以形成民族定型为最终结果的民族社会化加强的背景下，文明进程是必然的。

正如 А. П. 沙多新（А. П. Садохин）所说的："民族定型

（этнический стереотип），即是某个民族团体或共同体简单概念化的、带有情感色彩的和极其稳定的形态，这种民族形态能够被轻易地扩散至该民族的所有成员；是某个民族成员典型的公式化行为程序。"像这样在该现象的研究中，有意地将民族定型形成的内容和程序方面区分开是合理的。

国家教育改革的基本任务与国家教育标准的制定相关联。但是如果这个问题在联邦成分的教学课程框架内被顺利解决，那么在引入民族地区成分的教育内容课程的统一国家标准时，就会面临巨大困难。研究表明，在俄罗斯联邦各民族地区，对于民族地区成分的实质及其在教育实践中的实施途径缺乏共识。其具体表现是，在课程中剥离出不同的教学时间，每门教学科目定义的特点不同，等等。

我们认为，俄罗斯联邦各共和国对教育内容的民族地区成分问题解决方式的不同，对形成统一教育空间是不利的，只会导致民族地区教育体系的分裂，导致民族地区对俄语的注意力减弱。而俄语既是国家语言，又是俄罗斯联邦各族人民交流的工具。

2000～2002学年我们进行了一项有关北奥塞梯 - 阿兰共和国学校教师对在普通教育内容中实施民族地区成分的不同观点的调查研究。调查结果显示，近71%的教师说出了这样的担心：民族地区成分有可能会阻碍学生"融入"俄罗斯和世界文化。同时，绝大多数受访者（81%）认为实施民族地区成分的教育最危险的趋势就是，只是培养对"小家园"的热爱，而对形成对其他民族和文化价值的尊重则无人问津。在北高加索的其他共和国中对于民族地区成分的评价也大致类似。这样看来，受教育者如果被"封闭"在一定的民族文化价值框架内，这种价值无论是"先天"的还是"后天"得到的，这都是最明显的危险趋势。

在当今条件下，教育内容的民族地区成分的基本目标，是实现对保护和发展民族语言作为形成民族文化独立性机制问题的关注。作为受到社会制约的问题，保护和发展当代俄罗斯民族语言的问题在教育理论方面找到了共同点，这无疑显示出了民族地区高于全俄的优先权。俄罗斯联邦各主体内的双语制问题，确定了务必找出教育语言平衡战略的必要性。

发展俄罗斯联邦统一教育空间是重要的教育任务，它的实施在很大程度上要依附于俄罗斯国家体制和全国范围内统一的经济和法律空间。与此同时，该任务带有多方面的特征，它的解决需要在所有社会制度方面下大力气，特别是教育方面。

这样，在俄罗斯联邦《教育法》实施细则中规定，教育的民族地区成分的采用程度应该保证，考虑到民族文化和地区文化传统的利益，以及个体在民族文化自我认同上的需要，使其能够与其他文化承载者进行平等对话。

我们认为，如果说"地区的"多元文化教育在定义上规定了该区域内所有民族的文化平等性，那么"共和国的"概念在很大程度上反映着该共和国记名民族的文化特殊性。正因如此，将教育内容的"民族地区成分"换作"民族共和国成分"并不符合教育体系的一体化和俄罗斯联邦统一教育空间的保护趋势。

需要指出的是，在教育民主化的条件下，标准的联邦和民族地区教育成分的实施，主要反映在教学大纲的教育内容上，而非教学科目的课程选择上。根据俄罗斯联邦《教育法》第五章第14条的规定，教学机构有自主制定课程的权利。因此，反映在教学计划内的整套科目的制定属于教育机构的职权范围。

我们注意到，俄罗斯联邦统一教育空间，首先要为所有俄罗斯民族注定要生活在一起的社会行为准则创造必要条件。从这个观点出发，我们就要寻找达到民族间和平友好、和睦邻邦关系，以及在全俄环境下保护民族成分的途径。

这样一来，在揭示实现教育内容的民族地区成分的任务时，使用"地区"一词而非"共和国""边疆区""州"等词，是更加合理的。这是因为"地区"是稳定的社会地理概念，在当代俄罗斯教育空间中有更加实际的意义。这时，教育的地区化过程，特别是在多民族的北高加索联邦区各共和国，应该考虑的不仅是民族文化，还应该顾及整个地区的社会经济、生态、人口等多方面的特殊性。其中，俄罗斯联邦北高加索地区有完整的地缘政治教育，该地区教育空间的形成务必应建立在各民族文化价值相互渗透的基础上，而这些民族文化是北高加索各族人民在数世纪的历史发展中形成的。然而，我们却发现北高加索联邦区各共和国教育模式建设的疏远，没有任何一个共和国关注到整个地区文化研究的共生途径。在接受调查的北奥塞梯－阿兰共和国普通教育学校 5~9 年级全部学生中，有超过 57% 的学生对于达吉斯坦、卡巴尔达－巴尔卡尔、阿迪格、卡拉恰耶夫－切尔克斯等北高加索联邦区内相邻共和国的文化缺乏最基本的知识，这个事实将会带来相当大的危险。学生无法说出每一个共和国的首府，该共和国的著名诗人、作家、艺术家，也不能写几页北高加索民族的历史，而在北高加索联邦区其他的共和国中也是类似的情况。

通过对于北奥塞梯－阿兰共和国所采用的所有基础教学大纲模式中，教育内容的联邦和民族地区成分的关联程度分析，我们认为学校中高年级教育内容的联邦和民族地区成分内容的一体化程度很低，只达到 0.1~0.2。此外，在分析学生对于学习课程的偏爱程度时，我们得到了值得注意的结果。89.5% 的普通学校 5~9 年级学生更喜欢教育内容的联邦成分课程（他们认为，这些课程对于未来职业活动的成功是首要的），仅有 7.2% 的回答者注意到了民族地区成分课程（首先是本族语言、本族文学和边疆历史）对于民族世界观形成的重要性。我们认为，学生对于民族地区成分课程意义的评价较低，主要是由于以下一些原因：

（1）实现民族地区成分课程的学术方法基础不够完备，缺乏在该领域的教育标准；

（2）联邦和民族地区成分教学课程间协调性弱，其表现在人文系列科目之间也极少有学科间的联系；

（3）鉴于学生总体学业"负担过重"，民族地区成分课程被当作次要课程来接受等原因，学生缺乏对学习民族地区成分课程足够的兴趣和动机。

这样一来，在实施教育内容的民族地区成分时，就会面临很多实质性的问题，而只有在建立北高加索统一文化教育和培养空间的基础上，才能克服这些问题。进行的实验能够论证建设北高加索多元文化教育环境所需的战略，该战略首先提出了以下要求：

（1）在实现民族地区成分的基础上构建教育内容的统一概念。在此框架内，在共和国教育纲要中指定并推行不同教学年级学习北高加索联邦区民族历史和文化的课程体系（包括北高加索民族历史、北高加索联邦区各共和国社会文化进程、北高加索民族文化和传统、北高加索地理、俄罗斯南部区域的教育思想史等课程）。为每一门课程研究制定符合法定国家教育标准的教学方法论体系。在每一个学习阶段，民族地区成分与教育课程的联邦成分内容要保持相互协调性。

（2）在跨共和国层面提出有关编写课本和教学手册的问题，指定灵活可变的师资队伍培养机制，以实现普通教育体系中的民族地区成分，同时考虑在俄罗斯文化教育领域内的全球化趋势。

我们认为，构建教育内容的民族地区成分的这种模式，也可以成功推广至俄罗斯其他地区。研究实施的统一标准和与教育内容联邦成分相符的一体化机制是非常必要的。

国家教育标准的联邦和民族地区成分应该具有共同的理性基础，在俄罗斯社会多民族、教育机构形式和种类多样化的条件下，民族地区成分的实现能够促进俄罗斯统一文化教育空间的保护。俄罗斯教育的基本任务，在于推动多元民族社会向"团结一切力量并形成民族之上的完整性"发展［库兹明（М. Н. Кузьмин）］。在当今世界的全球化趋势环境中，民族地区成分应该不仅成为民族的，还要变成"文明社会"的标志。我们与 А. П. 里菲洛夫（А. П. Лиферов）持相同观点，认为教育一体化的基本目的之一，就是世界共同体联合力量培养能够以整体的观点看世界、使用综合的方法解决全球人类问题的人。只有在加强教育内容原则一体化的基础上才有可能达到这个目的。

由我们制定并在北奥塞梯赫塔古罗夫国立大学（Северо - Осетинский государственный университет им. К. Л. Хетагурова）教育系编制的"地区教育的哲学基础"教程对该任务的解决有促进作用。在该课程中，我们分析了民族地区教育体系发展的基本趋势，其中包括在当今全俄进程中的北奥塞梯 - 阿兰共和国，民族学校建设中存在的问题和在教育内容中实施民族地区成分的问题。其中主要研究以下两部分内容：①当代地区教育的哲学方法论问题；②北奥塞梯 - 阿兰共和国的教育体系：历史和当代发展问题。

该课程在 2001～2002 学年和 2002～2003 学年的教学工作经验表明，学生对于共和国内教育发展问题表现出了强烈的兴趣，因为学习资料在最大程度上接近他们将来的职业活动特点。

本章小结

（1）俄罗斯 20 世纪末的社会政治变革引发了对于教育内容的重新审视，并为在民族地区教育体系中，构建教育内容的两种成分模式创造了条件。民族地区教育体系中既包括联邦成分，也包括民族地区成分。在教育地区模式的现实化条件下，人文化问题的解决要求我们以科学的方式思考，找寻统一教育进程与教学课程相协调的路径。正是这种人文化成为构建地区民族文化教育空间的基础。

（2）从学科中心向不同方向的课程一体化转变的作用的加强，激发了建立统一教育空间的思想的出现。在该框架下，人文和自然学科自然而然地相互作用和相互渗透。该思想的实现需要制定内容一体化的途径，并确立现代教育的普遍人文主义基础，不依赖于具体教育课程的方法论和方向，而是在自然科学和人文学科中统一引入教学大纲结构和内容的变化。

在理论概念结构中构建教育的普遍人文主义基础，应该相应地以具体内容的形式，辩证地反映在以下基本组成因素中：伦理人道主义、历史相关性、哲学方法论、文化一体化、人文－认识论、生态活动、社会表象、美学情感、创造发展。

通过这些元素可以在最大程度上，分析现代地区教育的价值论基础和在民族地区教育体系发展条件下构建教育内容的问题。

（3）根据价值论立场的概念，教育具有社会教育成分，其基本特征是人文价值的保护和再生产，这体现在不局限于民族、信仰、人种和意识形态的差异上。正是在这种环境下，价值论观点预测到在教育中，应该创造一种多维的人道主义民族价值观不会相互对抗，而是在对话和宽容的基础上协同作用的状态。只有在这种状态下，内容多样的人文价值观才能找到发展的机遇。

人道主义价值是社会结构的基础性元素，因此，人文化作为构建教育内容价值论基础的过程，成为教育系统发展的战略方向。

研究表明，在多元文化教育组织中，民族地区成分能够起到很多作用，从而促进青年形成能够和其他民族和文化价值观承载者进行建设性合作的世界观。这些作用包括：哲学文化学作用、伦理人道主义作用、人文认识论作用、教育反思作用和个性发展作用。教育内容的民族地区成分在实现以上作用的同时，具有成为在地方和全俄层面上的众多教育任务解决的关联环节。我们认为，在考虑以下原则的情况下，普通教育内容的民族地区成分在教育实践中能够更有效地发挥作用：民族文化在俄罗斯和世界体系中的辩证参与性原则，国家教育的历史文化和文明倾向原则，多元文化自我认同和个性自我实现原则，文化教育过程的全球性原则，多元文化包容性和国际教育前瞻原则。在当代普通教育内容组织中，出现了社会历史、理论民族学和文化学方面的民族地区成分，本章对每一方面均有所分析。

我们认为，在揭示实现教育内容的民族地区成分的任务时，使用"地区"一词而非"共和国""边疆区""州"等词，是更加合理的。这是因为"地区"是稳定的社会地理概念，在当代俄罗斯教育空间中有更加实际的意义。教育的地区化过程，特别是在多民族的北高加索联邦区各共和国，不仅应该考虑民族文化，还应该顾及整个地区的社会经济、生态、人口等多方面的特殊性。其中，俄罗斯联邦的北高加索地区有完整的地缘政治教育，该地区教育空间的形成务必应建立在各民族文化价值相互渗透的基础上。而这些民族文化是北高加索各族人民在数世纪的历史发展中形成的。然而，我们却发现北高加索联邦区各共和国教育模式构建中的不统一，导致学生们对整个地区的文化缺乏必要的认识。

（4）教育内容民族地区成分的实施面临着内容、意识形态、教育学和组织方面的问题，而只有在建立北高加索统一文化教育和培养空间的基础上，才能解决这些问题。正在进行的实验能够论证，要建设北高加索多元文化教育环境战略，首先需要解决以下任务：①在实现民族地区成分基础上构建教育内容的统一概念。在此框架下，在共和国教育纲要中指定并推行不同教学年级学习北高加索民族历史和文化的课程体系。②在跨共和国层面提出有关编写课本和教学手册的问题，建立灵活可变的教育干部培养机制，以实现普通教育体系中的民族地区成分，同时考虑在俄罗斯文化教育领域内的全球化趋势。

我们并不排除构建教育内容民族地区成分的这种模式，也可以成功推广至俄罗斯其他地区。研究实施统一标准和与教育内容联邦成分相符的一体化机制是非常必要的。

（5）国家教育标准的联邦和民族地区成分应该具有共同的理性基础。在俄罗斯社会多民族的、教育机构形式和种类多样化的条件下，民族地区成分的实施能够促进俄罗斯统一文化教育空间的保护。俄罗斯教育的基本任务，在于推动多元民族社会向"团结一切力量并形成民族之上的完整性"发展。在当今世界全球化的趋势中，民族地区成分应该不仅成为民族的，还要变成"文明社会"的标志。

第四章　民族地区教育体系和维护俄罗斯联邦
统一教育空间存在的问题

在俄罗斯国家体制处于建设与发展过程的今天，虽然有很多历史现象成为社会经济改革的定向标，但是，它们一直存在于我们的视野和科学认识之外。教育已成为确定国家的社会经济潜力和智力潜能，以及社会文化水平的最重要因素。

尤其是随着教育的发展，21世纪每个国家都面临积极发展、维护和增加科学智力潜能的任务。我们试图通过回首过去，找到现代化众多现实、迫切问题的答案，由此带来的利益，对处在历史发展转折期的国家来说尤为突出。在无法满足当下，并对未来也没有明晰的定向标时，社会开始建设性地解决自身的这些棘手问题。对年轻一代实施教育被视为解决以上迫切问题的办法之一，因为再过数十年，这一代人将担负起与俄罗斯文化发展和世界文化发展紧密相连的使命。

维护俄罗斯国家体制与维护统一教育空间、形成多元文化教育环境（поликультурная образовательная среда）有着直接的联系。我们首先需要研究解决该问题的主要方向，研究民族地区教育一体化机制。

第一节　多元文化教育空间是现代地区
教育发展的决定性因素

在当今世界，作为一个国家发展社会经济的最重要资源，教育最重要的历史使命是让文明社会的每一位代表养成自我意识，形成该社会所具有的意识形态，并将该社会的价值观传达给下一代人。现代世界教育发展的多模式性（полипарадигмальность）和寄希望于教育体系的社会功能多重性（множественность социальных функций）使得教育成为社会稳固发展的最重要机制。

20 世纪 70～80 年代，许多社会经济因素破坏了俄罗斯教育的正常运行，而以下三方面的"社会灾难"（《социальные катастрофы》）则导致最严重的后果：

（1）家庭危机与家庭内部父母和孩子的关系危机。后工业化时代，家庭失去了其作为年轻一代社会化教育的最重要的社会团体功能。

（2）共产主义理想的破灭及与其相连的建设国家和社会关系思想体系的崩溃。该过程最终导致全体社会的无意识形态，中学、大学教育内容也是同样。

（3）由于共产主义道德的消失，社会价值观体系和道德精神规范被歪曲。现代社会教育体系在很大程度上表现出对一种新的方法论和有代表性的价值论途径的需要。

20 世纪的最后十年，所有教育目的、任务和内容构建开始表现出清晰的人文主义立场。俄罗斯的社会民主改革方向成为教育体系积极革新的源泉，该教育体系的特征有：对教育经验的认可，学习培育过程的人文主义方向，强化教学过程中个性化成分等。

涌现出的创新性学校、多样性教学法和大规模教育实验等，都需要有科学的认识论和教育心理学依据。创新（инновация）是教育处于危机状态中的反映。社会状况的变化，迫使教育组织过程的特征和方向发生改变。形成于 20 世纪 90 年代的社会市场关系需要，让追求事业的勤劳的人们接受教育，需要他们有能力独立做出生命中的重大决定，但学校好像并没有为他们做好培养的准备。

雅斯贝尔斯①的著作《时代的精神状况》（1931 年）（《Духовная

---

① 卡尔·西奥多·雅斯贝尔斯（Karl Theodor Jaspers）（1883—1969），德国存在主义哲学家、神学家、精神病学家。他主要探讨内在自我的现象学描述，及自我分析、自我考察等问题。他强调每个人存在的独特性和自由性。——译者注

ситуация времени》），从哲学的角度分析了教育思想并得出结论：使现代教育最为不安的最重要征兆是"失去统一思想的教育力度"。

尤其是"具有实质性内容的教育正在瓦解，取而代之的是无休止的教育经验，教育的瓦解所形成的是不能真实直接地反映教育模糊性的可能"，这是我们现阶段所独有的特征。他给国家提出了两个"极端的可能性"（крайние возможности）：或者是"国家掌握教育的支配权，平静但有力地按照自己的目标进行教育"；或者是给教育提供完全的自由（表现之一就是教学计划的多样性）①。如果在苏联时期教育发展是走了第一条路径，在整个庞大的国家内形成千篇一律的教育，那么现在，有充足的理由实施以教育作用多样性为依据而建立的第二种模式。

以俄罗斯联邦宣布的优先发展教育为依据，国家教育政策的实施应体现高度和谐、社会积极、创造性的个体的利益，并成为社会经济和社会性进步的因素之一。

如俄罗斯联邦国家教育改革委员会主席团工作组的报告（доклад рабочей группы Президиума Госсовета Российской Федерации по вопросам реформы образования）所指出的：为实现"教育的高质量，以及教育与个人、社会和国家的向上的充满前景的需求的协调一致"，全国性的教育政策（общенациональная образовательная политика）是必需的。尤其是巩固社会的现代任务、维护俄罗斯统一的社会文化空间、建立"开放的、有选择的、精神和文化上内容充实的、对话式的、包容性的、保障形成真正公民觉悟和爱国主义（патриотизм）的"价值体系与教育紧密联系。今天，重点强调关注年轻一代的自我认同与自觉的俄罗斯认同感（российская самоидентичность）、政治文化思维、包容和爱国主义是非常重要的。强化教育内容的一体化基础是实现该任务的方向之一。

在发扬俄罗斯文化教育传统中，必须重建文化构建根基（культурообразующая основа），重置俄罗斯的教育发展方向。同时，文化不能在社会之外发展，而是通过种族和民族共同性（этнические и национальные общности）得到传播。因为正是文化才能体现出个人的意

---

① Ясперс К. Смысл и назначение истории. – М. : Республика, 1994. – с. 356.

识定型、潜意识和行为表现。如 B. K. 沙巴瓦洛夫（В. К. Шаповалов）讲的："所以，作为教育内容中的普通文化部分而优先发展的教育人文化，必然要强化教育以满足某一团体的民族文化需求，而这些需求保障了文化价值传统的维护和再生产。"多元文化教育的思想和原则完全在人文主义框架内实现。

1996 年，在皮亚季戈尔斯克国立语言大学（ПГЛУ）成立了比较教育学科学研究中心（Научно - исследовательский Центр сравнительной педагогики），由著名学者 Л. Л. 苏普鲁诺娃（Л. Л. Супрунова）教授负责。

该中心的工作集中在两个方面：第一是在北高加索地区开展比较研究，了解国外先进经验并探索将这些经验运用到国内教育实践中，以及研究多元文化教育问题和地区教育政策趋势。第二是统一和协调各地区从事比较教育学和多元文化教育调查的学者力量，为他们提供方法论和教学法方面的帮助。2001 年，该中心以北高加索地区现有的学者为团队出版了《北高加索·教育：历史和现代化》，该著作分析了维护地区统一教育空间的迫切现实问题，研究了地区教育政策问题。

现代教育实践应在以下基础上，选择自身的发展方向：采用理论逻辑现行范式的进化论（эволюционистской），强调文化统一和文化发展阶段的连续性；用多元化（плюралистической）范式来强调每一种文化的多样性和自给自足性特点。

在现代世界一体化进程间的相互关系问题领域中，围绕多元文化社会展开的主要讨论，已延伸到维护、发展与包容并存的民族文化上。

同时，A. 坚斯门科（А. Денсменг）指出：当一体化（интеграция）竭力追求同化（ассимиляция），而其结果却是少部分的一致性，维护这少部分的一致性就如同将少数人放在危险中一样，这时，一体化和包容性便陷入不和谐的状态之中。因此，在地区的、语言的、文化的或者宗教的任一层面呈现的这种一致性，就不是最重要的了。继而，坚斯门科指出，对现代国家来说，若要出现语言和少部分地区文化一致的危险，仅仅削弱国家的支持和促进手段便足够了。也就是说，可以通过不同的思想观念来体现包容自身。

包容的国家价值观念（государственно－ценностная концепция толерантности）是指大多数人的文化价值取向可作为国家政策的一部分，同时，少数人的文化价值也存在且并行发展着。但是，它们不能同全国性的政策发生矛盾。因此，文化价值观念的包容是单方向的（однонаправлена）。正因如此，占多数的民族对少数民族的包容体现为承认其存在的事实，而少数民族人的文化价值关系没有给予多数人特殊的利益。同样，少数人承认多数人的政权。根据坚斯门科的解释，文化价值观念的包容性可以被定义为"允许"（разрешения）或"许可"（позволения）。

个体发展的具体社会文化环境，在任何教育的实施中都发挥着主导作用。这一环境将充分融入民族性，并决定这些特征在国际上和政治文化领域内的重要性。这一状况决定着发展个体的教育战略，这些个体在多数民族环境中能够积极有效地从事生命活动，拥有尊重和理解各种地区文化的发达情感。这样的教育战略能推动下列教育任务的解决：

（1）促进学生深刻、全方位地掌握民族文化理论。同时，这一点是实现与其他文化一体化的最重要条件。

（2）推动年轻一代形成地区文化多样性的认识，教育他们宽容地对待民族文化区别；这为多民族环境下个体的自我实现创造了条件。

（3）促使学生尽力掌握世界文化理论，发掘现代世界全球化进程的客观原因，发现民族与地区在解决文明发展现实问题中的相互制约、相互促进。

在国际环境的教育中实施民族原则，为形成民族自我意识，并同时掌握"我是自己地区的代表""我是俄罗斯人""我居住在俄罗斯友好团结的民族之中""我是世界公民"等社会道德行为规范创造了条件。

在分析和对比的基础上，研究教育过程中的文化对话，为确定每一种民族文化体系独特性提供了可能。它一方面，指的是全人类每一个民族文化的内容；另一方面，是指有特点的"世界的民族写照"（《национальные картины мира》）、世界观和对宇宙的感知。掌握另一种文化，而不疏远学生个体对出生地的情感，不削弱、伤害其民族感情是非常必要的。在贯彻文化对话原则下，这种情况必然会产生的同一效果自身可能存在两种可能。一种是学生只认识他在其他民族文化中所熟悉的和亲切的东西，而在另一种民族环境中不行；另一种是学生吸收较为生疏的世界观、审美观和认识，而最终促进其自身社会地区道德经验的拓展。

因此，教育的多元文化性为把学生引入地区的、俄罗斯的和世界的文化创造条件。这使得学生能意识到自身的独一无二性，形成自身的普通道德伦理规范、世界观特征、信仰的认识，最大范围地挖掘自身资质和天赋，为民族文化在世界文化发展中的再生产和充实提供必要的先决条件。在全人类文明进程中，确立本土文化（родная культура）的独特性、作用和地位，能够促进个体社会流动性的延伸，并保障统一的文化教育空间。

应该强调的是，民族文化因素应成为多元文化教育的基础。在多元文化教育中，主导民族性的是个体发展的社会文化环境，我们应着重考虑具体的民族宗教信仰及其在国际社会中的地位与重要性。以此为宗旨，确定个体发展的教育战略，这就能使这些个体在多数民族环境和多元文化氛围中能够积极有效地从事生命活动，拥有尊重和理解各种地区文化的丰富情感。这样的教育战略确定了下列教育任务：深入和全方位地掌握民族文化理论，这是与其他文化一体化的必需条件；形成文化多样性概念，积极对待文化差异，保障个体自我实现的条件；掌握世界文化理论，发掘现代世界全球化进程的客观原因与现代世界中各民族的相互依存性。

这种在教育内容中实施民族地区成分的思想态度，是以国家教育标准中联邦的和民族地区的部分一般性思想基础为前提的。在俄罗斯社会多民族性、教育机构种类及实现民族地区成分的形式多样性的条件下，该思想基础能够促进俄罗斯统一文化教育空间的维护。

现代多元文化教育不应仅仅依靠对各种民族文化方式的比较分析，还要尽量采用历时性方法（диахронический подход）认真研究精神道德价值体系形成的各阶段。从回溯历史的角度，审视文化特定形态发展中那些固定不变的和特殊的现象，感受"时代的精神力量"，揭露民族文化发展中的认知性。多元文化教育中的历时性方法用来揭示和分析"文化定型"，"文化定型"是文化最有代表性特征的总和。因为"文化定型"是许多彼此间相互协调、相互补充要素的总和，所以对每一个要素的研究必然上升到研究体系本身的层面上。按此方式组织的多元文化教育以跨学科创造性态度为支撑，以对多元文化的反思为方向。这种反思使得主体的认识建立在理解世界和人类的多种民族文化范式之上。这一教育过程的结果，是形成体现教育全球化趋势的多元文化思维。因为这一途径以研究整个地区文化的所有要素为方向，所以它是符合教育人文主义思想的。

　　维护统一的教育空间与实行多元文化教育原则、民族地区人文主义模式紧密相连。这与综合纲要《2001～2005 年在俄罗斯社会形成包容性意识形态和预防极端主义》（《Формирование установок толерантного сознания и профилактика экстремизма в российском обществе 2001 – 2005 годы》）的目的和任务相适应。我们认为在共和国层面上，必须让年轻一代形成包容性行为意识，宽容对待不同宗教信仰的代表，尊重其他民族文化。不论是北高加索地区的共和国，还是其他俄罗斯联邦主体，其教育政策战略都应依据这种初衷来确定。在俄罗斯社会改革期间，形成教育的世界价值观根基，尽其可能利用苏联时期积累的教育潜能与共和国教育体制；保障以社会团结一致为基础的社会文化价值，以及在下一代中传承和平、宽容、包容的精神等，拥有特殊的重要性。我们认为，北部地区及整个俄罗斯可持续的社会经济发展和精神发展的基石，正是社会教育资源。结合独特的地区文化与文化间的对话，建立地区规模的精神道德价值体系，需以教育体系为前提。我们制定的《北奥塞梯 – 阿兰共和国教育构想》（2001 年），以实现这种模式为目标：发展个体，尊重自身的和其他民族文化，不强调自身的特殊性，在文化的内外部之间的沟通对话和体制下促进积极的友好团结。

　　这样，民族地区教育呼吁，在多元文化教育空间内进行文化对话，在熟知民族的和现代生活的社会文化价值基础上，解决青年的精神道德教育问题。这些是俄罗斯民族教育从生存转向发展的必需条件。

　　在俄罗斯联邦主体共和国高等教育内容中，建立人文教育内容的问题同样重要。如果说苏联时期，所有人文课程都建立在马克思列宁主义理想及用其阐释社会现象的原则基础上，那么今天，已经没有这样的高等人文教育核心组建理念了。公开地说，高等教育现代化常常被理解为教育差异性的加强，即为每一位学生增加学习选修课程（即感兴趣课程）的机会。就像中学教育中，在教育内容的民族地区成分框架下，研究人文和自然科学的教程。与此同时，正在实施的创新过程似乎使得对高等人文教育内容主要问题的理解变得生锈（притуплять）。我们赞同俄罗斯民族友谊大学哲学系主任、俄罗斯研究中心主任 И. 丘拜斯（И. Чубайса）的观点：大学里应该出现一个新的关键词，即俄罗斯学（РОССИЕВЕДЕНИЕ），而俄罗斯学作为新的跨学科课程，应该包括：

（1）俄罗斯编年史（包括俄罗斯组建国家的起源和传统，俄罗斯文化、风俗和习俗，俄罗斯理想、改革、革命）；

（2）俄语专业课（包括作为一种文化现象的俄语，语言与字母的历史，在印欧语系中的作用，比较语言学和社会语言学中的资料，赋予俄罗斯人的思维特征等）；

（3）俄罗斯文艺与文学（包含俄罗斯作家创作的作品形象与思想）；

（4）俄罗斯哲学（包括俄罗斯社会与国家发展中的主要思想：俄国思想、共产主义思想、俄罗斯思想）。

此外，还要制定与大学本身特征和发展方向相关的章节（如地方志、军队和海军历史、俄罗斯科技历史等）。我们认为，在高等人文教育框架内创建类似的一体化课程，能够在很大程度上解决培养大学生"全俄世界观"（общероссийское мировоззрение）的问题。该课程担负重要的教育潜能，毫无疑问，它借助课程教学手段将成为形成"全俄爱国主义"的源泉。这被视为维护现代俄罗斯的统一文化教育空间的有趣而有希望的途径之一。在被赋予未来俄罗斯公民个体教育基石功能的"中学"里，同样必须建立人文教育内容的有效机制，必须加强社会科学教育的一体化基础（интегративная основа）。在社会科学框架下，才有可能完成让学生形成完整世界观与人文常识的任务。现代教育中的一体化要拒绝"课程中心论"（предметоцентризм），它是传统教育体制下知识系统化的主要形式。还要创造一种全面的教育环境。正是这种教育内容一体化才有可能促使我们找到切实有效的教育手段。

多元文化教育应该成为全社会民族教育纲要的重要因素，该纲要由教育部受俄罗斯联邦政府委托研究制定。很明显，这个国家性文件应包含，各社会机构根据俄罗斯联邦教育系统的教育发展部门纲要条例，来解决多元文化教育问题的具体方向。同时实践证明，教育问题解决的有效性取决于地区所有机构、联邦各部和政府机关、社会组织的力量联合。

第二节　俄罗斯联邦统一教育空间下的
民族地区教育体系一体化

俄罗斯教育历史恰如一个丰富而有趣的文化层，它蕴藏着数代哲学家与教育学家的思想精华、创造性成果。教育历史需要有科学的认识，而我们正是要以这种认识为基础进行未来的建设。在新的千年中，俄罗斯国家机制平稳渐进式的发展思想也是基于此发展起来的。

19 世纪初俄国出现了一个有意思的历史现象。1803 年 11 月，在沙俄领土上创立了第一个行政管辖单位学区（учебные округи）。在学区的框架下，有针对性的教育政策开始成形，各方向和层次隶属分明的教学机构开始成立，并发展成为俄罗斯统一的教育体制。

20 ~ 21 世纪之交，俄罗斯联邦已具备必须建立联邦区（федеральные округи）的条件。这些条件主要包括：加强"垂直"政权权力思想的实现，联邦区应是联邦中心和地区政权之间的连接纽带；"横向"发展各地区管辖和社会经济类似指标统一的必要性。俄罗斯联邦总统令提出，建设联邦区的实质"并不是重新构建行政管辖边界，而是要提高政权的有效性"。因此，正如 В. Л. 希里亚耶夫（В. Л. Ширяев）所讲，联邦区所特有的战略发展构想成为全面维护俄罗斯联邦空间发展的基础，对建立各层面统一有效的职能体系的协调方法起到促进作用。

如今，在哲学、教育学、社会学文献中，经常出现面向当今社会和文化文明需求的教育现代化问题。

历史表明，人类在教育体制外学会生活、发展，以及具备在后工业化时代科技、社会经济、个性化现实中所必需的辨别和适应能力，是不可能的。教育目的涵盖了社会生活的方方面面，教育过程是社会变化的最重要构成之一。正因如此，发展教育、国家管理教育等问题与社会平稳发展、民族精神健康、发展每一个人的个性与职业，以及建立公民社会的思想都是一致的。

教育与巩固社会、维护俄罗斯统一的社会文化空间紧密相连，与建立开放的、多样的、富有精神文化因素的、对话式的、包容的、保障真实的公民觉悟和爱国主义完整体系紧密相连。俄罗斯联邦国家教育改革委员会主席团工作组的报告公正且论据充分地指出，在当今条件下，国家全面的教育政策是非常必要的，该政策与实现"教育的高质量与个人、社会和国家积极面向未来的需求相一致"这一目标紧密相关。

后苏联时期的区域主义显露了大量的社会文化问题，其一是出现了维护俄罗斯联邦统一教育空间的必要性。今天，在联邦主体地区利益高于全国利益的地方，不可能实施国家教育体制。所以，教育政策的主要战略目的，正是要巩固现代教育的一体化基础。我们与德梁国立师范大学（Рязанский государственный педагогический университет）校长、俄罗斯教育科学院（РАО）院士 А. П. 利菲洛瓦（А. П. Лиферова）的观点一致：教育一体化主要目的之一，就是联合世界范围内教育人类的力量与至善（холистический①）世界观，做好通过综合方法解决全球人类问题的准备。只有在巩固教育内容一体化根基的基础上，才能达成这一目的。

同时，该观点也体现在《俄罗斯联邦国家教育改革委员会主席团工作组的报告》中，并反映在教育内容现代化文件当中。我们认为，原则上这一问题很重要，不解决这一问题就不可能完成教育现代化、年轻人宗教信仰自由、包容性和全俄的爱国主义的任务。

已发生变化的俄罗斯社会政治和经济条件，不论对国内各地区的国家机构发展，还是对整个联邦管理体制都产生了深刻的影响。因此，俄罗斯联邦总统全权代表机构的设立，成为实施国家权力改革的重要一步（2000年5月13日俄罗斯联邦总统第849号令）。

应强调的是，在联邦与地区机关之间划清权力与管理对象的原则，成为联邦制国家立宪的基本准则。它对经历了十年动荡危机，还在寻找保护国家和领土完整有效机制的俄罗斯联邦尤其具有现实意义。

当今俄罗斯的每一个地区根据其自身社会经济、民族文化、宗教特征，实施独一无二的教育。沿着这独一无二的、包含自身特征的方向发展，许多地区不论在"横向"还是"纵向"层面上必然会走向自主，这又

---

① 来自英文"holy"，意为：神圣的，至善的。——译者注

引发了民族地区教育发展的独特性。

就如结合地区特征建立的国家教育一样，联邦区影响着地区立法机关和权力执行分支机构的实践活动。

毫无疑问，联邦区的建立是形成和发展稳定国家领土体制的最重要一步。该体制对发展民族地区教育有显著作用。现阶段，重要的是甄选发挥该作用的可行性方案，树立目标，建立原则和前景，反思教育发展的历史类比等。

在各联邦主体，首先是在南部联邦区，众多社会政治和经济问题的解决、民族政治紧张情况的解决都与完善联邦关系紧密相关。今天，对于划入南部联邦区的主体来说，借助下列一体化技术（интеграционные технологии）来实现建立统一社会经济空间战略：

（1）以形成统一的权力空间为方向。该方向与南部联邦区主体在议会内部一贯的相互协调紧密联系。2001 年 4 月，南部俄罗斯议会联合会①（ЮРПА）成立，其任务是研究推动整个民族区政治、经济和社会改革协同一致的路径。

（2）根据联邦法律文件和俄罗斯联邦宪法基本要求进行地区立法。

（3）保障《联邦社会经济发展纲要（俄罗斯南部）》（2001～2006 年）实施的条件。《纲要》提出建立南部联邦区统一经济空间的目标，并涉及政治组织、经济法律、社会文化和科技等整个综合体。《纲要》的六个章节中，奠定了国家间、联邦内部、各联邦主体间不同层面上，实施各种方案的机制基础。

因此，我们要在整个南部联邦区范围内，建立完全符合民族区域内各共和国、边疆区和州的社会政治体系一体化总方向要求的统一教育空间。

我们认为，将"学区"确定为哲学教育学概念，把学区功能设置在现行教育机制中，研究既在全俄又在地区层面出现的现代世界发展趋势，以及社会政治进程的定向标等都是很重要的。探讨以下的现代教育问题也极为有趣：在一体化基础上构建教育内容的联邦和民族地区部分，以发展大学综合体为基础创建连续多层的大学教育体制，在俄罗斯联邦统一教育空

---

① Южно - Российская Парламентская Ассоциация.

间下研究国家统一考试①（ЕГЭ）和国家记名财政拨款制度②（ГИФО）的发展问题与前景等。

20 世纪 90 年代，在决定国家教育发展战略的基本问题中，俄罗斯社会的"民族"问题完全凸显出来。如 М. Н. 库兹明（М. Н. Кузьмин）正确指出的："我们社会主体的多元文化特征不仅体现在它的多语言、多文化属性上，而且更显著地体现在它的多元文明特性之中。"

对于维护统一的国家机构、社会政治和经济空间来说，统一的教育政策对发展所有民族地区的教育和恢复俄罗斯教育体制中的"垂直权力"（вертикаль власти）都是非常必要的。

根据俄罗斯联邦教育部地区教育政策管理局的数据，在当今俄罗斯，有近 4000 个市政府教育管理机关在发挥其职能。其中，这些地区的立法正在或多或少地脱离联邦中央的管辖，这也引起了地区教育管理机构的变形。其结果是，仅有 69 个俄罗斯联邦主体设有统一的教育管理局（единый орган управления образованием управление образованием），在15 个主体中设有 2 个管理机关，在 5 个主体中有 3 个教育管理局是按照教育大纲水平开展工作的（其实，在 15 个地区设置了独立的初等职业教育管理局，在 11 个地区划分了独立管理初等职业教育管理局，并担任监督中等及高等职业教育科技职责的教育管理局）。这种状况能解释俄罗斯联邦89 个主体中，为何存在 89 个地区管理教育机关的事实。毫无疑问，管理机关的多样性加剧了某些联邦主体教育管理间的协作、管理机关与联邦教育政策中心之间相互协调的问题。我们认为，没有建立必需的"教育的垂直管理模式"（вертикаль управления образованием），就不可能完全解决教育的现代化任务。

俄罗斯近十年的发展符合建立民主法治国家，确立俄罗斯在国际社会上作为在教育、文化、艺术、科学、高科技及经济领域的强国地位的思

---

① Единый Государственный Экзамен.

② Государственные Именные Финансовые Обязательства. 国家记名财政拨款制度：自 2002 年开始，俄罗斯在国家记名财政基础上对高等院校的经费进行实验。俄罗斯联邦 3 个主体的 6 所高校参与了实验。这是俄罗斯大学实施国家统一考试之后出台的新改革措施。国家记名财政拨款制度实际上是一种奖学金制度，其金额要根据大学生所掌握的知识和个人的成绩而定，它以学生参加的国家统一考试成绩为标准。——译者注

想。在此情况下，可实现的占主导地位的俄罗斯教育现代化构想，呼吁"恢复国家对教育管理的必要性"（необходимость　возвращения государства в образование）。尽管联邦宪法将普通教育委托给地方，但该论题在被赋予自主管理普通教育的地方中学里还是拥有特殊的重要性。

恢复国家对教育的管理，意味着在分清联邦中心与地区管理的财政责任基础上实施普通教育预算拨款的积极方式。针对中心和地区在教育领域权责划分情况，现有八部法律进行调整，其中最为重要的是俄罗斯联邦《教育法》。在1992年通过的《教育法》着重关注了建设现代俄罗斯教育空间的两个重要的原则性立场。

第一个立场是巩固每一个联邦主体结合本地民族文化特征、地区地理和历史、语言、文学构建教育内容的权力。第二个立场是必须研究制定初等普通教育（小学）、基础普通教育（初中）和完全中等普通教育（高中）的国家教育标准①（ГОС）。但是，如果该问题在联邦课程框架下能够顺利解决的话，那么对教育内容的民族地区成分课程实施统一国家教育标准则会面临重重困难。

我们想强调的是，将民族地区成分②（HPK）引入教育内容，完全符合教育民主化申明的原则，展示了国家拒绝教育管理垄断并采取"权力垂直"的多主体模式③。当然，一方面，这为俄罗斯教育人文主义任务的完成，坚定地开启了新机遇；而另一方面，正如实施民族地区成分的十年经验所展示的，也出现了破坏国家统一教育空间的情况。

应该指出，后苏联时期建设俄罗斯公民社会，引发了联邦权力与地区

---

① Государственный Образовательный Стандарт.

② Национально - Региональный Компонент.

③ 民族地区部分（национально - региональный компонент）是俄罗斯现代学校教育内容的重要组成部分。其主要任务是向年轻一代传授本民族的民族文化、精神道德价值以形成对本民族语言和历史的兴趣。《俄罗斯联邦宪法》第43条阐述对教育权利内涵和保障的相关内容，规定俄罗斯应当建立联邦国家教育标准并支持各种形式的教育和自我教育。宪法宣布对教学的自由。教育标准规定最低限度的教育内容，不限制教师在教学工作中使用的教学形式和方法。《俄罗斯联邦教育法》第七章规定，国家教育标准的两个组成部分，即联邦部分和民族地区部分。教育标准的联邦部分确保国家教育空间的统一性，包括全民族和全文化意义上的教育范围和基础课程是普通中等教育的必需部分。民族地区部分所实施的教学内容与地区传统有关。它能够满足各民族的利益和需求，组织的课程包括该地区的自然条件、社会文化和经济特征，以及民族语言和文化。——译者注

权力间的冲突，削弱了行政管辖单位的控制权。在许多方面，包括教育领域中，自治原则（принцип автономия）等同于那些拥有联邦中心义务拨款的地区具有绝对自主性，这是十分荒诞的。随着七个联邦区的建立，领域与行政管辖上联合的许多地区在社会政治上有了一些改善，但在教育领域远非如此。正因如此，由此类推，随着政治问题的解决，应该也有可能找到解决地区教育发展问题的办法，即建立和发展能够作为民族地区教育体系一体化基础的学区。

在七个联邦区（федеральные округа）的领域行政管辖空间基础上，建立学区（образовательные округа）是合理的举动。我们认为，根据民族地区教育一体化原则，建立周边的教育体系应该能促进新的垂直管理体系的构建，推动形成新的教育政策。如 B. M. 茹拉科夫斯基（В. М. Жураковский）和 Л. П. 库拉科夫（Л. П. Кураков）所指出的，每一个联邦区可以依托学区内的其中一所大学来解决周边文化建设的问题。这些教育机构可以与俄罗斯联邦教育部一起，为本联邦区就加强俄罗斯联邦教育空间而研究政策。

两个世纪之前，俄国便以独特的方式解决了教育管理问题。1803 年，俄国的教育空间按大学数量被划分为六个学区①：莫斯科（Московский）、维尔纽斯（Вильненский）、杰尔普特（Дерптский）、喀山（Казанский）、彼得堡（Петербургский）、哈尔科夫（Харьковский）。学区作为国家管理教育的地区结构，涵盖了几个省②及其辖区内所有学校。在这种情况下，不论是教区学校（приходские училища）、县立学堂（уездные училища），还是文科中学（гимназии）都属大学管辖。我们认为，学区是国家管理教育的地区结构。后来，学区数量增加至 12 个，其一就是高加索学区，它根据 1848 年 12 月 18 日的敕令而建立。该区将外高加索部分与北高加索联合，并受高加索最高地方长官和俄国国民教育部（Министерство Народного Просвещения）的直接领导③。

---

① 在亚历山大一世执政时期，俄国新的教育制度规定，全国分为六个学区，学区最高领导为督学。每一个学区由一所大学进行具体领导，既负责学区内的教学工作，也负责教育行政管理工作。——译者注

② 省为 18 世纪沙俄时期至 1929 年苏联时期的行政管辖单位。——译者注

③ Центральный государственный исторический архив СССР. Ф. 733（Департамент народного просвещения 1829 – 1861 гг.）. Оп. 82. Д. 329. Л. 1 – 2.

　　档案资料提供了有关 19 世纪下半叶的教育状况，包含在高加索山民中普及文化的、独一无二的教育史料。同时，有一则很有名的有趣事实：1860 年，根据高加索最高地方长官 А. И. 巴里亚京斯基（А. И. Барятинский）公爵的倡议，撤销高加索学区，并将管理教学机构的功能转移给高加索省长和各地区领导人。高加索行政当局的意图很明显：高加索幅员辽阔、民族多样、居民人口众多以及文化多元等诸多因素，为教学机构管理的非集中化创造了条件，而非集中化管理应该能取得积极效果。该措施为建立捷列克学校管委会（Терская дирекция училищ）创造了条件，与此同时，还出现了库班学校管委会（Кубанская дирекция училищ）和斯塔夫罗波尔学校管委会（Ставропольская дирекция училищ）。然而，三年的实践带来的是与世隔绝，以及学校管委会与省长行动上的不协调。由于边疆区学校管委会在学校事务中的频繁改变，甚至出现了学生转学的情况。

　　由于上述原因，政府拒绝了非集中化（或分散化）管理，并从 1864 年开始在高加索和外高加索引入学校总督学（главный инспектор）一职，著名教育学家和进步社会活动家 Я. М. 涅列洛夫（Я. М. Неверов）担任第一任总督学。高加索学区自 1868 年恢复后，他就成为该区的总督学。这一历史证实，教育体制“参数”以国家权力和一定时代的特殊社会关系特征为前提的事实。学区在凝聚社会文化、政治和经济关系中承担了很重要的功能，并成为“离心力（центробежные сила）的对立面（антитез）”。

　　俄国学区一直延存到 1917 年，由于俄国历史上著名的政治事件①而被废除。同时必须强调的是，作为维护国家教育空间和巩固教育垂直政权的机制，学区无论在俄罗斯普通教育，还是高等教育的发展中都做出了巨大的贡献。

　　毫无疑问，每个地区教学机构的现代分支网络不允许再现 19 世纪所实施的独特的学区模式。同时我们认为，承担着完成现代教育政策最重要任务的希望，并担任整个教育体制系统构成要素的正是各地区的大学综合体（региональный университетский комплекс）。此外，建立大学综合体应该

----

　　①　指俄国十月革命。——译者注

成为中等、高等职业师范教育的重要方向。此方向被列入俄罗斯教育科学院南部分所的研究计划，并被优先研究。如 A. A. 格列科夫（А. А. Греков）指出，他在研究过程中提炼出一种模式，该模式可以保障中等师范教学机构以学院身份（这些中等专科教学机构保留自身法人代表权力，今后会变成该大学的分支机构）合并到罗斯托夫国立师范大学里。为其他教学机构以教育与科学研究机构联合会（保留其法人代表权力）的资格，"注入"大学综合体中创造必要条件的模式是可行的。在实施该模式时，可以将大学综合体建造成为学区的基柱。

罗斯托夫国立师范大学（Ростовский государственный педагогический университет）、伏尔加格勒国立师范大学（Волгоградский государственный педагогический университет）、阿尔玛维尔国立师范学院（Армавирский государственный педагогический институт）是南部联邦区实行师范继续教育体系的实验区。在教育实验框架下，教学计划和教学大纲的修订、师范职业教育质量评价标准的研制，以及大学生工作的革新性方式都获得批准。作为对在南部联邦区建立大学综合体的支持，俄罗斯联邦教育部在 2001 年曾为"高校作为地区发展科技潜能的最重要的国家资源"和"教育现代化的科学、教学法和信息保障"两个课题划拨专款。

现在，整个俄罗斯形成了形式多样、内容丰富的大学区和教育综合体，积累了足够的教育经验。其中，国立莫尔多瓦奥加廖夫大学（Мордовский государственный университет имени Н. П. Огарева）的地区学区、卡巴尔达 - 巴尔卡尔国立大学（Кабардино - Балкарский государственный университет）的大学综合体、国立诺夫哥罗德亚罗斯拉夫·穆德雷大学（Новгородский государственный университет имени Ярослава Мудрого）的大学综合体、奥伦堡国立大学（Оренбургский государственный университет）的奥伦堡国家学区、喀山国立科技大学（Казанский государственный технологический университет）的大学综合体等，都是很有发展前景的教育模式。在当前俄罗斯，大学综合体教育过程的特殊性在于：结合其社会经济、地区、人口特征以及劳动力市场需求、物资技术基础等，每一个地区形成了自身有组织的教育模式。同时，建立大学区和教育综合体可以划分以下几个主要方向：

（1）与各种教育机构和组织，建立具有实施继续教育思想所必需的教育条件的小型综合体。"教育路线"（образовательный маршрут）的发展应遍及所有教育层面，即从学前教育机构的学前班到大学后职业教育。目前所从事的工作主要是建立青年人的大学前培养中心（центр довузовской подготовки молодежи）。

（2）主要是在共和国领域及其边界外围，建立分支机构、教学咨询站（учебно - консультационный пункт）和大学的科教中心（научно - образовательный центр университета）。保障在远离中心的城市和农村中实现教育的最大程度普及。

拥有数十年发展教育综合体经验的楚瓦什国立大学（Чувашский государственный университет）在实施该方案时，提出了有趣的模式。如Л. 库拉科夫（Л. Кураков）和Л. 叶夫列莫夫（Л. Ефремов）所讲，正处于发展中的楚瓦什国立大学综合体，能够提升从该共和国农村地区和小城镇中走出来的中学应届毕业生升学和留学的竞争力。在 1990 年大学一年级学生中，该区学生所占的比例是 19%；而到 2000 ~ 2002 年，这一比例已接近 50%。

（3）拓宽大学的专业目录和教育服务范围。通过地区干部培养所必需的业务技能，调整院系的设立。其中，培养民族学校、民族语言和文学教师干部系的开设，就是文化教育建设、满足地区及地区周边民族需求的必需条件。

（4）为组织地区社会经济各发展方向的科研，提供必要的物资技术基础。作为大学的结构分支，科研机构被赋予承担现代科技研究、满足地区生产发展的要求。因此，大学应该成为教学、科技和创新的综合体（учебно - научно - инновационный комплекс）。在该综合体中，其主要任务应是发展科学并将科学成果应用到实践中，这是向创新型经济转变和建设"国家创新体制"的必然结果。

大学能否在数量上与质量上达到体现其地位和科学教育高潜能的新指标，与该大学是否拥有先进的科研成果紧密相关。重要的是将精力凝聚到那些符合国家发展和科学技术政策最重要方向的、具有优先发展地位的科学研究上。

同时，如皮亚季戈尔斯克国立语言大学（Пятигорский государственный

лингвистический университет）校长 Ю. С. 达维多夫（Ю. С. Давыдов）所指出的，为大学从"多学科的教学科研中心"转变为"跨文化交际中心"而创造条件、提高大学的人文性和维护和平的调解作用是很重要的。

在学区框架下的高等院校整合能保障不同教育层次间，尤其是中等职业教学机构与高校间的高度连接性，推动教育内容中民族地区成分的地区教育标准的研制。

我们认为，在以上推荐的模式下发展联邦学区，便有可能建立用于研究各科目教育内容中民族地区成分的国家教育标准的教学法结构，并根据整个地区的历史与文化课程创作课本、教学参考手册。其中，对于覆盖了8个共和国、3个州和2个边疆区的南部联邦区来说，将研究并实践涉及北高加索民族历史与文化的课程是符合发展目标的。

在所建立的教学法结构中，应该对民族地区内各教育机构的课程内容进行"修正"，使得其教育内容满足统一需求。这样，在学区框架下，有可能建立仅有的多元文化教育空间，保障真正的教育人文主义，也就是说，根据现代俄罗斯文化规范和要求构建教育内容，要预防各教育机构的"地区封闭性（региональное замыкание），其中最主要的就是高等职业学校的封闭性"。

因此，教育标准化成为维护统一教育空间的最重要机制之一。随着国家教育标准的研制，实施中学课程的国家统一考试的切实可行的基础已经建立起来。

在 2002 年 12 月举行的"试行国家统一考试及国家记名财政预算第二年总结"（Итоги второго года эксперимента по единому государственному экзамену и государственному именному финансовому обязательству. ）议会听证强调，2001 年俄罗斯有 3 万人和 16 所大学加入国家统一考试，而2002 年的人数达到 30 万，高校达到 117 所。2003 年计划加入的人数为71.5 万，大学总数为 245 所。根据俄罗斯联邦社会舆论研究中心[①]（ВЦИОМ）的数据，2001 年，近 50% 的俄罗斯居民支持新的入学考试形式，到 2002 年，支持的居民占 61%；而在年轻学生中，被调查者中的

---

① Всероссийский центр изучения общественного мнения.

67%支持实施国家统一考试；仅有5%的俄罗斯人担心国家统一考试会使得考大学变得更复杂。

听证会上，教育部第一副部长 B. 博洛托夫（B. Болотов）提出了2003年将要面对的两个主要问题：支持并参与实施国家统一考试的地区数量增加三倍（2003年，参与地区数量从16个增加至48个）；建立大学交换中学应届毕业生资料的信息空间。这些毕业生将资料提交给某几所高校，并根据其国家统一考试的证书被录取，而最终他们仅选择其中的一所。

我们认为，国家统一考试是服务于俄罗斯社会教育空间一体化实际情况的。尤其是对来自不同地区的学生提出相同的知识要求、同样的学科技能和技巧水平要求，建立"领域和社会的透明度"。这对于"跟踪"各地区有天赋的年轻人和天才儿童极为重要，能让他们获得在俄罗斯一流高校接受高等教育的机会。

因此，现阶段实行国家统一考试的主要任务是研究制定出必要的考试资料。这些资料要能够根据中学各学科大纲，对受试验学生的知识、技能和技巧给予相应的评价。因此，明确各地区在研制统一教育政策中的关系，以及建立地区测评机关都有现实的必要性。其中，2002年皮亚季戈尔斯克国立语言大学与俄罗斯联邦教育部签订了"关于建立地区考试中心"（о создании регионального представительства Центра тестирования）的协议。皮亚季戈尔斯克国立语言大学校长、俄罗斯教育科学院院士 Ю. C. 达维多夫（Ю. C. Давыдов）认为，国家统一考试在确定教育的客观水平上迈出了重要的一步，但应将其与作为高校拨款方式的国家记名财政拨款相区分，因为后者不能保证教育普及性，而是为高校提供一个规定学费的机会。

这些观点得到了绝大部分现代学校校长的认可。同时我们认为，国家记名财政拨款制度是推动研究更多的、深思熟虑的、结合地区需求，并开发更多专业的、高等职业教育政策的力量。实行国家记名财政拨款制度，在某种意义上讲，在保证"自然淘汰"的过程中，使得重新修改非国立高校的、国立高校重复设置的专业目录成为可能。我们认为整体上，这可以作为最终定位在高质量完善高校教育实践和研究大学生科研工作的正面性过程。确实，在学区的教育空间框架下，协调高校间有关地区发展现实问题的科研项目，根据社会经济领域的实际需求解决毕业生就业安置任务，建立继续职业教育可调整体系都是有可能的。

本章小结

现代俄罗斯建立的学区制度是建立多元文化教育空间、建造新的垂直管理的方向之一，也是形成新教育政策的一个方向，该政策要维护北高加索、俄罗斯联邦全面统一的而内部又存有差异的教育空间。

两百年前，俄国正是通过该方法解决了国内教育管理问题。1803年，俄国的教育空间按大学数量被划分为6个学区：莫斯科、维尔纽斯、杰尔普特、喀山、彼得堡、哈尔科夫。学区，作为国家管理教育的地区结构，涵盖了几个省及其辖区内所有的学校。在此情况下，无论是教区学校和县立学堂，还是文科中学都属大学管辖。更晚些时候，学区增加到12个，其一就是高加索学区，它将外高加索部分与北高加索进行了联合。

学区一直存在，直到1917年因俄国著名的历史事件被废除。但是，作为维护国家教育空间和加强教育领域垂直权力的机制，无论是对俄罗斯的普通教育还是对高等教育发展，它都做出了杰出贡献。

毫无疑问，每个地区教学机构的现代分支网络，不允许再现19世纪所实行的大学学区模式。但是我们认为，承载着完成现代教育政策最重要任务的希望，并担任整个教育体制系统构成要素的，正是那些地区大学综合体。此外，建立大学综合体应该成为中等、高等职业师范教育的重要方向。

结　论

　　20世纪90年代，区域化成为俄罗斯新的国家体制的形成和各个地区获得社会生命力（政策、社会经济、法律和教育诸方面）的基础。后苏联时期的俄罗斯新教育政策改革，发生在政治解体和分离趋势不断加强的情形下。政治上的分离趋势，对于社会经济的协调发展产生了很大的影响。这一现象要求我们做出反思，在世界历史当中寻找类似的现象，同时要研究维护联邦政府的有效机制。

　　为了能够更好地理解地区化教育，我们要专注于这一过程的社会文化问题，而且要从宏观、中观以及微观各个层面加以考虑。区域化和社会化的社会辩证关系的相关论点是我们进行该研究的一个合乎逻辑的突破口。随着全球化在当今世界的不断推进，出现了一种对于本土化的渴求和对于社会政治形式一体化的排斥。在全球化进程中所形成的教育，从一方面来说，具有多范式和多功能特征；从另一方面来讲，在区域化和俄罗斯区域自治的影响下，应该实现由确立到维护民族文化的优先发展权。恰恰是在全球化和区域化的统一发展过程中，以及俄罗斯教育空间的各组成部分之间在结构和功能上实现连接的过程中，显示出了21世纪民族教育发展的战略取向。同时，区域化过程本身也是同某些社会转变紧密相连的，这些转变主要是指由整个国家范围内（即统一的、持久不发生变化的国家）的教育系统的运作标准，向其他系统参数（相异性、变化性）的转变。

　　在各教育空间中出现并伴随区域化进程的结构内容指标的变异性发展为教育体系提供了充分的自由空间，同时也启动教育的变异性、人文性和民族性发展过程。由于受到社会的限制，这一过程在苏联教育的发展体制中没有得到充分展现。对于苏联的教育体制来说，统一性和恒定不变性是实施设计时所坚持的典型原则。这一机制是建立在苏联文化教育制度基础上的，对苏联人民的培养都是在不考虑其各自的民族和族裔文化的情况下进行的。

20世纪90年代，在联邦机构中存在的有关区域化的主张，引发了关于实施区域教育政策的设想，这一设想主要体现在1992年颁布的俄罗斯联邦《教育法》和一些共和国层面的法律文件中。地方拥有了选择自己教育政策的权利和义务，能够根据本地区的社会经济、地理、文化，以及其他条件制定本地区的教育发展方案，在这种情形下教育的区域化产生了，而它是排斥统一教育空间的。

随着联邦制和区域自治的发展，各主体共和国的地区开始转变社会生活方式。民族文化价值观本土化的发展，以及人们对于民族文化需求的不断增长，形成了一种新的社会环境，并且这一新的社会环境已成为民族教育体系形成的基础。

在俄罗斯统一的社会文化和政策体系受到挑战的情况下，需要找出联邦教育和区域教育的最佳平衡点。基于此，B. K. 沙伯瓦洛夫（В. К. Шаповалов）曾经很客观地指出："当建构教育体系所依照的原则、教育内容的定义方法、课程的建设，以及恰当的保证课程实施的学习方法论显示出广泛的差异性时，在多民族国家中维护统一的联邦教育空间的相关问题，其最重要的解决方案取决于该问题决策本身。"

同时，普通教育学校的地位已逐渐明朗起来，它在整个俄罗斯社会中已经形成某些固定体系，这类学校教育应该成为一种工具，而这一工具不仅对于教育是有效的，对于俄罗斯联邦所有公共政策的实施也同样有效。解决当前问题首先必须对国家的意识形态进行定义。国家的意识形态要求调整公民的价值观体系，将其内化为一种精神力量，这种精神力量能够在俄罗斯爱国主义原则的基础上实现社会的团结。除此之外，根据社会实际，制定联邦和民族地区教育内容的"可变的教育"部分的方案。因此，正如研究所表明的那样，俄罗斯当代教育政策的基本原则应该包括以下几个方面：在俄罗斯乃至整个世界的教育大背景下，为建构地方教育体系创设条件；在联邦国家的教育内容中，要体现出各民族以及各地方的利益；

在保持俄罗斯联邦统一教育体系的范围内，调节地方教育政策；结合现代高等教育的发展趋势（人性化、人道主义、可变性、综合性），对高等职业教育内容进行改革等。

可以说，控制整个社会价值体系具有客观必要性，而在这种现实条件下产生的教育全球化正在走向一个新的阶段，即形成儿童世界观。这种儿童世界观既是文明进步的产物，也是社会文化的组成部分，它因各民族地区的特殊性而各不相同。我们是从教育内容建设中产生的民族地区教育体系与民族文化、多元文化因素之间的矛盾来分析这一状况的。教育体系的建立，一方面是为了发展民族认同感；另一方面，在全球化和信息化的背景下，为自由进入世界信息和文化教育空间提供条件。

文化的国际化进程触及数世纪形成的、复杂的社会文化遗产机制问题，引发了对整个人类使命下的民族价值观的再思考。教育担负着保护和发展人类文化获得的成就和准则的普遍文化使命。这时需要着重指出的是，现代俄罗斯每一个地区的教育体系，一方面是一个完整且独立的、带有自身特点且内部存在有机联系的社会教育结构，另一方面又融合于俄罗斯统一的"教育空间系统"里。通过与各民族、国家、世界文化、文明价值沟通的方式，现代教育模式在保障教育的必要发展水平的过程中，在保证对年轻人的培养中，在社会文化的形成中，以及在对于个体认知利益的满足中产生了。这种方式确定了教育政策的恒定性，在地方上显示出了它的影响方向，而在俄罗斯教育中，广泛周全的思考是要以在地方层次进行全国范围内的研究的必要性为前提的。我们认为，在俄罗斯教育现代化的阶段出现了一些与变化有关的概念，这些概念恰恰是在民族区域教育的层次上形成的。

在这项工作中，我们研究了北高加索地区的民族区域教育体系的发展趋势和过程。不过，在论证教育发展的大趋势的时候，我们要对北奥塞梯－阿兰共和国的民族区域教育体系的情况加以研究。Л. Л. 苏普鲁诺娃（Л. Л. Супрунова）曾客观地指出，北高加索地区的各族人民的物质文化、民俗风情、传统习惯、历史命运都具有相似性，这决定了他们的教育情况也具有共同点。

我们对教育体系的改革和现代化问题进行了透析；分析了 20 世纪 90

年代北高加索地区的各共和国学前教育机构减少的原因；侧重于中等教育体系、专科教育体系和高等教育体系发展的创新过程；重视民族学校发展的问题和前景；考虑民办教育发展环境的特殊性；建构全民教育体系。

我们要将特殊的注意力集中于分析联邦和地方的立法基础，以及北高加索地区教育体系的发展原则上，同时要研究教育体系的改革和现代化问题。

改革北高加索地区的民族教育体系中的普通教育和职业教育内容的基本思路，主要体现在以下方面：

（1）一体化的思想。建立一个统一的共和国"教育空间体系"；在全俄乃至全世界教育的宏观背景下，实现整个教育体系的整体化。同时，共和国内部不同层次的教育体系，应当是不断融入这种整体性的。

（2）区域化的思想。这一思想为在整个"教育空间体系"内实施民族区域的方法提供保障。基于此，要建立一系列的学习方法论体系，其中包括母语学习、民俗文化的学习、共和国历史和地理以及其他课程的学习，而且要将这一方法论体系作为纲领，在各共和国内实施。

（3）人性化思想。这一思想强调现代教育的人性化和生态化，在所有科目中注重人类学与社会学的结合。

通过对当下民族教育体系的研究，可以得出这样一个结论：现代教育区域化原理如果要达到系统化，需要对它自身的文化哲学和教育历史进行反思。同时，在研究"民族教育体系分析"这一概念的过程中，制定出恰当的教学工具，确立并证实它原先的研究定位都是很重要的。

在该研究工作中，我们采用教育哲学的、系统学的、协同学的方法，在能以民族地区教育体系作为社会文化耗散性结构综合模式的原则下，制定出民族地区教育体系分析方案，并确立了在现代人文教育范式下教育稳定发展的条件。

研究的最初假设是，区域教育空间体系是在一系列的社会因素影响下形成并得以发展的，这些社会因素对于教育体系的内容和结构都产生了影响。因此说，任意一个教育空间的最大特征均在于其社会公开性和扩散性，这些特点保证了教育空间体系在整个社会文化环境中的相互作用。

在教育体系发展的哲学基础初步成形时，柏拉图（Платон）强调了教育中最基本的三个组成因素之间的关系：文化（思维的世界和永久的形象）、社会（城邦和国家）、个体（个性）。在该理论中，文明发展的每一个阶段都具有其特有的价值论倾向，以及三者特定的组织原则。

对理性主义和17世纪由夸美纽斯提出来的知识中心主义的排斥，以及向人文主义教育模式的转变，逐渐成为现代的哲学和教育学理念。与现代教育哲学和教育学理念紧密联系的教育哲学，具有全球性和历史性的社会文化特点，并被赋予再现多元文化的任务，成为社会自行发展的动力源。教育的人道主义特点使得我们要对以下三个相互联系的价值论进行分析：教育的国家本位论、教育的社会本位论以及教育的个人本位论。我们认为，当教育体系以社会文化的形式得到类化，以及对社会教育的宏观走向、社会民族学在地方的发展进程与联邦教育政策（在国家教育改革中起到战略指导意义的政策）三者之间的相互关系进行研究时，这三种价值论就会具体化。

由于我们所研究的课题是具有社会性质的，所以在哲学知识范畴内实现对课题的描述是比较恰当的。尤其要指出的是，抛开"哲学范式"孤立地理解教育过程的做法是不可取的，如无视社会现象及其本质，没有注意到社会发展的规律，不了解与教育有关概念的起源等。从一方面来说，哲学既是教育探索的方法论基础，在此基础上我们才能预设出科学的教育学概念和理论；另一方面，哲学也是教育经验反思的理论基础。

在复杂的教育哲学问题中，教育目标、教育本质问题和确定教育体系发展的战略战术问题被作为主导问题提出来，显示出方法论和社会意识形态特点的教育体系，在脱离教育哲学的背景下是难以实现的。在研究民族区域教育体系的过程中，我们也会将教育哲学作为教育学的一个分支，这个教育学分支形成原始的教育现象研究的方法论定位。我们认为，在价值目标、体系框架、高效的程序化模块（Б. С. 盖得苏斯基在其整体及内部各个因素相互作用中，提出了教育哲学的客观基础）中，应当仔细分析教育理论和实践发展的范式基础。这样，教育的作用领域就在被提出的价值目标设置的基础上形成，在该价值目标设置发生转换的时候，教育范式也随之发生改变。因此，由专制的教育范式向人文教育范式的转变，就成为教育改革的指南。对于专制型的学校来说，典型的目标设置在20世纪90

年代展开的民主化过程中，显示出了它的不可行性，开始排斥一些长期累积下来的社会价值观，反过来讲，这一现象也导致教育体系中结构内容与学习过程二者次序的变化。

如果将教育哲学理解为一个跨领域的学科，那么产生于社会进程中、文化和具体的个人发展中的一些规律性的东西都可以被作为研究课题，在这些规律相互作用中会形成一些有价值的教育研究领域。很显然，教育体系的发展与社会进步的规律也是相适应的，而教育范式本身也是全球发展趋势的一种映射。我们首先要讨论一下关于人性化、人文化和学科整合的过程问题。现在毫无疑问的是，各个领域都危机四伏的现代社会已经暴露出它的不合理性，需要加以改造。教育哲学将"新人"的发展作为社会改造的必需条件，首先这一"新人"要有人文思想和全面的科学的世界观，要有道德价值体系。培养这类"新人"，还需要建立高质量的新型教育体系，我们称之为"全球性的教育治疗体系"（A. 别奇）。

在研究现代教育理论发展的问题时，必须指出教育模型建构中的变异性，变异性思想于20世纪80年代在俄罗斯国民教育理论中形成，它是普通科学理论在教育中的优化。

说到这里，我很有兴趣地将其同吴佩图斯·拉格朗日（Мопертюи - Лагранжа）的自然科学定理进行一个直接的类比，该定理通过一个细微动作来描述运动和平衡的统一模式。现代科学依据证实了"细微动作"原理对于描述自然界各个领域内的现象、过程的适用性，使得我们将之作为一种哲学原理来谈论，这一哲学原理能够表达出不同领域内各种过程进展方向的最大概率。因此，这一原理的运用不仅体现于自然现象中，而且对于描述教育体系的普遍发展过程以及广泛的教育现象也适用。

随着系统研究的不断发展，协同学、控制论和诠释学在自己的科学论题中展现出有趣的跨学课研究前景，这有助于实现各种知识的整合。对一些有意义的全球性问题进行思考之后，我们发现需要建立一种新的、系统的思想观念。每一个科学都大大地扩展了自己功能的涉及面，并且正在超越已形成的传统观念的范围，这其中跨学科研究已经成为新的科学研究的内在发展动力源。

根据 Л. Н. 古乌米列夫（Л. Н. Гумилев）的观点，民族地区教育体系发展的外部过程是民族起源。不能将它看作绝对化的定义，它给出与不同民族现象出现和民族体系（作为一种社会现象）有规律的发展相关的概念。在工作中，我们推断了古乌米列夫的概念在我们的研究空间中的地位，分析了苏联解体后形成的社会文化和教育局势。

要特别指出的是，互补原则给现代俄罗斯教育解体的原因提供了参考。如果以前，多民族的政治思想教育代表在特定社会政治条件下，使各民族融合为一体的某种超民族领域出现的话，那么其特点是以一定的节奏波动。热情衰退（这完全是由于历史客观性）的后果是统一体的分裂，热情冲动的后果是离心能量日益增长，每一次的振动频率将导致独立的民族场。

20世纪90年代民族领地"主权"的形成，要求对教育体系发展前景进行重新审视。当今出现的教育区域化趋势，是文化元素在自己所属的民族领域内的再现过程。在这种情况下，全球化的趋势可以被看作"超民族领域"在整个人类圈中客观的形成过程，这一过程支撑文明的持续发展。我们能够预见到，在人与自然、种族与自然、技术与自然、文化与文明等体系的持续发展中，发展重点转移的必要性，持续发展要求有充分适应性和目标性的种族素质的形成。积极的驱动使得现实按照文化教育领域内的全球化和区域化相互作用的逻辑来发展。

综合以上的理论，我们可以说，古乌米列夫的民族根源理论，可以用来解释许多产生于现代国家教育中的社会文化过程，这些过程和民族区域教育体系的发展，以及俄罗斯联邦教育空间体系的思想紧密相连。

建立民族区域教育体系的类型学是区域教育研究的课题之一。在工作中我们主要进行了以下研究：教育体系类型学要基于对社会经济的发展因素的研究（A.P.里费拉夫）；要在发现地方的社会文化进程之间、教育体系中结构和内容之间关系的情形下，寻找建立教育体系类型学的方法（V.S.萨波京、P.S.比萨得）；历史上教育体系类型的相关理论（V.I盖聂兹斯）。由A.P.德比兹所领导的科学团队对规划教育的区域发展提出了有意义的建议。他们认为，有针对性的纲领性方法（或者说是有针对性的纲领的方法）同一些有预测性和指示性的方法一道，构成了教育领域内实现国家政策最有力的工具。

我们所提出的这一方案是通过采用系统学、协同学和信息化的方法而实现的。

在现代教育学中存在关于使用协同学研究机制问题的争议，以及协同学是否可以用于研究和描述教育过程的争议。需要着重指出的是，协调学范式在科学科领域内的广泛应用，模糊了自然科学和社会科学之间的界限，为建构世界进化地图创建了基础。协调学范式使得我们可以操作一些建设模型，在这些模型里，我们可以将"未来"看作某种姑息性空间的可能性，而"现在"则是一个抉择过程。根据协同学的观点，我们需要一些可能性的出现，比如固定轨道的教育体系发展、固定的多元文化教育模式。如此一来，我们使用协同学方法对教育体系发展的因素进行了论证，展示它持续发展的可能性，进一步证实变异性和多元性原则。

系统方法使我们可以从整体上把握研究的对象、过程以及现象，是我们研究复杂社会系统的综合工具，同时，这一系统方法还给予我们将教育体系作为一个复杂的耗散性结构加以研究的可能性，因为对内部因素的单独研究不能为体系进程提供完整的图像。

只有在民族区域化的形成与周围社会环境的因素、某些固定的文化背景相互作用的条件下，教育体系的耗散性才能够有所发展和变动。耗散性这一因素保障了体系本身的稳定性，保持着体系生命熵①的最低水平。渗透在教育体系过程中的社会制约性表现在两种相互联系的现象中：①就变化的关系而言发展体系保障了外部，使用协同学理论可以将之解释为"豪斯②进入秩序"；②体系的自主系统化的过程使它的稳定性得以保存，这一稳定性体现在对于"外部的混沌"的适应性上。

基于此，我们认为，一种综合指标已经成为衡量民族区域教育体系发展稳定性的基本指标，它确定了区域教育对于社会文化进程的开放性程度，它被我们称为教育体系的耗散性系数。这一系数的重要意义是可以使我们将民族区域教育体系归纳为某种固定的类型。

---

① 用熵来分析一个生命体从生长、衰老、病死的全过程，用"生命熵"来独立定义。生命熵的内容包含生命现象的时间序、空间结构序与功能序，生命熵变就直接反映这三个序的程度变化之和。——译者注

② 豪斯，CHAOS，古希腊神话中的混沌，天地未开辟以前的世界。——译者注

　　我们应该在鉴定和分析民族区域教育体系组织原则基础上，提出体系的模型建构。在静态论（关于控制体系生命力的科学）范围内研究某些情形，这些情形与相对立的开端之间的相互作用和内部矛盾的控制紧密联系。恰恰是这种内部矛盾被看作保持体系稳定性的基础。这样一种事实已经成为主导，即世界是双重性的，稳定的体系应该是能够保持平衡的、相互补充的平衡体（对立的或者对抗的），这种平衡体彼此间又以某种形式联结着（I. V波拉基史维尔）。

　　俄罗斯联邦教育体系处于全球化和地方化双重趋势的对立状态下。同时，这一两面性体系稳定操纵的基本属性，体现在子系统目标之间的矛盾中，利益的平衡化克服了这一矛盾。对于20～21世纪的俄罗斯来说，两套教育发展体系变得越来越易于接受，这两套体系实现了联邦和民族区域组织原则的有机结合。而且，静态学不会固定于二者对比的反差上，而是保障二者的和谐，要求寻找它们之间的理想结合点，避免将教育体系引入一种处于使用不同参照而产生的极端观点上。

　　我们在工作中证实，为证明建立统一的世界性教育体系空间的可能性，协调机制的引进是一次很不成功的尝试。"世界性的教育空间体系"被赋予很抽象的意义，由于世界群居体在社会文化、政治和经济方面的异质性，这一概念在语言学方面已经失去其意义。尽管从理论上来讲，全球化和国际化应该有利于促进世界教育统一体的形成，但是20世纪末21世纪初的教育发展经验表明，在多元文化的背景下，国际化过程是有一定限度的，而区域化作为实现本土化的一个元素，顺应了地方上的要求，从而解决了这一难题。

　　如果将世界教育体系看作一种最重要的教育体系范式，将它的耗散性和集中性看作同外界环境的一种信息交换，那么在整个世界教育体系发展范围内，这一要求无论在何种情况下都是难以实现的，因为世界教育体系不可能存在于一种生存模式中，从最开始的时候它就注定是停滞不前的，对于一些复杂的、封闭的体系而言，其本身就充满危机。

　　教育体系的耗散性使得教育的多元文化思想和原则得以实现。在现代教育科学中，"多元文化"这一概念表达了一种多元文化在不同的民族价值观的教育内容中相互作用的思想。无论是就社会层面而言，还是就个体心理层面而言，多民族的不同气质特点在当今世界中的相互作用都为多元文化教育提供了先决条件，成为避免民族分裂的一个因素，在前进的道路上积聚各民族的力量。

同时，我们认为，年轻一代多元文化教育的主要目标，是形成一种全球范围内的整体性观点、综合的文化观和人道主义素养。

多元文化教育是普通教育的一部分，它有利于人们获得邻国的相关文化知识，弄清传统文化、宗教信仰和文化价值观中的共性和个性，培养人们尊重其他民族文化的意识和品质。

现代多元文化教育不应该仅仅局限于对不同民族文化模式的比较分析，而且要尽量使用历时性研究方法，这种研究方法使得我们可以按照精神道德观的形成阶段来开展研究，能够以回顾历史的角度看到出现于某种文化类型发展中的一些恒定的或特殊的现象，感受到"时代的精神风貌"，并且弄清这一文化发展中的假象。历时性研究方法能够弄清和分析"文化定型"。由于文化定型是一些相互影响、相互补充的因素的总和，所以对于其中任何一个因素的研究，都不可避免地引出对该体系本身的研究。这一研究方法要求研究文化整体与人性化教育思想相符。如此一来，我们所碰到的这个多元文化问题的解决方案，恰恰存在于人性主义文化的问题解决方案中。

我们很认同 V.I 盖聂兹斯对教育主要目标的理解，他认为教育的根本目标在于，确定理想的教育内容并且找到一种构建教育内容的框架，这一内容框架要有利于解决当前所面临的社会现实问题——培养年轻一代如何生存。教育内容的建构方案如同在回答一些类似于具体研究课题的选择以及这些课题的研究序列的问题，同时这种内容建构方案能够对每位学习者所实现的社会性做出鉴定。

20 世纪末俄罗斯的社会政治转型使得我们要重新审视教育内容，这是在民族区域教育体系中实现两种教育内容体系的前提条件，两种教育体系即联邦教育和民族地区教育。建构地区民族文化教育内容的基础是人道主义，在地区教育体系中对人道主义问题的研究需要有科学的认识，在教育过程的整体中找到协调课程的最佳途径。

研究人道主义问题的逻辑分层方法，可以使我们分清并论证研究的三个结构层次：方法论哲学层次、诺斯替理论层次和教育科学层次。

转变课程中心的取向，提高含有多重目标的综合性课程的地位，这一转变体现了一种建立统一教育空间体系的思想，无论是具有人文主义特点的教育目标，还是自然科学特点的教育目标，在这一教育空间体系内都会相互作用、相互渗透。实现建立教育空间体系的构想，需要通过一种综合的有意义的方法来制定、建立现代教育的普通人文基础，这种方法不会受到局部目标或者是具体教育目标的限制，无论是对于自然科学还是人文主义学科来说，都能引起学科大纲目标和内容的改变。

依我们的观点来看，在构建教育的人文主义基础的理论框架中，应该充分、具体地反映并有所启发地论证一些基本要素：道德的人文主义、历史相关性、哲学方法论、文化一体化、人道主义诺斯底、环境的作用、社会表象、审美情感和创意的发展。此类因素使得我们可以充分研究现代教育的方法论基础，以及在民族区域发展的条件下建构教育内容的方案问题。

按照价值论的观点，教育作为一种社会现象，保持和再现了人文主义价值观，这种人文主义价值观超越了民族、宗教、种族和意识形态差异，展现出一种包容的特点。使用价值论的方法，我们可以预见到这样一种情形——在教育中不会发生不同民族价值观的对比，而是在对话和包容的基础上彼此相互影响。

人文主义价值观成为社会体系中一个处于主要地位的要素，因此，人文化作为基于价值论基础的教育内容建构的一个过程，正在成为教育体系的发展战略取向。

在这一价值论方法的范围内，我们开展了含有民族地区部分教育内容的相关课程，并将其作为一个方案加以分析研究。

正如研究所显示的那样，在地方教育政策的组成部分中，民族文化对多元文化教育起着决定性的作用，在多元文化教育的框架中，民族地区成分被赋予了实现一系列功能的使命，这些功能包括文化－哲学功能、民族人文主义功能、人道主义－诺斯底功能、教育－自觉功能（即自我教育）和个人发展功能，同时还要让青年形成与不同的民族观和文化观持有者相互交流合作的意识。在实现以上功能的同时，教育内容的民族地区元素开始具有典型特征，并逐步演变为解决当地乃至国家层面的教育任务的密不可分的重要一环。我们认为，只有考虑到以下原则的时候，整个教育内容中的民族地区因素在教育实践中才会发生最大的作用，这些原则包括：辩证地将民族文化纳入俄罗斯和世界文化体系中，实现国民教育的历史文化性和文明倾向性，多元文化的同质鉴定和个体自我实现，文化教育的全球性，多元文化的包容性和国际化教育视角。在现代教育内容的体系框架中，我们还可以从社会历史、民族学和文化学等维度，对教育内容中的民族地区元素进行研究。

在我们引进教育内容中的民族地区元素时，所选择的区域要有一定的标准，这些区域应具有稳定的社会和地理概念，而且在俄罗斯现代教育空间体系中要有特定的含义，而不是将共和国、地区、县归纳为某些概念。在教育实现区域化的过程中，不仅要考虑民族文化的特殊性，还要考虑社会经济、生态环境、人口等其他因素，对于北高加索地区的共和国来说，这一点显得更为重要。加之北高加索地区有完整的地缘政治教育，该地区的培养空间体系就要在民族文化相互渗透、分析该地区悠久历史的基础上进行建构。我们仔细研究了在北高加索联邦区各共和国中建构统一教育模式的影响因素，并进行了归纳，即学习者没有掌握必备的整个地区文化方面的知识。

我们研究了北奥塞梯－阿兰共和国一些基本的教学计划方案中教育内容联邦部分与民族地区部分的相关性，得出的关系系数处于 0.1～0.2 之间，这显示在初级中学和高级中学中，联邦和地区教育内容的整合程度比较低。除此之外，学习者对于学科的偏好程度也越来越显著。普通学校 5～9 年级的学生中，有将近 89.5% 的人偏好含有联邦教育成分的科目（他们认为，这些科目是以后的职业活动必需的）；注意到为了形成正确的观念而开设的由民族地区成分所组成的科目（占首要地位的是当地的语言、当地文化和当地历史）重要性的受访者，仅占 7.2%。对民族地区的相关课程的重要性的评价之所以会这么低，主要是受到以下几个因素的影响：①开展民族地区课程的科学的方法论基础并不彻底，该领域缺少统一的教育标准；②联邦内容的课程和民族地区内容的课程之间的相关性很小，而这微弱的相关性仅仅存在于一些人文学科之间；③学生的学业负荷过重，以及学生对这类课程的认识不正确，即将它看作处于从属地位的附科。

我们可以看出，在开展民族地区的相关课程的过程中，出现了很多内容方面、思想方面、教育方法以及组织方法方面的问题，要想这些问题解决，就要在北高加索地区建立统一的文化教育空间体系。我们所进行的、已成型的实验，证实在高加索地区创设多元文化教育环境战略的可行性，同时，这一战略提出了以下几项要求，并且在发展过程中要优先考虑。

（1）对在融入民族地区成分的基础上组织教育内容这一活动，建立统一的概念。在这一概念的含义范围内，把与北高加索地区的历史、文化相关的各种课程（如北高加索民族史、北高加索联邦区各共和国的社会文化进程、北高加索民族的文化与传统、北高加索地理、北俄罗斯教育思想史等），贯彻实施到该地区的各个共和国教育大纲中。

（2）由于不同的共和国之间存在着发展水平上的差异，所以面临着一系列的问题：如编订教科书和教具；开设灵活的、多种类型的师资培训机构，培养的教师要有能力在整个教育体系中教授民族地区内容的课程，同时能够考虑到全球化趋势在整个俄罗斯中所产生的影响。

不排除这种教育模式在俄罗斯的其他地方也能够实行。进一步说，研究出实施此类教育模式的统一标准，并制定出与联邦教育相符合的一体化机制是可行的。

符合国家教育标准的联邦和民族地区课程在俄罗斯这样一个多民族，并且有多种教育机构的国家内，应该具有一个共同的概念框架，来保持俄罗斯教育空间体系的统一性。俄罗斯教育的主要任务在于：促进多民族社会意识的现代化，形成一种"超民族的完整性"（M. N. 古兹明）。在这一情形下，民族地区课程在当今世界的全球化趋势下，无论是对于民族的鉴定，还是对于文明的鉴定来说，都是最基础的。我们与 A. P. 里费拉夫看法相同的一点是，教育实现一体化的基本目标之一是联合国际社会的力量，用于培养人独特的世界观，教授解决人类全球化问题所应该采取的方法。这一目标只有在加强教育内容一体化的基础上，才能够实现。

在当代俄罗斯建立多元文化教育的空间体系，从中可以找到解决当前所面临问题的方法。其中，有效的途径之一，就是建立能够作为民族教育体系发展的一体化基础。

　　显然，教育环境应该以 7 个联邦区的行政管理空间为根据地。在民族区域教育体系一体化原则上形成的州级/地区教育体系，能够促进新教育政策下形成新的管理标准。每一个联邦区都可以将本地区的文化建设中的问题委任给该区的某所大学。这类教育机构和俄罗斯联邦教育部，在加强整个俄罗斯教育空间体系的同时，共同为每一个联邦州制定教育政策（V. M. 如拉果夫斯基、L. P. 古拉果夫）。

　　很明显的是，200 年前俄国在解决国家教育的管理问题时就采用了这种方式。在 1803 年的时候，俄国的教育被分成 6 个部分，分别由 6 所大学来管理：莫斯科大学、维尔纽斯（立陶宛共和国首都）大学、杰拉普茨大学、喀山（鞑靼自治共和国首府）大学、彼得堡（圣彼得堡的旧称）大学、哈尔科夫大学。后来教育区增加了 6 个，其中就有成立于 1848 年 12 月 18 日的高加索教育区。高加索教育区联结了外高加索与北高加索，直接隶属于高加索总督和教育部。

　　由于大家所共知的政治事件，学区政策一直实施到 1917 年后被废止。无论是对普通教育还是对高等教育而言，学区的实施都做出了积极的贡献，成为保持国家教育体系、加强教育权利统一的有效机制。

　　当然，现代的教育机构网络在任何地区都不可能复制 19 世纪的大学学区模式。然而，我们可以这样说，正是这些地方大学能够解决现代教育政策中最重要的问题，而且能够成为教育体系中系统化的一部分。同时，建构大学区也将成为中等和高等教师教育现代化的一个重要方向。

　　无论是就社会因素而言，还是就人口、经济因素而言，现代俄罗斯教育体系的全面改革及其现代化都开始步履维艰，然而，它的实施必将成为我们国家新千年持续发展的必备条件。随着学区的形成，建立俄罗斯教育体系一体化的先决条件就会逐渐成熟，并将在地方教育和联邦教育方面形成有效"教育垂直管理模式"。

　　概括而言，我们可以得出以下结论：

　　（1）民族教育体系是一种耗散性结构，全球化和地方化的辩证统一决定了民族区域教育体系在俄罗斯由 20 世纪向 21 世纪转型过程中的可发展性。联邦教育空间体系的差异性成为区域教育模式形成并得以发展的基础，并启动了联邦主体国内教育的人文化过程。

（2）在 20～21 世纪之交，区域化已成为民族区域教育体系形成、发展的基础，在对民族区域教育体系的研究中，可以看到关于教育哲学、控制论、协同学以及制度方面的分析应用。民族区域教育体系相对于世界、俄罗斯和地区社会文化进程的开放度决定了它的稳定性，同时，也反映着教育体系的耗散性系数。

（3）在地区教育政策的组成部分中，民族文化对多元文化教育起着决定性的作用，在多元文化教育的框架中，民族地区成分被赋予了实现一系列功能的使命：文化－哲学功能、民族人文主义功能、人道主义－诺斯底功能、教育－自觉功能（即自我教育）和个人发展功能，同时还要让青年形成与不同的民族观和文化观持有者相互交流合作的意识。

（4）从区域教育的人文化中可以预见多元文化的教育环境，在保障多元文化的教育环境时，应该考虑以下原则：辩证地将民族文化纳入俄罗斯和世界文化体系原则，实现国民教育的历史文化性和文明倾向性原则，多元文化的同质鉴定和个体自我实现原则，文化教育的全球性原则，多元文化的包容性和国际化教育视角原则。

（5）北高加索地区多元文化教育环境的形成，需要克服各种课程内容中民族地区成分的内容选择和内容实施方面的问题。上述的课程主要是指与北高加索民族的历史和文化、联邦和地方教育集成化机制，以及加强民族区域教育体系基础相关的课程。

（6）在当代俄罗斯，学区的建立正成为多元文化教育空间体系的目标之一，这有助于建立新的"教育垂直管理模式"和教育政策矢量，同时，它也是对外保持北高加索教育和联邦教育统一性、对内区分出其层次的主要方面。

（7）研究工作需要在以下方面继续深入：对教育内容中的联邦成分和民族地区成分的一体化机制的研究；建立联邦教育区的社会教育模式；论证在民族区域教育体系中实现多元文化教育的心理学和教育学依据。

参考文献

1. Абдулатипов Р. Г. , Национальный вопрос и государственное устройство России. – М. : Славянский диалог, 2000. – с. 656.

2. Абдулатипов Р. Г. , Авторитет разума (О философии разумной практики) . – М. : Славянский диалог, 1999. – с. 319.

3. Абдуллаева З. Б. , Региональные особенности развития начальной школы с полиэтническим составом учащихся (на примере Республики Дагестан) . Автореф. дис. ···канд. пед. наук. Махачкала: ДГПУ, 2003. – с. 21.

4. Акты, собранные Кавказскою археологическою комиссиею. Том X. – Тифлис, 1895.

5. Александров Г. Н. , Белогуров А. Ю. Математические методы в психологии и педагогике. Учеб. пособие. – Владикавказ: СОГУ, 1997. – с. 303.

6. Александров Г. Н. , Чеджемов С. Р. Некоторые методологические проблемы поликультурного образования//Проблемы развития образования на Северном Кавказе. Сборник научных статей/Отв. ред. и сост . В. В. Макаев. – Пятигорск: ПГЛУ, 1998. – с. 5 – 12.

7. Алексеева В. А. , Социальная синергетика как постмодернистская методология исследования этноса и этногенеза//Лев Николаевич Гумилев. Теория этногенеза и исторические судьбы Евразии. Материалы конференции. Том I. – СПб. : «Европейский Дом», 2002. – с. 90 – 95.

8. Ананьев Б. Г. , Человек как предмет познания. – СПб. : Питер, 2001. – с. 288. – (Серия «Мастера психологии») .

9. Ананьев Б. Г. , О проблемах современного человекознания. – СПб. : Питер, 2001. – с. 272. – （Серия 《Мастера психологии》）.

10. Антология педагогической мысли Северной Осетии / Сост. Каргиев Э. К. , Чеджемов С. Р. . – Владикавказ: Ир, 1993. – с. 416.

11. Арабов И. А. , Этническая культура и поликультурное образование// Проблемы развития образования на Северном Кавказе. Сборник научных статей / Отв. ред. и сост. В. В. Макаев. – Пятигорск: ПГЛУ, 1998. – с. 13 – 19.

12. Аракелян О. В. , Поликультурное образование как фактор гражданского равновесия// Известия Академии педагогических и социальных наук. – 2002. №6. – с. 103 – 108.

13. Асадулаева Ф. Р. , Формирование этнокультуры младших школьников средствами родного языка （на примере начальных школ республик Северного Кавказа）. Автореф. дис. ⋯ канд. пед. наук. Махачкала: ДГПУ, 2001. – с. 18.

14. Асмолов А. Г. , Психология личности: Принципы общепсихологического анализа. – М. : 《Смысл》, ИЦ 《Академия》, 2002. – с. 416.

15. Астафурова Т. Н. Лингвистические аспекты межкультурной деловой коммуникации. – Волгоград: Изд – во Волгогр. гос. ун – т а, 1997. – с. 107.

16. Атутов П. Р. , Будаева М. М. , Методологические проблемы национально – регионального образования// Этнопедагогика – педагогика жизни. Сборник материалов международной научно – практической конференции, посвященной 75 – летию профессора Мукаевой О. Д. – Элиста: АПП 《Джангар》, 2001. – с. 23 – 34.

17. Аяцков А. Ф. , Национальная доктрина образования: детям хорошие школы, обществу – экономический рост и процветание//Вестник образования. – 2000. №8. – с. 65 – 71.

18. Бажина И. А. , Регионизация как социально – педагогический феномен: Монография. – Казань: Изд – во Казанского унив – т а, 2002. – с. 199.

19. Байчорова А. А. , Преемственность традиционных норм нравственного

воспит ания дет ей младшего школьного возраст а у горских народов（на
мат ериале эт нопедагогики карачаевц ев）. Авт ореф. дис. ···
канд. пед. наук. Карачаевск: КЧГПУ, 2000. – с. 22.

20. Балахонова О. В. , Романенко Н. М. , Проблемы гуманизации образования
в современной школе//Развит ие личност и в процессе образования: концепции
и т ехнологии: Сбор. науч. т рудов. Вып. 1. – Волгоград: РИО, 1996. – с. 135
– 138.

21. Балкарова Л. С. , Национально – региональный компонент ст андарт а
содержания общего образования в учреждении 《 начальная школа – дет ский
сад》（на мат ериале Кабардино – Балкарской Республики）. Авт ореф. дис. ···
канд. пед. наук. – Пят игорск: ПГЛУ, 2002. – с. 17 .

22. Барышников Н. В. , Лазарев В. В. , Цивилизационная т еория и
Северокавказская цивилизация//Вест ник Пят игорского государст венного
лингвист ического университ ет а. – 1996. №1. – с. 141 – 147.

23. Басова Н. В. , Педагогика и практ ическая психология: Учеб. пособие. –
Рост ов – на – Дону: Феникс, 1999. – с. 416.

24. Бацын В. К. , 《 Верт икаль власт и》 в многомерном образоват ельном
прост ранст ве//Управление школой. – 2002. №43 （238）.

25. Бедерханова В. П. , Ст ановление личност но ориент ированной позиции
педагога: Монография. – Краснодар, 2001. – с. 220.

26. Беловолов В. А. , Беловолова С. П. , Эт нокульт урная направленност ь
содержания образования//Педагогическое образование и наука. – 2002.
№4. – с. 37 – 45.

27. Белогуров А. Ю. , Елканова Т. М. , Общегуманит арный базис современной
сист емы образования（попыт ка концепт уально – т еорет ической модели） //
Высшее образование в России. – 1995. №4. – с. 64 – 66.

28. Белогуров А. Ю. , Белогуров Ю. А. , Елканова Т. М. Гуманизация и
эт низация: две реалии современной педагогики//Педагогика. – 1996.
№3. – с. 66 – 67.

29. Белогуров А. Ю. , Теория и практ ика гуманит аризации современного

ест ест веннонаучного образования: принципы, подходы, технологии··· Дис ···. канд. пед. наук. Владикавказ: СОГУ, 1997. – с. 146.

30. Белогуров А. Ю., Теоретические основы и технология гуманитаризации современного естественнонаучного образования. Монография / Под ред. З. К. Каргиевой. – Владикавказ: СОГУ, 1999. – с. 116.

31. Белогуров А. Ю., История и философия развития региональных образовательных систем//История и философия культуры: Актуальные проблемы: сборник научных трудов. Выпуск 4/ Под ред. Б. Г. Койбаева. – Владикавказ: СОГУ, 1999. – с. 17 – 21.

32. Белогуров А. Ю., Стратегия развития современного высшего регионального образования в контексте социокультурной трансформации Российской Федерации//Философские, психолого – педагогические и социально – экономические проблемы современного высшего образования: Материалы межвузовской региональной научно – практической конференции. – Ставрополь, 2000. – с. 173 – 176.

33. Белогуров А. Ю., Некоторые социально – этнологические проблемы развития образовательных систем Северо – Кавказского региона (на примере Республики Северная Осетия – Алания) //Поликультурное образование на Северном Кавказе: проблемы, тенденции, перспективы: Материалы Международной научно – практической конференции. Махачкала – Пятигорск, 30 – 31 мая 2001 г. – Махачкала: ИПЦ ДГУ, 2000. – с. 123 – 124.

34. Белогуров А. Ю., Супрунова Л. Л., Поликультурный аспект национально – регионального компонента содержания общего образования//Вестник Пятигорского государственного лингвистического университета. – Пятигорск: ПГЛУ. – 2000. №3. – с. 59 – 64.

35. Белогуров А. Ю., Фактор поликультурности в контексте этнонациональной стратегии развития российского образования//Проблемы поликультурного образования: Международный сборник научных статей. – Махачкала: ИПЦ ДГУ, 2001. – с. 58 – 62.

36. Белогуров А. Ю. , Образоват ельная полит ика Республики Северная Осет и я – Алания в конт екст е модернизации российского образования. Учебное пособие. – Владикавказ: СОГУ, 2002. – с. 108.

37. Белогуров А. Ю. , Влияние процесса глобализации на формирование регионального образоват ельного прост ранст ва//Бюллет ень Цент ра социальных и гуманит арных исследований Владикавказского инст ит ут а управления и Владикавказского цент ра эт нополит ических исследований инст ит ут а эт нологии и ант ропологии РАН. – Владикавказ. – 2002. №2 (8) . – с. 173 – 189.

38. Белогуров А. Ю. , Проблемы подгот овки педагогических кадров к реализации учебных курсов национально – регионального компонент а содержания образования//Образование для XXI века: дост упност ь, эффект ивност ь, качест во. Труды Всероссийской научно – практ ической конференции. Част ь I. – М. : МАНПО, 2002. – с. 360 – 363.

39. Белогуров А. Ю. , Эт ногенез и 《национально – региональный компонент 》//Высшее образование в России. – 2002. №6. – с. 34 – 38.

40. Белогуров А. Ю. , Проблемы развит ия эт норегиональных образоват ельных сист ем//Педагогика. – 2003. №1. – с. 98 – 104.

41. Белогуров А. Ю. , Гуманит аризация образования как основа формирования поликульт урной воспит ат ельной среды//Вест ник Пят игорского государст венного лингвист ического университ ет а. – Пят игорск: ПГЛУ. – 2003. №1. – с. 46 – 49.

42. Белогуров А. Ю. , Эт нопсихологические аспект ы современного поликульт урного образования//Прикладная психология и психоанализ. – 2003. №1. – с. 45 – 53.

43. Белогуров А. Ю. , Образоват ельный округ в современной России: фикция или реальност ь? //Высшее образование в России. – 2003. №2. – с. 24 – 35.

44. Белогуров А. Ю. , Гуманит аризация в конт екст е региональной образоват ельной полит ики//Развит ие личност и в образоват ельных сист емах Южно –

Российского региона: Тезисы докладов X годичного собрания Южного отделения РАО и XXII региональных психолого – педагогических чтений Юга России. – Ростов – на – Дону: РГПУ, 2003. Часть II. – с. 67 – 68.

45. Белогуров А. Ю., Развитие этнорегиональных образовательных систем Юга России в стратегии устойчивого развития региона//Устойчивое развитие Юга России: состояние, проблемы, перспективы: Сборник докладов и статей/Отв. ред. Игнатов В. Г. – Ростов – на – Дону: Изд – во СКАГС, 2003. – с. 367 – 370.

46. Белоус В. В., Введение в психологию полиморфной индивидуальности. Изд. 2 – е, перераб. и доп. – Пятигорск: ПГЛУ, 2002. – с. 208.

47. Беляев А. В., Социально – педагогические основы формирования гражданственности учащейся молодежи. Дис. ⋯ докт. пед. наук. Ставрополь, 1997. – с. 311.

48. Беспалов В. И., Принцип регионализации в развитии образовательных систем//Развитие личности в образовательных системах Южно – Российского региона. VII годичное собрание Южного отделения РАО. Часть I. – Ростов – на – Дону: РГПУ, 2000. – с. 252.

49. Бестужев – Лада И. В., Нужна ли школе реформа? XXI век: ожидаемые и желаемые изменения системы народного образования России. – М.: Педагогическое общество России, 2000. – с. 192.

50. Библер В. С., Целостная концепция школы диалога культур. Теоретические основы программы//Психологическая наука и образование. – №4. 1996. – с. 66 – 73.

51. Бим – Бад Б. М., Педагогическая антропология: Учеб. пособие. – М.: Изд – во УРАО, 1998. – с. 576.

52. Блоха Х. С., Доклад Делора: перспективы развития образования взрослых//Перспективы: сравнительные исследования в области образования. – 1998. Том XXVII. №2. – с. 27 – 44.

53. Боаги Н. М., Формирование национальных культурно – духовных ценностей старшеклассников в современной школе Республики

Алт ай. Авт ореф. дис. ··· канд. пед. наук. М. : Инст ит ут национальных проблем образования МО РФ, 2002. – с. 22.

54. Богачинская Ю. С. , Яст ребова Г. А. Эт нопедагогика как нет радиционный ист очник педагогических знаний//Развит ие личност и в образоват ельных сист емах Южно - Российского региона. Част ь II. Рост ов – на – Дону: РГПУ, 1999. – с. 94 – 95.

55. Богин В. Г. , Принципы новой гуманной школы. Начальное образование в России. Инновации и практ ика. – М. : Школа, 1994. – с. 36.

56. Богуславский М. В. , Генезис гуманист ической парадигмы образования в от ечест венной педагогике начала XX в. //Педагогика. – 2000. №4. – с. 63 – 70.

57. Бодиева Н. , Через эт ническое – к общечеловеческому//Директ ор школы. – 1996. – №1. – с. 55 – 59.

58. Большевист ская печат ь в борьбе за демократ изацию образования. Начало XX в./ Под ред. Э. Д. Днепрова, Б. К. Тебиева. – М. : Педагогика, 1990. – с. 264.

59. Бондаревская Е. В. , Кульневич С. В. , Педагогика: личност ь в гуманист ических т еориях и сист емах воспит ания: Учеб. пособие для ст уд. сред. и высш. пед. учеб. заведений, слушат елей ИПК и ФПК. – Рост ов – на – Дону: ТЦ《Учит ель》, 1999. – с. 560.

60. Бондаревская Е. В. , Личност но - ориент ированные воспит ат ельные ст рат егии (в образоват ельных сист емах Южно – Российского региона) //Развит ие личност и в образоват ельных сист емах Южно – Российского региона. VII Годичное собрание Южного от деления РАО. Част ь I. – Рост ов – на – Дону: РГПУ, 2000. – с. 160 – 162.

61. Бондаревская Е. В. , Единое образоват ельное прост ранст во Северного Кавказа как среда воспит ания человека культ уры и нравст венност и// Инт еграция культ ур в смылосозидающем образовании: Мат ериалы всероссийской конференции. – Махачкала: ИПЦ ДГУ, 2002. – с. 225.

62. Бордовская Н. В. , Реан А. А. , Педагогика. Учебник для вузов. – СПб: Пит ер, 2000. – с. 304. (Серия《Учебник нового века》) .

63. Боришполец К. Этничность и политика (некоторые тенденции и результаты развития современных прикладных исследований) // Вестник Московского университета. – 1999. № 4. Серия 18. – с. 3 – 21.

64. Боташева Х. Х., Преемственность этнокультурных традиций межпоколенных отношений в педагогике карачаевского народа. Автореф. дис. ··· канд. пед. наук. Карачаевск: КЧГПУ, 2000. – с. 25.

65. Бранский В. П., Пожарский С. Д., Социальная синергетика и акмеология (теория самоорганизации индивидуума и социума). – СПб: Политехника, 2001. – с. 159.

66. Братченко С., Образование: ненасилие, толерантность и гуманитарная экспертиза // Век толерантности: Научно – публицистический вестник/ Гл. ред. А. Асмолов. – М.: Центр СМИ МГУ им. М. В. Ломоносова, 2001. Вып. 3 – 4. – с. 112 – 123.

67. Бруннер Х. Х., Глобализация, образование и революция в технологии // Перспективы: сравнительные исследования в области образования. – 2001. Том XXXI. № 3. – с. 9 – 26.

68. Бузаров К. И., Этнопедагогическая культура в структуре поликультурной образовательной модели (на примере адыгской культуры) // Проблемы развития образования на Северном Кавказе. Сборник научных статей/ Отв. ред. и сост. В. В. Макаев. – Пятигорск: ПГЛУ, 1998. – с. 24 – 33.

69. Буржунов Г. Г., Двуязычие и формирование культуры межнационального общения // Проблемы развития образования на Северном Кавказе. Сборник научных статей/ Отв. ред. и сост. В. В. Макаев. – Пятигорск: ПГЛУ, 1998. – с. 33 – 37.

70. Бэк Л., Текст и контекст в тематической разработке вопросов развития // Перспективы: сравнительные исследования в области образования. – 2000. Том XXIX. № 4. – с. 5 – 24.

71. Вернер Вайденфельд Х. С., Конструктивные конфликты: воспитание толерантности как основы демократии // Перспективы: сравнительные исследования в области образования. – 2003. Том XXXII. № 1. – с. 109 – 116.

72. Валиева И. А. , Экологическое воспитание учащихся во внеклассной работе по географии на основе традиций и обычаев народов Дагестана. Автореф. дис. ···канд. пед. наук. Махачкала: ДГУ, 2001. – с. 23.

73. Валицкая А. П. , Российское образование: модернизация и свободное развитие//Педагогика. – 2001. №7. – с. 3 – 7.

74. Ваниева С. Г. , Нравственно – эстетическое воспитание в процессе внеучебной деятельности учащихся. Дис···. докт. пед. наук. Владикавказ, 2002. – с. 417.

75. Виленский М. Я. , Мещерякова Е. В. , Образовательное пространство как педагогическая категория//Педагогическое образование и наука. – 2002. №2. – с. 8 – 12.

76. Виноградов Ю. Ф. , Народные традиции в формировании экологической культуры старшеклассников в процессе трудового воспитания (на материале Ханты – мансийского автономного округа) . Автореф. дис··· канд. пед. наук. М. : ИНПО МО РФ, 2000. – с. 19.

77. Волков Г. Н. , Этнопедагогика: Учеб. для студ. сред. и высш. пед. учеб. заведений. – М. : Академия, 1999. – с. 168.

78. Волков Ю. Г. , Южный федеральный округ: вызовы глобализации и этническая мобилизация//Северный Кавказ в условиях глобализации: Тезисы докладов Всероссийской научно – практической конференции/Под ред. Р. Д. Хунагова. – Майкоп: Изд – во АГУ, 2001. – с. 14 – 20.

79. Волкова Н. Н. , Ценностные ориентации молодежи (на примере Республики Северная Осетия – Алания) . Автореф. дис. ... канд. социол. наук. М. : Московский госуниверситет сервиса, 2002. – с. 27.

80. Волкодав И. В. , Психолого – педагогические основы социализации личности старшеклассников в условиях Республики Северная Осетия – Алания. Дис. ... канд. пед. наук. Владикавказ: СОГУ, 2001. – с. 149.

81. Всемирный доклад по образованию 《Право на образование: на пути к образованию для всех в течение всей жизни》 . ЮНЕСКО. – М. : Изд. Дом 《МАГИСТР – ПРЕСС》, 2000. – с. 192.

82. Вульфсон Б. Л. , Ст рат егия развит ия образования на Западе на пороге XXI века. – М. : УРАО, 1999. – с. 208.

83. Вульфсон Б. Л. , Малькова З. А. , Сравнит сльная педагогика. – М. : Инст ит ут практ . психологии, Воронеж: НПО 《Модэк》, 1996. – с. 256.

84. Вульфсон Б. Л. , Мировое образоват ельное прост ранст во на рубеже ХХ и XXI вв. // Педагогика. – 2002. №10. – с. 3 – 14.

85. Вульфсон Б. Л. , Инт ернационализация общест венной жизни в современном мире и образование//Образование в современном мире на пороге XXI века: Сб. науч. т р. /Под ред. З. А. Мальковой, Б. Л. Вульфсона. – М. : АПН СССР, 1991. – с. 6 – 25.

86. Гаджиева У. Б. , Педагогические условия социализации дошкольников среднего возраст а (на мат ериале Республики Дагест ан) . Авт ореф. дис. … канд. пед. наук. Пят игорск: ПГЛУ, 2002. – с. 18.

87. Гат агова Л. С. , Правит ельст венная полит ика и народное образование на Кавказе в XIX в. – М. , 1993. – с. 143.

88. Гершунский Б. С. , Философия образования. – М. : МПСИ – Флинт а , 1998. – с. 432.

89. Гершунский Б. С. , Образование как религия т рет ьего т ысячелет ия: гармония знания и веры. – М. : Педагогическое общест во России, 2001. – с. 128.

90. Гершунский Б. С. , Толерант ност ь в сист еме ценност но – целевых приорит ет ов образования//Лучшие ст раницы педагогической прессы. – 2002. №5. – с. 3 – 9.

91. Гершунский Б. С. , Философия образования для XXI века: Учебное пособие для самообразования. Изд. 2 – е, переработ анное и дополненное. – М. : Педагогическое общест во России, 2002. – с. 512.

92. Гессен С. И. , Основы педагогики. Введение в прикладную философию/ От в. ред. и сост . П. В. Алексеев. – М. : Школа – Пресс, 1995. – с. 448.

93. Гинецинский В. И. , Проблема ст рукт урирования образоват ельного прост ранст ва//Педагогика. – 1997. – №3. – с. 10 – 15.

94. Гинецинский В. И., Знание как категория педагогики: Опыт педагогической когитологии. – Л. : Из – во ЛГУ, 1989. – с. 144.

95. Гладкий Ю. Н., Чистобаев А. И., Регионоведение: Учебник. – М. : Гардарики, 2002. – с. 384.

96. Глазачев С. Н., Козлова О. Н., Уроки мира: Серия 《Культура мира: взгляд из России 》 . Вып. 2. – М. : Горизонт, Ставрополь: Сервисшкола, 1999. – с. 64.

97. Голев А. Г., Воспитание патриотизма и культуры межнациональных отношений у старшеклассников. – Пятигорск: ПГЛУ, 1996. – с. 56.

98. Гончаров И., Новая школа России: какой ей быть? //Воспитание школьников. – 1997. № 1. – с. 2 – 5.

99. Городецкая Е., Гуманитаризация как педагогическая проблема//Alma mater. – 1993. № 3. – с. 31.

100. Государственный образовательный стандарт высшего профессионального образования. – М. : Государственный Комитет РФ по высшему образованию, 1995. – с. 383.

101. Грачев С. В., Геополитика в истории образования нерусских народов// Педагогика. – 2000. № 7. – с. 64 – 69.

102. Греков А. А., О состоянии педагогической науки и педагогического образования в Южном Федеральном округе//Развитие личности в образовательных системах Южно – Российского региона. IX Годичное собрание Южного отделения РАО. Часть I. – Ростов – на – Дону: РГПУ, 2002. – с. 3 – 8.

103. Гуманистические воспитательные системы вчера и сегодня/Под ред. Н. Л. Селивановой. – М. : Педагогическое общество в России, 1998. – с. 331.

104. Гумилев Л. Н., Этногенез и биосфера Земли. – М: Рольф, 2001. – с. 560.

105. Гумилев Л. Н., От Руси до России: Очерки этнической истории/ Послесловие С. Б. Лаврова. – М. : Рольф, 2001. – с. 320.

106. Гумилев Л. Н., Конец и вновь начало: Популярные лекции по народоведению. – М. : Рольф, 2000. – с. 384.

107. Гусинский Э. Н. , Турчанинова Ю. И. , Введение в философию образования. – М. : Логос, 2000. – с. 224.

108. Давыдов Ю. С. , Лазарев В. В. , Супрунова Л. Л. Цивилизация и поликульт урное образование (на примере Северного Кавказа) // Извест ия Академии педагогических и социальных наук/Под ред. С. К. Бондыревой. Выпуск 4. Социокульт урное прост ранст во современного образования. – М. – Воронеж , 2000. – с. 110 – 115.

109. Давыдов Ю. С. , Пят игорск: далекое и близкое Цент ра т ест ирования//Новост и образования. – 2002. № 16 – 17.

110. Давыдов Ю. С. , Университ ет . Начало XXI века. – 2 – е изд. , перераб. и доп. – Пят игорск: Изд – во ПГЛУ, 2002. – с. 209.

111. Дармодехин С. В. , Безнадзорност ь дет ей в России//Педагогика. – 2001. № 5. – с. 3 – 7.

112. Данилюк А. Я. , Понят ие и понимание русской национальной школы// Педагогика. – 1997. № 1. – с. 69 – 75.

113. Денсменг А. , Преимущест ва инт еграционной модели образования в мульт икульт урном общест ве//Лучшие ст раницы педагогической прессы. – 2003. № 1. – с. 3 – 6.

114. Джандар Б. М. , Особенност и нравст венного воспит ания ст аршеклассников национальной (адыгейской) школы. Дис···. канд. пед. наук. Краснодар, 1995. – с. 180.

115. Джант от аева М. Э. , Влияние эт нопедагогических знаний на эст ет ическое воспит ание младших школьников. Авт ореф. дис. ··· канд. пед. наук. Карачаевск: КЧГПУ, 2000. – с. 23.

116. Джуринский А. Н. , Сравнит ельная педагогика: Учеб. пособие для ст уд. сред. и высш. пед. учеб. заведений. – М. : Издат ельский цент р 《Академия》, 1998. – с. 176.

117. Джуринский А. Н. , Развит ие образования в современном мире: Учеб. пособие. – М. : ВЛАДОС, 1999. – с. 200.

118. Джуринский А. Н. , Поликульт урное воспит ание: сущност ь и

перспект ивы развит ия//Педагогика. – 2002. №10. – с. 93 – 96.

119. Дзидзоев В. Д. , Национальная полит ика: уроки опыт а. Монографи я. – 3 – е изд. – Владикавказ: 《Ирист он》, 2002. – с. 256.

120. Диагност ическое сопровождение региональных образоват ельных программ/Ант онова Э. Е. , Кочет ова А. А. , Проданов И. И. – Сочи: ИИЦ, 1997. – с. 100.

121. Диас М. А. Р. , Высшая школа: взгляд на проблему и дейст вия в грядущем веке//Перспект ивы: сравнит ельные исследования в област и образования. – 1999. Том XXVIII. №3. – с. 19 – 28.

122. Дмит риев Г. Д. , Многокульт урное образование. – М. : Народное образование, 1999. – с. 208.

123. Духавнева А. В. , Ст оляренко Л. Д. , Ист ория зарубежной педагогики и философия образования. – Рост ов – на – Дону: Феникс, 2000. – с. 480. – (Серия 《Учебники, учебные пособия》).

124. Душут ин В. К. , Душут ин К. В. , Гомеост азис сист емы образования как региональной информационной сист емы//Образование для XXI века: дост упност ь, эффект ивност ь, качест во. Труды Всероссийской научно – практ ической конференции. Част ь I. – М. : МАНПО, 2002. – с. 57 – 59.

125. Елаева Н. К. , Наст оящее и будущее бурят ско национальной школы// Педагогика. – 1997. №1. – с. 69 – 73.

126. Ерасов Б. С. , Социальная культ урология. Пособие для ст уд. Высших уч. завед. 2 – е изд. , испр. и доп. – М. : Аспект Пресс, 1996. – с. 591.

127. Ефремова Л. , Воспит ыват ь на основе национальной культ уры// Школа. – 1998. №3. – с. 35 – 36.

128. Жизненный пот енциал эт нокульт урного развит ия современной Сибири/Под ред. В. И. Бойко. – Барнаул; Новосибирск; Москва: Изд – во АРНЦ СО РАО, 1999. – с. 189.

129. Жураковский В. М. , Кураков Л. П. , Укрепление российской государст венност и: мест о и роль сист емы образования. – М. : Гелиос

АРВ, 2000. – с. 422.

130. Загвязинский В. И., Проект ирование региональных образоват ельных сист ем//Педагогика. – 1999. № 5. – с. 8 – 14.

131. Загузов Н. И., Загузова Е. В., Докт орские диссерт ации по гуманит арным и общест венным наукам: Справочник/От в. ред. И. П. Смирнов. – М.: ИРПО, 2001. – с. 312.

132. Закон Российской Федерации 《Об образовании》//Справочник менеджера образования. В 2 – х т./Сост. В. С. Гиршович. – М.: Новая школа, 1995. Т. 1. – с 5 – 41.

133. Закон Республики Северная Осет ия – Алания 《Об образовании》. – Владикавказ: Минист ерст во общего и проф. образования, 2000. – с. 49.

134. Запесоцкий А. С., Образование: философия, культ урология, полит ика. –М.: Наука, 2002. – с. 456.

135. Зимбардо Ф., Ляйппе М. Социальное влияние. Пер. с англ. Мальгиной Н., Федоровой А. – СПб.: Пит ер, 2000. – с. 448.: ил. – (Серия 《Маст ера психологии》).

136. Зимняя И. А., Педагогическая психология: Учеб. пособие. – Рост ов – на – Дону: Феникс, 1997. – с. 480.

137. Зинченко В. П., Моргунов Е. Б., Человек развивающийся. Очерки российской психологии. – М.: Тривола, 1994. – с. 304.

138. Зуев Д., Мысли о ст рат егии школьного образования в России и его реформировании//Школа. – 1998. № 2. – с. 5 – 10.

139. Ильинский И. М., О 《культ уре》 войны и Культ уре мира. – М., 1999. – с. 124.

140. Ильясов И. О., Теорет ические основы обучения английскому языку учащихся многонациональных школ с преподаванием предмет ов на русском языке (на примере школ Дагест ана). Дис…. докт. пед. наук. СПб.: РГПУ им. А. И. Герцена, 1996. – с. 451.

141. Ионин Л. Г., Социология культ уры: Учеб. пособие. – М.: Издат ельская корпорация "Логос", 1996. – с. 280.

142. Ионин Л. Г. , Культурный шок: конфликт этнических стереотипов// Психология национальной нетерпимости: Хрестоматия/Сост. Ю. В. Чернявская. – Мн. : Харвест , 1998. – с. 104 – 114.

143. Ионин Л. Г. , Социология культуры: путь в новое тысячелетие. Учебное пособие. Изд. 3 – е, перераб и доп. – М. : Издательская корпорация 《Логос》, 2000. – с. 432.

144. Исаев Л. Н. , К. Д. Ушинский – основатель русской дидактической и методической школы. Дис ⋯ . докт . пед. наук. Пятигорск: ПГЛУ , 2001. – с. 357.

145. Кабуш В. Т. , Гуманистическая воспитательная система: теория и практика. – Мн. : Академия последипломного образования , 2001. – с. 332.

146. Кагиев А. К. , К проблеме этнокультурного диалога народов Северо – Кавказского региона//Проблемы развития образования на Северном Кавказе. Сборник научных статей/Отв. ред. и сост . В. В. Макаев. – Пятигорск: ПГЛУ , 1998. – с. 37 – 44.

147. Камболов Т. Т. , Языковая ситуация и языковая политика в Северной Осетии: история, современность , перспективы: Монография/Под ред. М. И. Исаева. – Владикавказ: СОГУ , 2002. – с. 287.

148. Канке В. А. , Основные философские направления и концепции науки. Итоги XX столетия. – М. : Логос , 2000. – с. 320.

149. Кантор В. К. , Феномен русского европейца. Культурологические очерки. – М. : МОНФ; ООО 《Издательский центр научных и учебных программ》, 1999. – с. 384. – (Серия 《Научные доклады》, №84) .

150. Капица С. П. , и др. Синергетика и прогнозы будущего. 2 – е изд./ Капица С. П. , Курдюмов С. П, Малинецкий Г. Г. – М. : Эдиториал УРСС, 2001. – с. 288.

151. Каргиева З. К. , Теоретические основы подготовки и повышения квалификации преподавателей в системе университетского образования. Дис.. докт. пед. наук. Владикавказ, 1995. – с. 311.

152. Карцевский С. И., Национализм в школе//Педагогическое наследие русского зарубежья, 20 – е годы: Кн. для учителя/Сост. и авт. вступ. ст. П. В. Алексеев. – М.: Просвещение, 1889. – с. 233 – 243.

153. Каспржак А. Г., Левит М. Б., Базисный учебный план и российское образование в эпоху перемен. Сер.: Библиотечка директора школы. – М.: МИРОС, 1994. – с. 144.

154. Касьян А. А., Гуманитаризация образования: некоторые теоретические предпосылки//Педагогика. – 1998. №2. – с. 17 – 22.

155. Качество жизни и модернизация образования (в регионе субцивилизации Российского севера)/Додонова Л. А., Пимчев С. П., Буркова Н. Г. – М. – Нижневартовск: Приобье, 2000. – с. 127.

156. Кашаев А. А., Перспективы формирования мирового образовательного пространства в XXI веке//Образование для XXI века: доступность, эффективность, качество. Труды Всероссийской научно – практической конференции. Часть I. – М.: МАНПО, 2002. – с. 74 – 78.

157. Кимов Ю. С., К итогам пятилетнего эксперимента по обучению на родном языке а национальной школе//Проблемы развития образования на Северном Кавказе. Сборник научных статей/Отв. ред. и сост. В. В. Макаев. – Пятигорск: ПГЛУ, 1998. – с. 44 – 53.

158. Князева Е. Н., Курдюмов С. П., Законы эволюции и самоорганизации сложных систем. – М.: Наука, 1994. – с. 236. (серия 《Кибернетика – неограниченные возможности и возможные ограничения》).

159. Князева Е. Н., Курдюмов С. П., Основания синергетики. Режимы с обострением, самоорганизация, темпомиры. – СПб.: Алетейя, 2002. – с. 414.

160. Кодзаев Т. Б., Социально – этническая среда как фактор воспитания. Учеб. – метод пособие/Под ред. Дреева О. И. – Владикавказ: СОГУ, 1996. – с. 45.

161. Кола Д., Политическая социология/Пер. с фр.; Предисл. А. Б. Гофмана. – М.: Издательство 《Весь мир》, 《ИНФРА – М》, 2001. – с. 406. – (Серия 《Университетский учебник》).

162. Колесникова И. А., Педагогическая реальност ь: опыт межпарадигмальной рефлексии. Курс лекций по философии педагогики. – СПб.: 《Дет ст во – пресс》, 2001. – с. 288. (Серия 《Педагогическое образование》)

163. Коммент арий к Закону Российской Федерации 《Об образовании》/ От в. ред. В. И. Шкат улла. – 2 – е изд., перераб. и доп. – М.: Юрист ъ, 2001. – с. 778.

164. Конст ит уция Российской Федерации. – М., 2001. – с. 38.

165. Конст ит уция Республики Северная Осет ия – Алания (принят а Верховным Совет ом РСО 12 ноября 1994 года). – Владикавказ, 1994. – с. 96.

166. Концепция поликульт урного образования в современной общеобразоват ельной школе России/В. В. Макаев, З. А. Малькова, Л. Л. Супрунова. – Пят игорск: ПГЛУ, 1999. – с. 14.

167. Концепция прогноза развит ия образования до 2015 года/Громыко Ю., Давыдов И., Лазарев В., Рубцов В., Слободчиков В. //Народное образование. – 1993. №1. – с. 17 – 27.

168. Концепция национальной школы: Цели и приорит ет ы содержания образования/Кузьмин М. Н., Сусоколов А. А., Бацын В. К., Ешич М. Б. – М.: ИНПО, 1994. – с. 56.

169. Концепция поликульт урного образования в современной общеобразоват ельной школе России/Макаев В. В., Малькова З. А., Супрунова Л. Л. – Пят игорск: ПГЛУ, 1999. – с. 14.

170. Корнет ов Г. В., Развит ие ист орико – педагогического процесса в конт екст е цивилизационного подхода. Дис···. докт. пед. наук в форме науч. доклада. М.: РАО, 1994. – с. 65.

171. Краевский В. В., Содержание образования: вперед к прошлому. – М.: Педагогическое общест во России, 2001. – с. 36.

172. Кремень В. Г., Философия образования XXI ст олет ия//Вест ник образования России. – 2003. №7. – с. 3 – 12.

173. Крупнов Ю., Языковая полит ика – шаг к т ому, чт обы российское

образование ст ало лучшим в мире//Народное образование. – 2001. – с. 49 – 59.

174. Крылова Н. Б. , Культ урология образования. – М. : Народное образование, 2000. – с. 272.

175. Крысько В. Г. , Эт ническая психология: Учеб. пособие для ст уд. высш. учеб. заведений. – М. : Издат ельский цент р 《Академия》, 2002. – с. 320.

176. Кузьмин М. Н. , Красовицкая Т. Ю. , и др. Проблемы национальной школы в СССР: ист ория и современност ь/Мат ериалы к обсуждению. – М. : ВНИК 《Школа》, 1989. – с. 40.

177. Кузьмин М. Н. , Национальная школа России в конт екст е государст венной образоват ельной и национальной полит ики. – М. : ИНПО, 1997. – с. 32.

178. Кузьмин М. Н. , Переход от т радиционного общест ва к гражданскому: изменение человека. – М. : ИНПО, 1997. – с. 30.

179. Кузьмин М. Н. , Образование в условиях полиэт нической и поликульт урной России//Педагогика. – 1999. №6. – с. 3 – 11.

180. Кукушин В. С. , Ст оляренко Л. Д. , Эт нопедагогика и эт нопсихология: Учеб. пособие для ст уд. вузов. – Рост ов – на – Дону: Феникс, 2000. – с. 448.

181. Культ ура межнационального общения: проблемы формирования и развит ия: Мат ериалы региональной научно – практ ической конференции/ Сост . : Омаров К. О. , Омарова З. К. , Тананыкина Л. В. – Махачкала: ИПЦ ДГУ, 2002. – с. 119.

182. Культ ура мира: Хрест омат ия/Под ред. В. Т. Кабуша: Сост . Л. К. Кондаленко, С. М. Симонова. – Мн: Бел. Фонд социальной поддержки дет ей и подрост ков 《Мы – дет ям》; М – во образования Респ. Беларусь; Акад. последиплом. образования, 1999. – с. 218.

183. Культ урология. Учеб. пособие для ст уд. вузов/Под ред. Г. В. Драча. – Рост ов – на – Дону: Феникс, 1995. – с. 576.

184. Кун Т. Ст рукт ура научных революций: Пер. с англ. /Т. Кун; Сост . В. Ю. Кузнецов. – М. : ООО 《Издат ельст во АСТ》, 2002. – с. 608.

185. Кураков Л. , Ефремов Л. Пут ь к модернизации образования//Высшее

образование в России. – 2003, № 3. – с. 96 – 98.

186. Курбиев М. М. , Поликульт урное гуманит арное образование в Дагест ане//ht-tp: //www. dgu. ru/ ~ philosophy/stkb1/. htm [Элект рон. ресурс]

187. Кушнир А. , Русский язык и национальная безопасност ь//Народное образование. – 2001. № 2. – с. 5 – 13.

188. Лайпанова И. Б. , Ст ановление эт нической идент ичност и младшего школьника в процессе обучения···. Авт ореф··· канд. пед. наук. Карачаевск: КЧГПУ, 2002. – с. 22.

189. Лебедева Н. М. , Введение в эт ническую и кросс – культ урную психологию: Учеб. пособие. – М. : 《 Ключ – С 》, 1999. – с. 224.

190. Леви – Ст рос К. , Ст рукт урная ант ропология/Пер. с фр. Вяч. Вс. Иванова. – М. : Изд – во ЭКСМО – Пресс, 2001. – с. 512. （ Серия 《 Психология без границ 》）

191. Левит ес Д. , Качест во образования и безопасност ь ст раны//Лучшие ст раницы педагогической прессы. – 2002. № 4. – с. 8 – 11.

192. Левит ская А. А. , Языковая сит уация в Республике Северная Осет ия – Алания: особенност и функционирования русского и осет инского как государст венных языков республики//Мат ериалы международной научно – практ ической конференции 《 Русский язык и языки народов России: функциональное и ст рукт урное взаимодейст вие 》 . – Владикавказ: 《 Ремарко 》, 2001. – с. 18 – 23.

193. Левчук Л. Б. , Глоссари современного образования (т ерминологический словарь) //Народное образование. – 1997. № 3. – с. 93 – 95.

194. Левчук Л. Б. , Глобальное образование как один из механизмов инт еграции образоват ельных сист ем//Развит ие личност и в образоват ельных сист емах Южно – Российского региона. VII годичное собрание Южного от деления РАО. – Рост ов – на – Дону: РГПУ. Част ь I. 2000. – с. 281 – 282.

195. Леднев В. С. , Ст андарт ы общего образования: от идеи к реализации// Извест ия Российской Академии образования. – 1999. – с. 59 – 67.

196. Липник В. Н. , Школьные реформы в России.. – М. : Б – ка журнала

《Вест ник образования》, 2002. – с. 64.

197. Лисицына Г. Г. , Кавказский комит ет – высшее государст венное учреждение для управления Кавказом （1845 – 1882） //Россия и Кавка з – сквозь два ст олет ия. Ист орические чт ения. – СПб. : АОЗТ 《 Журнал 《 Звезда》, 2001 . – с. 154 – 168.

198. Лиферов А. П. , Инт еграция мирового образования – реальност ь т рет ьего т ысячелет ия: Монография. – М. : Славянская школа , 1997. – с. 226.

199. Лиферов А. П. , Новое российское пограничье и реинт еграция образоват ельного прост ранст ва СНГ. – М. : Издат ельский Дом МАГИСТР – ПРЕСС, 2000. – с. 100.

200. Лиферов А. П. , Региональные аспект ы реинт еграции образоват ельного прост ранст ва ст ран СНГ. – М. : Издат ельский Дом МАГИСТР – ПРЕСС, 2001. – с. 166.

201. Лихачев Б. Т. , Вст упая в т рет ье т ысячелет ие//Педагогика. – 1999. №5. – с. 120 – 121.

202. Ловецкий Г. И. , Психолого – педагогические основы формирования региональной образоват ельной полит ики （ на примере Калужской област и） . Авт ореф. дис … канд. псих. наук. М. : Психологический инст ит ут РАО, 1995. – с. 23.

203. Майерс Д. , Социальная психология. Пер. с англ. Мелевской С. , Викт оровой Д. , Гаврилова В. , Шпака С. – СПб. : Пит ер, 2000. – с. 688.

204. Макаев В. В. , Некот орые т еорет ико – мет одологические аспект ы поликульт урного образования//Проблемы развит ия образования на Северном Кавказе. Сборник научных ст ат ей/От в. ред. и сост . В. В. Макаев. – Пят игорск: ПГЛУ, 1998. – с. 61 – 71.

205. Макаев В. В. , Поликульт урное образование: ист орический аспект и современные проблемы//Вест ник Пят игорского государст венного лингвист ического университ ет а. – 2003. №1. – с. 36 – 38.

206. Максимова В. Н. , Национальный ресурс обновления ст раны//Лучшие ст раницы педагогической прессы. – 2001 , №3. – с. 10 – 14.

207. Малькова З. А., Вульфсон Б. Л., Основные тенденции развития образования за рубежом: Аналитический доклад. – М.: Изд – во УРАО, 1998. – с. 32.

208. Материалы заседания Государственного совета Российской Федерации и официальные документы (август 2001 г.). – М., 2001. – с. 167.

209. Материалы к заседанию Коллегии Минобразования России по итогам деятельности за 2000 год. – М.: МО РФ, 2001. – с. 303.

210. Международные Конвенции 公约 и Декларации 宣言 о правах ребенка. Информационный бюллетень. – М., 2000. – с. 33.

211. Мельвиль А. Ю., Демократические транзиты 民主的传递 (теоретико – методологические и прикладные аспекты). – М.: МОНФ; Издат – во центр. научных и учебных программ, 1999. – с. 108. – (Серия 《 Научные доклады》, №78)

212. Методологические проблемы развития педагогической науки/Под ред. Атутова П. Р., Скаткина М. Н., Турбовского Я. С. – М.: Педагогика, 1985. – с. 240.

213. Миносьянц А. Г., Народное творчество как средство развития гуманистических качеств в личности учащихся профессионального лицея. Автореф. дис··· канд. пед. наук. Карачаевск: КЧГПУ, 2000. – с. 28.

214. Мировой опыт организации и реализации воспитания детей и учащихся: материалы Всероссийской научно – практической конференции. – М.: Педагогическое общество России, 2001. – с. 256.

215. Миронов В. Б., Век образования. – М.: Педагогика, 1990. – с. 176. – (Человечество на рубеже XXI века)

216. Митгельштрасс Ю., Новые проблемы в образовании и научные исследования в условиях глобализации экономики//Перспективы: сравнительные исследования в образовании. – 2001. Том XXXI. №4. – с. 72 – 78.

217. Моисеев Н. Н., Современный антропогенез и цивилизационные разломы (Эколого – политологический анализ) //Вопросы философии. – 1995.

№1. – с. 3 – 30.

218. Моисеев Н. Н. , Логика динамических сист ем и развит ие природы и
общест ва//Вопросы философии. – 1999. №4. – с. 3 – 10.

219. Молодежь России перед лицом глобальных вызовов на рубеже веков:
Мат ериалы Международной конференции. /Под научн. и общей
ред. И. М. Ильинского. – М. : Сент ябрь, 2001. – с. 464.

220. Монит оринг региональных образоват ельных сист ем/Под общей
ред. А. Н. Майорова. – М. : Полиграф сервис, 1999. – с. 224.

221. Московский базисный региональный учебный план и его мет одическое
обеспечение (Информационный сборник). Серия: 《Инст рукт ивно –
мет одическое обеспечение содержания образования в Москве》/
От в. ред. Л. Е. Курнешова. – М. : Цент р инноваций в педагогике,
1998. – с. 80.

222. Мудрик А. В. , Социализация и воспит ание. – М. : Сент ябрь, 1997. –
с. 96. – (Библиот ека журнала 《Директ ор школы》) .

223. Мудрик А. В. , Социальная педагогика: Учеб. для ст уд. пед. вузов/Под
ред. В. А. Сласт енина. – 3 – е изд. , испр. и доп. – М. : Издат . цент р
《Академия》, 2000. – с. 200.

224. Мухин М. И. , Гуманизация как сист емообразующее основание
развит ия образования в ст ранах СНГ//Развит ие образования в
ст ранах СНГ. Сборник научных т рудов/Под ред. докт . пед. наук,
проф. В. А. Мясникова. М. : ИТОП РАО, 2000. – с. 93 – 116.

225. Мясников В. А. , Инт еграционные процессы в образовании ст ран СНГ в
конт екст е новых социальных измерений//Развит ие образования в ст ранах
СНГ. Сборник научных т рудов/Под ред. проф. В. А. Мясникова. – М. ,
2000. – с. 14 – 32.

226. Мясников В. А. , Развит ие инт еграционных процессов в образовании
ст ран СНГ. – М. , 2001. – с. 155.

227. Назарова Т. С. , Шаповаленко В. С. , Парадигма нелинейност и как основа
синергет ического подхода в обучении//Ст андарт ы и монит оринг в

образовании. – 2003. №1. – с. 3 – 10.

228. Народное образование в СССР/Под ред. М. А. Прокофьева. – М. : Педагогика, 1985. – с. 448.

229. Национальный манифест. 公告 – М. : МОНФ; Издат – во цент р. научных и учебных программ, 1999. – с. 96. – (Серия 《 Научные доклады 》, вып. № 82) .

230. Национальная докт рина образования в Российской Федерации (проект) //Учит ельская газет а. – 1999. №42. – 19 окт ября.

231. Немов Р. С. , Психология: Учеб. для ст уд. высш. пед. учеб. заведений: В 3 кн. – 3 – е изд. – М. : Гуманит . изд. цент р ВЛАДОС, 2000. – Кн. 2: Психология образования. – с. 608.

232. Никандров Н. Д. , Россия: социализация и воспит ание на рубеже т ысячелет ий. – М. : Педагогическое общест во России, 2000. – с. 304.

233. Никандров Н. Д. , Образование на рубеже т ысячелет ий: вечное и преходящее//Народное образование. – 2001. №2. – с. 178 – 182.

234. Николаева А. И. , Русская национальная школа XIX – XX вв. Ист ория. Современност ь. Опыт . Монография. – М. : РИЦ 《 Альфа 》 МГОПУ, 2000. – с. 250.

235. Никулин С. К. , Ст епанчикова М. А. , Анализ опыт а работ ы регионов Российской Федерации по развит ию т ехнического т ворчест ва учащихся (мет одическое пособие для педагогических работ ников сист емы дополнит ельного образования) . – М. : Изд – во МАИ, 2000. – с. 47.

236. Новиков А. М. , Российское образование в новой эпохе/Парадоксы наследия, вект оры развит ия. – М. : Эгвес, 2000. – с. 272.

237. Образоват ельная полит ика России на современном эт апе. Справка Госсовет а РФ//Официальные документ ы в образовании. – 2002. №2. – с. 2 – 49.

238. Об ут верждении Федеральной программы развит ия образования (Федеральный закон РФ от 10. 04. 2000 №51 – ФЗ) //Вест ник образования. – 2000. №12. – с. 3 – 70.

239. О внесении изменений и дополнений в Закон Российской Федерации "Об образовании". – М. : Новая школа, 1996. – с. 64.

240. О внесении изменений и дополнений в Закон Республики Северная Осетия – Алания 《Об образовании》 // Северная Осетия. 2003. – 19 марта.

241. Окинавская Хартия Глобального Информационного Общества // Телекоммуникации и информатизация образования. – 2001. № 1. – с. 6 – 14.

242. О национальном самочувствии народов России. О состоянии и перспективах государственной национальной политики. Специальный доклад Президенту Российской Федерации. – М. : Славянский диалог, 2001. – с. 64.

243. Орлов А. Б., Психология личности и сущности человека: Парадигмы, проекции, практики: Учеб. пособие для студ. психол. фак. вузов. – М. : Издательский центр 《Академия》, 2002. – с. 272.

244. Основы политики Российской Федерации в области развития науки и технологий на период до 2010 года и дальнейшую перспективу // Поиск. – 2002. – 10 апреля.

245. От века к веку: страницы истории образования в Северной Осетии/ Под ред. Черджиева А. В., Белогурова А. Ю. – М. : Издательство 《Арт – Бизнес – Центр》, 2001. – с. 336.

246. Палаткина Г. В., Мультикультурное образование: современный подход к воспитанию на народных традициях // Педагогика. – 2002. № 5. – с. 41 – 47.

247. Панарин А. С., Искушение глобализмом. – М. : Изд – во ЭКСМО – Пресс, 2002. – с. 416. – (Серия 《История России. Современный взгляд》).

248. Пасхин Е. Н., Информатизация образования в стратегии устойчивого развития (философско – методологический анализ). – М. : Изд – во РАГС, 1999. – с. 243.

249. Педагогика. Учеб. пособие для студентов пед. институтов/ Под ред. Ю. К. Бабанского. – М. : Просвещение, 1983. – с. 608.

250. Педагогика: педагогические теории, системы, технологии: Учеб. для студ. высш. и сред. учеб заведений/ С. А. Смирнов, И. Б. Котова, Е. Н.

Шиянов и др. ; Под ред. С. А. Смирнова. 3 - е изд. , испр. и доп. - М. : Академия, 1999. - с. 512.

251. Педагогика : Учеб. пособие для ст уд. высш. пед. учеб. заведений／В. А. Сласт енин, И. Ф. Исаев, Е. Н. Шиянов; Под ред. В. А. Сласт енина. - М. : Издат . цент р 《Академия》, 2002. - с. 576.

252. Педагогика : Учеб. пособие／Под ред. П. И. Пидкасист ого. - М. : РПА, 1996. - с. 603.

253. Педагогическая энциклопедия／Под ред. Калашникова А. Г. , при участ . Эпшт ейна М. С. Т. 1. - М. : 《Работ ник просвещения》, 1927. - с. 1158.

254. Педагогическая энциклопедия／Под ред. Калашникова А. Г. , при участ . Эпшт ейна М. С. Т. 2. - М. : 《Работ ник просвещения》, 1928. - с. 635.

255. Педагогическая энциклопедия／Под ред. Калашникова А. Г. , при участ . Эпшт ейна М. С. Т. 3. - М. : 《Работ ник просвещения》, 1929. - с. 894.

256. Педагогическое наследие русского зарубежья, 20 - е годы: Кн. Для учит еля／Сост . и авт . вст уп. ст . П. В. Алексеев. - М: Просвещение, 1993. - с. 288.

257. Перспект ивы социальной психологии／Пер. с англ. - М. : Изд - во ЭКСМО - Пресс, 2001. - 688 с. - (Серия 《Мир психологии》)

258. Пет ровский В. А. , Субъект ност ь: новая парадигма в образовании／／ Психологическая наука и образование. - 1996. №3. - с. 100 - 109.

259. Пинский Ан. , Образование свободы и несвобода образования. - М. : Изд - во УРАО, 2001. - с. 232.

260. Плат онов Г. В. , Косичев А. Ф. , Духовност ь и наша жизнь (научно - популярный очерк) . - М. : МОНФ; Изд - во цент р. научных и учебных программ, 1999. - с. 160. - (Серия 《Монографии》, вып. №6)

261. Подласый И. П. , Педагогика : Учеб. для ст удент ов высших пед. учеб. заведений. - М. : Просвещение: Гуманит . изд. цент р ВЛАДОС, 1996. - с. 432.

262. Полонский В. М. , Научно – педагогическая информация: Словарь – справочник. – М. : Новая школа , 1995. – с. 256.

263. Померанц Г. , Выход из транса. – М. : Юрист , 1995. – с. 575. – (Лики культуры.)

264. Попова М. Вл. , Основы психологических знаний как фактор гуманитаризации общего среднего образования. Дис. ··· канд. пед. наук. М. , 1993. – с. 320.

265. Порфирьева Р. А. , Гуманизация образования как фактор преобразования общества (на примере средней школы Российской Федерации). Дис. . . . канд. филос. наук. М. , 1992. – с. 119.

266. Поташник М. М. , Инновационные школы России: становление и развитие. Опыт программ поцелевого управления: Пособие для руководителей общеобразовательных учреждений/Вступит. ст . В. С. Лазарева. – М. : Новая школа , 1996. – с. 320.

267. Право на образование: на пути к образованию для всех в течение всей жизни. Всемирный доклад ЮНЕСКО по образованию 2000 г. – М. : Издательский Дом 《Магистр – пресс》, 2000. – с. 192.

268. Прангишвили И. В. , Системный подход и общесистемные закономерности. Серия 《Системы и проблемы управления》. – М. : СИНТЕГ, 2000. – с. 528.

269. Пригожин И. , Стенгерс И. Порядок из хаоса. Новый диалог человека с природой. Пер. с англ. Ю. А. Данилова. 3 – е изд. – М. : Эдиториал УРСС , 2001. – с. 312.

270. Пригожин И. , Стенгерс И. Время, хаос, квант . К решению парадокса времени. Пер. с англ. Ю. А. Данилова. 3 – е изд. – М. : Эдиториал УРСС, 2001. – с. 240.

271. Проблемы законодательного регулирования процесса сохранения единого образовательного пространства России на примере Северо – Кавказского региона (рекомендации парламентских слушаний) // Документы в образовании. – 1999. № 19. – с. 8 – 11.

272. Проблемы поликультурного образования в Дагестане/Под ред. С. И. Муртазалиева , Г. И. Кисловой. – Махачкала : ИПЦ ДГУ , 2002. – с. 223.

273. Проблемы развития образования на Северном Кавказе. Сборник научных статей/Отв. ред. и сост. Макаев В. В. – Пятигорск: Изд – во ПГЛУ, 1998. – с. 115.

274. Программа учебного предмета 《Наша республика – Кабардино – Балкария》 (для образовательных учреждений 《начальная школа – детский сад》) / Авт. – сост. Л. С. Балкарова. – Нальчик, 2002. – с. 24.

275. Прокошенкова Л. П., Национально – региональный компонент содержания общего среднего образования в Чувашии//Известия Российской академии образования. – 2001. №3. – с. 44 – 49.

276. Психология и педагогика. Учеб. пособие для вузов/Сост. и отв. редактор Радугин А. А. – М.: Центр, 1996. – с. 334.

277. Психология и педагогика/Реан А. А., Бордовская Н. В., Розум С. И. – СПб.: Питер, 2000. – с. 432.

278. Психология человеческих проблем: Хрестоматия/Сост. К. В. Сельченок. – Мн.: Хервест, 1998. – с. 448. – (Библиотека практической психологии).

279. Радовель М. Р., Поликонтекстный анализ межэтнических отношений как фактор оптимизации образовательных процессов//Развитие личности в образовательных системах Южно – Российского региона. VII годичное собрание Южного отделения РАО. Часть I. – Ростов – на – Дону: РГПУ, 2000. – с. 287 – 288.

280. Радовель М. Р., Образовательное учреждение как поле взаимодействия социума и личности в условиях транзитивного общества//Развитие личности в образовательных системах Южно – Российского региона. IX годичное собрание Южного отделения РАО. Часть I. – Ростов – на – Дону: РГПУ, 2002. – с. 259 – 260.

281. Развитие образования в странах СНГ. Сборник научных трудов/Под ред. докт. пед. наук, проф. В. А. Мясникова. – М.: ИТОП РАО, 2000. – с. 397.

282. Развитие творческих способностей ребенка и формирование культуры мира: Программные материалы науч. – практ. конф./Под ред. В. Т. Кабуша. –

Мн. , 1999. – с. 52.

283. Разумный В. А. , Система образования на рубеже третьего тысячелетия// Русское богатство. – 1997. №1 –2. – с. 70 –89; 27 –47.

284. Разумовский В. Г. , Тарасов Л. В. , Развитие общего образования: интеграция и гуманитаризация//Советская педагогика. – 1988. №7. – с. 3 – 10.

285. Райс Ф. , Психология подросткового и юношеского возраста. Пер. с англ. Мальгиной Н. , Харитоновой С. , Рысева С. , Царука Л. – СПб : Питер, 2000. – с. 656. : ил. – (Серия《Мастера психологии》) .

286. Райцев А. В. , 《Национально – региональный》 или республиканский? // Высшее образование в России. – 2002. №5. – с. 93 – 96.

287. Ракитов А. И. , Будущее России – общество высоких технологий// Проблемы информатизации. – 1995. №2······.

288. Рац М. В. , К концепции открытого общества в современной России// Вопросы философии. – 1999. №2. – с. 23 – 34.

289. Реан А. А. , и др. Психология и педагогика/Реан А. А. , Бордовская Н. В. , Розум С. И. – СПб : Питер, 2000. – с. 432. : ил. – (Серия《Учебники нового века》) .

290. Регионоведение: Учебное пособие/Отв. ред. проф. Ю. Г. Волков. – Ростов – на – Дону: Феникс, 2002. – с. 416.

291. Редько Л. Л. , Управление качеством непрерывного уровневого педагогического образования в условиях формирования региональных образовательных систем. Автореф···. докт . пед. наук. М. : РАПКиПРО, 2001. – с. 42.

292. Реформы образования в современном мире: глобальные и региональные тенденции/Под ред. Б. Л. Вульфсона, Н. М. Воскресенской, З. А. Мальковой, В. Я. Пилиповского. – М. : Изд – во Российского открытого ун – та, 1995. – с. 272.

293. Руткевич М. Н. , Школа: социальный кризис и коммерциализация// Народное образование. – 2000. №8. – с. 5 – 12.

294. Руткевич М. Н. , Теория нации: философские вопросы//Вопросы философии. – 1999. № 5. – с. 19 – 32.

295. Рыбаков С. Е. , Философия этноса. – М. : ИПК Госслужбы, 2001. – с. 360.

296. Сабаткоев Р. Б. , Национально – региональный компонент образования или национально – региональное образование? //Известия Академии педагогических и социальных наук/Под ред. С. К. Бондыревой. Выпуск VI. Образование как фактор государственной безопасности. – М. – Воронеж, 2002. – с. 114 – 117.

297. Садохин А. П. , Этнология: Учебник. – М. : Гардарики, 2000. – с. 256.

298. Саймон Б. , Общество и образование: Пер. с англ. /Общ. ред. и предисл. В. Я. Пилиповского. – М. : Прогресс, 1989. – с. 200.

299. Самсонова Т. В. , Основные направления развития социальной педагогики в России конца XIX – начала XX вв. Автореф. дис ···. канд. пед. наук. Нижний Новгород, 1997. – с. 21.

300. Салимова К. И. , Педагогика народов мира: История и современность. – М. : Педагогическое общество России, 2000. – с. 568.

301. Сборник учебно – методических материалов по этнокультурному (национальному) образованию. Серия: 《Инструктивно – методическое обеспечение содержания образования в Москве》/Отв. ред. Г. Д. Кузнецов. – М. : Центр инноваций в педагогике, 1998. – с. 208.

302. Северный Кавказ. Образование: история и современность. Коллективная монография./Под ред. В. В. Макаева, Л. Л. Супруновой. – Пятигорск: ПГЛУ, 2001. – с. 183.

303. Семенина С. К. , Санакоева Н. Г. , Программа национально – регионального компонента литературного образования (Республика Северная Осетия – Алания) 5 – 11 классы – Владикавказ: Изд – во 《Ремарко》, 2001. – с. 36.

304. Сериков В. В. , Образование и личность. Теория и практика проектирования педагогических систем. – М. : Издательская корпорация 《Логос》, 1999. – с. 272.

305. Сингх Р. Р. , Образование в условиях меняющегося мира//

Перспект ивы. – 1993. №1. – с. 7 – 21.

306. Сист ема образования Республики Северная Осет ия – Алания. – Владикавказ: Мин – во общего и проф. образования РСО – Алания, 2000. – с. 54 .

307. Сист ема образования Российской Федерации (сборник ст ат ист ических данных) . – М. : Минист ерст во образования РФ, 2000. – с. 155.

308. Сласт енин В. А. , Чижакова Г. И. , Введение в педагогическую аксиологию: Учеб. пособие для ст уд. высш. учеб. заведений. – М. : Издат ельский цент р 《Академия》, 2003. – с. 192.

309. Словарь т ерминов по сравнит ельной педагогике и ист ории педагогической мысли/Под ред. В. В. Макаева. – Пят игорск: ПГЛУ, 1998. – с. 94.

310. Смелзер Н. Социология. Пер. с англ. /Под ред. В. А. Ядова. – М. : Феникс, 1994. – с. 688.

311. Смолин О. Н. , Тенденции и прот иворечия образоват ельной полит ики//Народное образование. – 2003. №6. – с. 7 – 16.

312. Соболева Е. А. , Спирина В. И. , Принцип регионализации как факт ор развит ия образоват ельной сист емы//Развит ие личност и в образоват ельных сист емах Южно – Российского региона. VII годичное собрание Южного от деления РАО. Част ь I. – Рост ов – на – Дону: РГПУ, 2000. – с. 291 – 292.

313. Собкин В. С. , Писарский П. С. , Типы региональных образоват ельных сит уаций в Российской Федерации. Труды по социологии образования. Том IV. Выпуск V. – М. : Цент р социологии образования РАО, 1998. – с. 96.

314. Современный словарь по педагогике/Сост . Рапацевич Е. С. – Мн. : Современное слово, 2001. – с. 928.

315. Солдат кин В. И. , Современная государст венная образоват ельная полит ика: социальные императ ивы и приорит ет ы. Авт ореферат диссерт ации на соискание ученой ст епени докт ора философских наук (печат ает ся в сокращении) //Образование. – 2000. №2. – с. 47 – 78.

316. Сопоева Н. Х. , Национально – региональный компонент в сист еме

акт ивизации процесса обучения в начальной школе. Дис ⋯ канд. пед. наук. Владикавказ: СОГУ. – с. 176.

317. Сост ояние и основные т енденции развит ия сист емы образования в 1998 году. – М. : МОиПО РФ. – с. 174.

318. Социальная педагогика: Курс лекций/Под общей ред. М. А. Галагузовой. – М. : Гуманит . Изд. Цент р ВЛАДОС, 2000. – с. 416.

319. Социология: Курс лекций: Учеб. пособие/Волков Ю. Г. , Нечипуренко В. Н. , Попов А. В. , Самыгин С. И. – Рост ов – на – Дону: Феникс, 1999. – с. 512.

320. Спирина И. Г. , Социокульт урные процессы современного российского общест ва. Авт ореф. дис⋯. канд. социол. наук. Курск: КГТУ, 2002. – с. 20.

321. Ст ат ист ические данные по сист еме образования. мат ериалы к коллегии Минобразования России по ит огам деят ельност и в 2000 году. – М. : Минист ерст во образования РФ, 2001. – с. 36.

322. Ст епанов В. А. , Научно – мет одические основы пост роения региональных образоват ельных программ по физике (на примере региона Чувашской республики). Авт ореф. дис⋯. докт . пед. наук. Чебоксары, 1998. – с. 40.

323. Ст епашко Л. А. , Философия и ист ория образования: Учеб. пособие для ст удент ов вузов. – М. : МПСИ – Флинт а , 1999. – с. 268.

324. Ст оляренко А. М. , Психология и педагогика: Учеб. Пособие для вузов. – М. : ЮНИТИ – ДАНА, 2001. – с. 423.

325. Ст рат егия модернизации содержания общего образования (мат ериалы для разработ ки документ ов по обновлению общего образования) // Управление школой. – 2001. №30.

326. Ст релова О. Ю. , Национально – региональный компонент : вероят ност ные поля смыслов и значений понят ия//Ст андарт ы и монит оринг в образовании. – 2002. №4. – с. 27 – 32.

327. Ст релова О. Ю. , Региональный проект НРК ист орико – общест воведческого образования//Ст андарт ы и монит оринг в образовании. – 2003. №4. – с. 18 – 21.

328. Сукунов Х. Х. , Величук А. П. О разработке типовой модели национальной школы (для школ Северного Кавказа) . – М. : Инстит ут национальных проблем образования, 1996. – с. 39.

329. Сукунов Х. Х. , и др. К проблеме национально – регионального компонента в содержании образования (Материалы к обсуждению) / Сукунов Х. Х. , Магометова М. П. , Сукунова И. Х. , Тажев Б. П. – М. : АПСН РФ, 1998. – с. 108.

330. Супрунова Л. Л. , Проблемы этнорегиональных исследований в сравнительной педагогике//Семейная этнопедагогика и современная национальная школа: Материалы межвузовской научной конференции. – Карачаевск: КЧГПУ, 1997. – с. 51 – 63.

331. Супрунова Л. Л. , Проблемы и перспективы поликультурного образования на Северном Кавказе//Проблемы развития образования на Северном Кавказе. Сборник научных статей/Отв. ред. и сост. В. В. Макаев. – Пятигорск: ПГЛУ, 1998. – с. 80 – 88.

332. Супрунова Л. Л. , Гуманистическая направленность государственной образовательной политики на Северном Кавказе//Педагогика. – 2001. №5. – с. 30 – 39.

333. Супрунова Л. Л. , Основные направления в области сравнительной педагогики и поликультурного образования//Вестник Пятигорского государственного лингвистического университета. – 2002. №1. – с. 18 – 23.

334. Супрунова Л. Л. , Белогуров А. Ю. , Национально – региональный компонент содержания общего образования в структуре поликультурного образования//Развитие личности в образовательных системах Южно – Российского региона. VII годичное собрание Южного отделения РАО. Часть II. – Ростов – на – Дону: РГПУ, 2000. – с. 41 – 42.

335. Тадтаев Х. Б. , Этнос. Нация. Раса. Национально – культурные особенности детерминации процесса познания/Под ред. С. И. Замогильного. – Саратов: Изд – во Сарат. ун – т а, 2001. – с. 248.

336. Тайчинов М. Г. , Воленко О. И. , Моделирование поликультурного

образования в многонациональном общест ве//Лучшие ст раницы педагогической прессы. – 2001. №4. – с. 19 – 26.

337. Тат арова Г. Г. , Мет одология анализа данных в социологии (введение) . Учеб. для вузов. – М. : NOTA BENE, 1999. – с. 224.

338. Тахохов Б. А. , Реализация эт нокульт урного компонент а образования в условиях многонациональной школы//Сравнит ельная педагогика и проблемы образования в современном мире. Мат ериалы V Республиканской научно – т еорет ической конференции. – Карачаевск: КЧГПУ, 1999. – с. 153 – 154.

339. Тейяр де Шарден П. Феномен человека/ Предисл. и комм. Б. А. Ст арост ина. – М. : Наука , 1987. – с. 241.

340. Тема для дискуссии – базисный учебный план//Учит ельская газет а. – 2003. №32. – 5 август а.

341. Терегулов Ф. Ш. , Шт ейнберг В. Э. , Образование т рет ьего т ысячелет ия: от мифологии – через кризис педагогики – к т ехнологии//Школьные т ехнологии. – 1998. №3. – с. 48.

342. Тишков В. А. , Эт нология и полит ика. Научная публицист ика. – М. : Наука , 2001. – с. 240.

343. Тойнби А. Дж. , Пост ижение ист ории: Сборник/Пер. с англ. Е. Д. Жаркова. – М. : Рольф , 2001. – с. 640.

344. Тоффлер Э. , Шок будущего: Пер. с англ. – М. : ООО 《Издат ельст во АСТ》, 2002. – с. 557.

345. Тоффлер Э. , Мет аморфозы власт и: Пер. с англ. – М. : ООО 《Издат ельст во АСТ》, 2002. – с. 669.

346. Тощенко Ж. Т. , Парадоксальный человек. – М. : Гардарики, 2001. – с. 398.

347. Требования к диссерт ациям по педагогическим наукам: Научно – мет одические рекомендации/Авт ор – сост . В. С. Леднев. – 2 – е изд. , доп. и перераб. – М. : Издат – во МПСИ ; Воронеж: НПО 《МОДЭК》, 2003. – с. 112.

348. Тхагапсоев Х. Г. , О проблемат ике и т енденциях развит ия философии

образования. Проблема регионального в философии образования. – Нальчик, 1997. – с. 255.

349. Тхагапсоев Х. Г., Особенност и развит ия эт норегиональной сист емы образования (опыт Кабардино – Балкарской Республики) //Проблемы развит ия образования на Северном Кавказе. Сборник научных ст ат ей/ От в. ред. и сост. В. В. Макаев. – Пят игорск: ПГЛУ, 1998. – с. 88 – 101.

350. Узденова С. Б., Образование и педагогическая мысль народов Карачая и Черкессии (XIX – конец XX вв.). Дис⋯. докт. пед. наук. Пят игорск, 1997. – с. 426.

351. Уилт шир У., Образование в целях содейст вия социальной сплоченност и и ут верждения культ уры ненасилия//Перспект ивы: сравнит ельные исследования в област и образования. – 2001. Том XXXI. №4. – с. 65 – 71.

352. Урумов З. Т., Эт нопедагогические основы экологического образования ст удент ов педагогических специальност ей в условиях университ ет а. Дис⋯ канд. пед. наук. Владикавказ: СОГУ, 2002. – с. 160.

353. Ушамирская Г., Функциональный ст ат ус инт егрированной сист емы образования в регионе. Введение//Лучшие ст раницы педагогической прессы. – 2003. №3. – с. 17 – 29.

354. Федеральный закон Российской Федерации 《О внесении изменений и дополнений в Закон Российской Федерации 《Об образовании》 // Учит ельская газет а. – 1996. – 30 января.

355. Федеральная программа развит ия образования. Приложение к проект у Федерального закона РФ 《О реализации Федеральной программы развит ия образования》 //Учит ельская газет а. – 1997. – 22 апреля.

356. Федеральная целевая программа 《Формирование уст ановок т олерант ного сознания и профилакт ика экст ремизма в российском общест ве (2001 – 2005 годы)》 //Народное образование. – 2002. №1. – с. 255 – 263.

357. Фернхем А., Хейвен П. Личност ь и социальное поведение. – СПб.: Пит ер, 2001. – с. 368.: ил. – (Серия 《Маст ера психологии》).

358. Филиппов В. М., О концепции реформирования образования в проект е

программы 《 Основные направления социально – экономической полит ики Правит ельст ва Российской Федерации на долгосрочную перспект иву》（доклад на парламент ских слушаниях 14 ноября 2000 года）//Телекоммуникации и информат изация образования. – 2001. № 1. – с. 15 – 22.

359. Филиппов В. М. , Образование для новой России//Высшее образование в России. – 2000. № 1. – с. 7 – 13.

360. Филиппов В. М. , Модернизация российского образования：Обновление школы. Единые государст венные экзамены：правда и домыслы. – М. ：Дрофа, 2002. – с. 96.

361. Философия, культ ура и образование （мат ериалы 《круглого ст ола》）//Вопросы философии. – 1999. № 3. – с. 3 – 54.

362. Фуксон Л. М. , Основные проблемы региональной сист емы образования и пут и ее решения//Образование. – 2001. № 6. – с. 4 – 11.

363. Халлаг Ж. , Полит ика в област и образования и содержание обучения в развивающихся ст ранах//Перспект ивы：сравнит ельные исследования в област и образования. – 2001. Том XXX. № 2. – с. 5 – 20.

364. Хамицева С. Ф. , Эт нопедагогический аспект обучения уст ной английской речи на неязыковых факульт ет ах вузов. Авт ореф. дис ··· канд. пед. наук. Владикавказ：СОГУ, 2000. – с. 22.

365. Хараева Л. А. , Эт носоциолингвокульт урная дет ерминация педагогического общения в условиях двуязычия. Теорет ические основы. Дис ···. докт . пед. наук. Нальчик：КБГУ, 2000. – с. 366.

366. Хараева Л. А. , Культ урная дет ерминация педагогического общения в условиях двуязычия. – Нальчик：КГБУ, 2000. – с. 98.

367. Хат аев Е. Е. , Народная педагогика Северного Кавказа. – М. , 1993. – с. 132.

368. Хат аев Е. Е. , Кокоева Ф. А. , Просвет ит ели и педагоги Северного Кавказа （XIX век）：Монография/Под ред. С. Г. Ваниевой. – Владикавказ：СОГУ, 2000. – с. 100.

369. Хорос В. Г. , Пост индуст риальный мир – надежды и опасения//

Пост индуст риальный мир: цент р, периферия, Россия. Сб. 1. Общие проблемы пост индуст риальной эпохи. – М. : МОНФ; ИМЭиМО РАН, 1999. – с. 7 – 30.

370. Хьелл Л. , Зиглер Д. , Теории личност и. Основные положения, исследования и применение. Пер. с англ. Мелевской С. , Викт оровой Д. – СПб. : Пит ер, 2000. – с. 608. : ил. – (Серия 《Маст ера психологии》) .

371. Цаллагова З. Б. , Эт нопедагогический диалог культ ур: Научно – мет одическая разработ ка проблемы формирования культ уры межнациональных от ношений. – Владикавказ: СОГУ, 2001. – с. 197.

372. Цат уров В. Н. , О проблемах определения сущност и и понят ия поликульт урного образования//Проблемы поликульт урного образования: Международный сборник научных ст ат ей. – Махачкала: ИПЦ ДГУ, 2001. – с. 147 – 157.

373. Цахаева С. Г. , Эт нопедагогика в определении эт нополит ической ст рат егии Южного региона//Развит ие личност и в образоват ельных сист емах Южно – Российского региона. Част ь II. – Рост ов – на – Дону: РГПУ, 1999. – с. 124 – 125.

374. Цахаева С. Г. , Культ ура и т радиции народов Дагест ана в сист еме культ урологического образования учащихся 8 – 9 классов. Авт ореф. дис. ···. канд. пед. наук. Махачкала: ДГПУ, 2001. – с. 23.

375. Цент ральный государст венный ист орический архив СССР. Ф. 733 (Департ амент народного просвещения 1829 – 1861 гг.) . Оп. 82. Д. 329. Л. 1 –2.

376. Ценност ный мир современного ст удент а (Социологическое исследование) . – М. : Молодая гвардия, 1992. – с. 192.

377. Цуциев А. А. , Некот орые аспект ы языковой сит уации и языковой полит ики в Северной Осет ии//Бюллет ень Цент ра социальных и гуманит арных исследований Владикавказского инст ит ут а управления и Владикавказского цент ра эт нополит ических исследований Инст ит ут а эт нологи и ант ропологии РАН. – 2000. №1 (5) . – с. 98 – 126.

378. Чепиков В. Т. , Проблемы нравст венного воспит ания учащихся в условиях

многонациональной школы Северного Кавказа//Проблемы развития образования на Северном Кавказе. Сборник научных статей/От в. ред. и сост. В. В. Макаев. – Пятигорск: ПГЛУ, 1998. – с. 107 – 112.

379. Чеджемов С. Р., История педагогики и образования осетинского народа XVIII – XX веков. Дис···. докт. пед. наук. М.: МПУ, 2003. – с. 362.

380. Чешков М. А. Глобальный контекст постсоветской России. Очерки теории и методологии мироцелостности. – М.: Центр конвертируемого образования МОНФ; ООО《Издательский центр научных и учебных программ》, 1999. – с. 300.

381. Чубайс И. Б., Пора и умом Россию понимать//Труд. – 2002. – 21 февраля.

382. Чучин – Русов А. Е., Новый культурный ландшафт: постмодернизм или неоархаика? //Вопросы философии. – 1999. №4. – с. 24 – 41.

383. Шадриков В. Д., Не останавливаясь на полпути//Народное образование. – 1989. №7. – с. 6 – 13.

384. Шадриков В. Д., Конфликтующие и сотрудничающие образовательные политики//Народное образование. – 1991. №3. – с. 20 – 26.

385. Шаповалов В. К., Этнокультурная направленность российского образования. – М., 2002. – с. 228.

386. Швецов Н. М., Социально – педагогические основы региональной образовательной политики. Дис···. докт. пед. наук. М., 2000. – с. 280.

387. Шевченко В., Основа развития регионального образования – природосообразность//Народное образование. – 2000. №7. – с. 25 – 28.

388. Шереги Ф. Э. Социология образования: прикладные исследования. – М.: Academia, 2001. – с. 464.

389. Шибутани Т., Социальная психология. Пер. с англ. В. Б. Ольшанского. – Ростов – на – Дону:《Феникс》, 2002. – с. 544.

390. Ширяев В. Л., Теоретико – методологические подходы к моделированию системы постдипломного образования педагогических кадров в федеральном округе. Авт ореф. дис. ··· докт. пед. наук. СПб.: Санкт – Петербургский

государст венный университ ет педагогического маст ерст ва, 2002. – с. 43.

391. Шит уев В. А. , Правовые аспект ы развит ия единого образоват ельного прост ранст ва СНГ//Право и образование. – 2000. №5. – с. 15 – 20.

392. Шиянов Е. Н. , Регионально – эт ническая культ ура в концепции развит ия, социализации и воспит ания личност и//Семейная эт нопедагогика и современная национальная школа: Мат ериалы межвузовской научной конференции. – Карачаевск: КЧГПУ, 1997. – с. 18 – 26.

393. Школа: реформы и социальные т рансформации 90 – х годов (социологический очерк) /Герасимов Г. И. , Денисова Г. С. , Чебот арев Ю. А. – Рост ов – на – Дону: Изд – во РГПУ, 2002. – с. 203.

394. Шлягина Е. , Эт ническая т олерант ност ь личност и: опыт эмпирического исследования//Век т олерант ност и: Научно – публицист ический вест ник/ Гл. ред. А. Г. Асмолов. – М. : Цент р СМИ МГУ им. М. В. Ломоносова, 2001. Вып. 3 – 4. – с. 124 – 131.

395. Шоров И. А. , Народная педагогика о воспит ании гуманизма у молодого поколения////Семейная эт нопедагогика и современная национальная школа: Мат ериалы межвузовской научной конференции. – Карачаевск: КЧГПУ, 1997. – с. 27 – 34.

396. Шукшунов В. Е. , Взят ышев В. Ф. , Романкова Л. И. Взгляд в XXI век//Высшее образование в России. – 1993. №4. – с. 55 – 68.

397. Щедровицкий П. Г. , С чем войдем в XXI век? //Народное образование. – 1992. №5. – с. 68 – 73.

398. Энеева Л. А. , Формирование нравст венност и у подрост ков национальной культ урот ворческой школы (на мат ериале республиканской школы – инт ернат а Кабардино – Балкарской Республики). Авт ореф. дис ··· канд. пед. наук. Пят игорск: ПГЛУ, 2000. – с. 16.

399. Эрдниев Б. П. , Очурова М. Б. , Параллелизм и преемст венност ь как факт оры ст ановления национальных школ России//Развит ие личност и в образоват ельных сист емах Южно – Российского региона. Част ь II. – Рост ов – на – Дону: РГПУ, 1999. – с. 286 – 287.

400. Эриксон Э. Г. , Дет ст во и образование. Изд. 2 – е, перераб. и доп. / Пер. с англ. – СПб. : Ленат о, АСТ, Фонд 《Университ ет ская книга》 . – c. 592.

401. Юдина Г. В. , Изучение основ народного искусст ва Мордовского края на уроках художест венного т руда в начальных классах. Авт ореф. дис ···. канд. пед. наук. М. , 1999. – c. 22.

402. Яковлева А. Н. , Эт нопедагогические основы социализации школьников и ст удент ов (на мат ериале Республики Саха (Якут и я)) . Авт ореф. дис···докт . пед. наук. СПб: СпбГУ, 2002. – c. 39.

403. Ясперс К. , Смысл и назначение ист ории. – М. : Республика , 1994. – c. 528.

404. Education Documentation, Research and Decision – Making: National Case Studies. Ed. W. Rokiska. – Paris, UNESCO – IBE, 1999. – p. 348.

405. Education for the Twenty – first Century. Issues and Prospects. Contributions to the Work of the International Commission on Education for the Twenty – first Century, chaired by Jacques Delors. – Paris, UNESCO Publishing, 1998. – p. 352.

406. Finn C. E. , What To Do About Education: The Schools//Commentary. – 1994. №4. – p. 30 – 38.

407. Kameoka Y. , The international of higher education//OECD observer – P. – 1996. № 202. – p. 34 – 36.

408. Levy – Strauss C. , Race and History//Structural Antropology. London, 1978. Vol. 2. – p. 295.

409. Levis A. C. , An Overview of the Standards Movement//Phi Delta Kappan. – 1995. №1. – p. 744 – 751.

410. Martin J. R. , A Philosophy of Education For the Year 2000//Phi Delta Kappan. – 1995. №1. – p. 355 – 359.

411. McMurtry J. , The cancer stage of capitalism. – London: Luter press, 1999. – p. 312.

412. Pastuovic N. , Problems of reforming educational systems in post – communist countries//International review of education. – 1993. V. 39. №5. – p. 405 – 418.

413. Power E. J. , Philosophy of Education: Studies in philosophies, schooling and educational polities. – N. Y. : Prentice Hall, 1982. – p. 165.

414. Ratinoff L. , General unstability and educations: culture of globalization// Prospects – London. – 1996. Vol. XXV. № 2. – p. 113 – 127.

415. Russian Federation. National report. World summit for social development. – Copenhagen, 1995. – p. 42.

416. Values in education and education in values/Ed. by J. . Halstead & M. Taylor. – London: The Falmer Press, 1996. – p. 215.

417. White P. , Civic virtues and public schooling: educating citizens for a democratic society. – New York & London: Teachers College Press, 1996. – p. 101.

附　录

i　专用名词译名对照表

教育法律文件译名对照

1. Конституция Российской Федерации　俄罗斯联邦宪法

2. Закон 《Об образовании》　俄罗斯联邦 《教育法》（1992 年 7 月 10 日批准）

3. 《Национальная доктрина образования Российской Федерации》 《俄罗斯联邦国民教育要义》（俄罗斯联邦总统 1996 年 6 月 13 日第 884 号指令批准）

4. 《Программа развития образованиа Российской Федерации》　《俄罗斯联邦教育发展纲要》（国家杜马于 2000 年 3 月 15 日通过）

5. 《О национально － культурной автономии》　《俄罗斯联邦民族文化自治法》（1996 年）

6. 《О языках народов РСФСР》　《俄罗斯联邦民族语言法》（1991 年）

7. федеральный и региональные（республиканские）Законы 《Об образовании》　联邦和地区（共和国）《教育法》

8. Закон 《Об образовании》 республик Северного Кавказа　北奥塞梯 － 阿兰共和国 《教育法》

9. 《Основных направлениях социально － экономической политики

Правительства Российской Федерации на долгосрочную перспективу》
《俄罗斯联邦政府社会经济政策长远发展方向》（2000 年）

10.《Декларация прав человека》 《人权宣言》

11.《Международная конвенция о правах ребенка》 《国际儿童权利公约》

地名译名对照

12. Северо – Кавказский регион 北高加索地区

13. Республика Адыгея 阿迪格共和国

14. Республика Дагестан 达吉斯坦共和国

15. Чеченская Республика 车臣共和国

16. Республика Калмыкия 卡尔梅克共和国

17. Карачаево – Черкесская Республика 卡拉恰伊 – 切尔克斯共和国

18. Кабардино – Балкарская Республикая 卡巴尔达 – 巴尔卡尔共和国

19. Республика Марий 马里共和国

20. Республика Татарстан 鞑靼斯坦共和国

21. Республика Северная Осетия – Алания 北奥塞梯 – 阿兰共和国

22. Республика Ингушетия 印古什共和国

23. Назрань 纳兹兰市

24. Волгоград 伏尔加格勒

25. Махачкала 马哈奇卡拉

26. Сочи 索契

27. Нальчик 纳尔奇克

28. Майкоп 迈科普

29. Ставрополь 斯塔夫罗波尔

30. Элиста 埃利斯塔

31. Краснодар 克拉斯诺达尔

32. Пятигорск 皮亚季戈尔斯克

北高加索地区的高校及研究机构译名对照

33. Северо – Осетинский государственный университет им. К. Л. Хетагурова
（СОГУ） 北奥塞梯赫塔古罗夫国立大学

34. Северо – Кавказский государственный металлургический университет

（СКГМИ） 北高加索国立钢铁大学

35. Горский государственный аграрный университет（ГГАУ） 高尔基国立农业大学

36. Северо - Осетинская государственная медицинская академия（СОГМА） 北奥塞梯国立医学院

37. Рязанский государственный педагогический университет 联邦区德梁国立师范大学

38. Республиканский институт повышения квалификации работников образования（РИПКРО） 共和国教育工作者技能培训学院

39. Карачаево - Черкесский государственный педагогический университет 卡拉恰伊－切尔克斯共和国国立师范大学

40. Ростовский государственный педагогический университет 罗斯托夫国立师范大学

41. Волгоградский государственный педагогический университет 伏尔加格勒国立师范大学

42. Армавирский государственный педагогический институт 阿尔玛维尔斯基国立师范学院

43. Мордовский государственный университет имени Н. П. Огарева 国立莫尔多瓦奥加廖夫大学

44. Кабардино - Балкарский государственный университет 卡巴尔达—巴尔卡尔国立大学

45. Новгородский государственный университет имени Ярослава Мудрого 诺夫哥罗德亚罗斯拉夫·穆德雷国立大学

46. Оренбургский государственный университет 奥伦堡国立大学

47. Казанский государственный технологический университет 喀山国立科技大学

48. Чувашский государственный университет 楚瓦什国立大学

49. Пятигорский государственный лингвистический университет 皮亚季戈尔斯克国立语言大学

50. Всероссийский центр изучения общественного мнения（ВЦИОМ）

俄罗斯联邦社会舆论研究中心

51. Южное отделение Российская академия образования（ЮО РАО）俄罗斯教育科学院南方分院

52. региональный лоббизм в федеральных органах 联邦机构的地区游说

53. Южно - Российская Парламентская Ассоциация（ЮРПА） 南部俄罗斯议会联合会

54. Центр стратегических разработок 战略制定中心

55. региональный университетский комплекс 地区的大学综合体

56. учебно - консультационный пункт 教学咨询站

57. научно - образовательный центр университета 大学的科教中心

58. Европейский Союз 欧盟

59. Организация Объединенных Наций（ООН） 联合国

ii 教育学术语译名对照表

1. этнорегиональная образовательная система 民族地区教育体系

2. поликультурное образование 多元文化教育

3. гуманитаризация 人文化

4. гуманизация 人道化

5. гуманистические основы 人道主义基础

6. этнизация 民族化；民族性

7. стандарт образования 教育标准

8. единое образовательное пространство России 俄罗斯联邦统一教育空间

9. детерминант 决定因素

10. интеграция 一体化；综合化

11. реформирование 改革

12. нормативные акты 法律法规

13. актуальность 迫切性；现实性

14. продиктовать 口授；主使；指使

15. этнокультурное своеобразие 民族文化特色

16. федеральный центр 联邦中心

17. регион 地区；区域

18. образовательная модель 教育模式

19. конфессиональный 教会的；宗教的

20. обособление 独立；分开；隔离

21. законодательные акты 法律；法令

22. Субъекты Российской Федерации 俄罗斯联邦主体

23. распад СССР 苏联解体

24. угроза 威胁；（可能发生的）危险

25. усугубляться 〈书〉加深；加强，加重

26. разночтение （不同版本中的）异文

27. актуализироваться 迫切性；现实性

28. социально - педагогическая проблематика 社会教育问题

29. социально - экономическое преобразование 社会经济转型

30. уровнь национального благосостояния 国民福利水平

31. ориентация образовательной политики 教育政策的取向

32. приоритеты развития образовательного процесса 教育过程的优先发展

33. легитимированная регионализация 合法的区域化

34. отечественное образование 国民教育

35. региональное образование 区域教育

36. трансформация российского общества 俄罗斯社会转型

37. модернизация 现代化

38. различные звенья образовательной системы 教育系统的各层面

39. глобальный 全球的；全面的

40. локальный 局部的；地方的

41. аспект 观点；方面

42. научно - педагогическое осмысление 科学教育学思考

43. глобализация 全球化

44. интернационализация 国际化

45. теоретико - методологические ориентиры 理论方法准则

46. федерализм 联邦制

47. разграничение полномочий 权力划分

48. совокупность 总和；全部

49. действенный механизм 有效机制

50. дифференцирование 分化；区分

51. адекватный 相适应的；相符合的

52. постсоветское образовательное пространства 后苏联教育空间

53. социум 〈书〉社会

54. интеграционно - цивилизационные процессы 文明一体化进程

55. социокультурное и педагогическое явление 社会文化和教育现象

56. теоретические и прикладные аспекты 理论和应用方面

57. теоретические предпосылки 理论前提

58. правомерно 合法；合理；正当

59. воспитание подрастающего поколения 年轻一代的培养

60. функционирование в инновационном режиме 创新模式下的功能

61. склоняться 倾向（某种意见、观点、见解）

62. констатировать 确定；断定

63. научно - педагогическое подкрепление 科学教育支撑

64. сопоставление 比较；对比

65. аксиологическая основа 价值论基础

66. сохранение национальной идентичности 保护民族身份

67. доминирующая тенденция 主导趋势

68. эволюция образовательного процесса 教育过程的演变

69. обновление 更新；恢复；改造

70. диссипативная общественная структура 耗散社会结构

71. регионализация 地区化

72. регионализм　区域性；地区性

73. регионализация образования　教育地区化

74. дезинтеграционный процесс　分解（分裂）过程

75. очаг　源；发源地；炉灶

76. обособление　孤立；隔绝

77. кардинальный　最重要的；根本性

78. переосмысление　重新理解；再认识

79. идея 《суверенизации》　主权意识（理念）

80. конфликтная ситуация　冲突局面

81. унитарный　单一的；划一的

82. дидактический аспект　教学法角度

83. параметр　参数；标准

84. доступность　可达性；机会

85. эффективность　效率

86. нормативно - правовая база　法律基础；法律框架

87. реструктуризация　创建；重组

88. педагогический аспект　教育学角度

89. на макроуровне　在宏观层面

90. на мезоуровне　在中观层面

91. на микроуровне　在微观层面

92. централизованный　统一性

93. децентрализованный　去统一性；分散化

94. однообразное руководство　单一的管理

95. помеха　干扰；障碍物

96. автономия в области развития образования　教育自治

97. нивелировать　消灭（差别）

98. оптимальная модель управления　最优管理模式

99. трактовка　解释；说明

100. дезинтеграция　分解；分裂

101. центробежный　离心的

102. яблоко раздора　不和的原因；纷争的起源

103. парадокс этничности　种族悖论

104. процесс суверенизации　主权过程

105. досоветский период　苏联时期

106. многомерный　多维的

107. автаркация　对文化自治的欲望

108. конфессионализация　信仰化

109. коммерциализация　商业化

110. пространственный плюрализм　多元化空间

111. пространственная многоукладная　多层次空间

112. региональный лоббизм　地区游说

113. типология　分类学

114. многовалентный　多价性

115. многовалентный　多因素性

116. этническая мобилизация　民族动员

117. этнический парадокс современности　现代种族悖论

118. вариативность　变异性；多样性

119. унификация　单一

120. инвариантность　不变式

121. анизотропия　非均质；各向异性

122. культурный лаг　文化滞后

123. кризис образования　教育危机

124. региональное образовательное пространство　区域教育空间

125. диссипативность　耗散

126. образовательное пространство　教育空间

127. образовательная среда　学习环境

128. социальная открытость　社会开放性

129. Болонский процесс　博洛尼亚进程

130. однонаправленность　单向性

131. гармонизация　和谐

132. многообразие　多样性

133. постиндустриализм　后工业主义

134. адаптационный　适应性

135. ориентационный　定位性

136. конвергенция　趋同

137. знаниевая парадигма　知识模式

138. информационно - коммуникативные технологии　信息通信技术

139. тенденция регионализации　区域化趋势

140. социальный заказ　社会订购；社会服务采购

141. внесистемныый параметр　系统外的参数

142. гомеостазис　动态平衡

143. демпфирование　减震；削弱

144. политика в области образования　教育领域的政策

145. образовательная политика　教育政策

146. технократизм　技术统治主义

147. эмпиричность　经验主义

148. регионалистская тенденция　地方主义倾向

149. централистская тенденция　中央集权

150. туземная школа　土著学校

151. казенная школа　国有学校

152. церковная школа　教会学校

153. горская школа　山区学校

154. единообразный　划一的

155. фиктивный　虚拟的

156. этническая реабилитация　民族复兴

157. инновационный тип　创新型

158. гимназия　文科中学

159. лицей　实科中学

160. школа с углубленным изучением отдельных предметов　单科加深型学校

161. альтернативное учебное заведенее　可供选择的教育机构

162. альтернативные государственные модели школ　选择性公立学校模式

163. школы с углубленным изучением предметов　深化课程教学学校

164. конфессиональные школы　宗教学校

165. Общеобразовательные программы　普通教育大纲

166. Профессиональные образовательные программы　职业教育大纲

167. модульный　模块式

168. синергетический　协同学的

169. педагогическая культура　教育文化

170. массовость　群众性

171. воспроизводимость　可复制性

172. технологичность　工艺性

173. феноменальный　现象学

174. онтологический　本体论

175. шовинизм　沙文主义

176. национализм　民族主义

177. цивилизация постиндустриального типа　后工业文明

178. утилитарно - прагматический　狭隘实用主义的

179. рационалистический　唯理主义的

180. антропологический　人类学的

181. экологический　生态学的

182. знаниецентризм　知识中心

183. эмпиричность　经验主义

184. 《железный занавес》　"铁幕"

185. предметоцентризм　课程中心论

186. эдукология　教育科学

187. философия образования　教育哲学

188. социология образования　教育社会学

189. социальная педагогика　社会教育学

190.《знаниевое поле》 "知识领域"

191. риторика 修辞学

192. прагматизм 实用主义

193. экзистенциализм 新实证主义

194. неопозитивизм 存在主义

195. неотомизм 新托马斯主义

196. персонализм 有神论

197. регулятивная функция 监管职能

198. авторитарный 专横霸道的

199. гуманистический 人道主义的

200.《система глобальной педагогической терапии》 "全球教育治疗体系"

201. теория оптимизации 最优化理论

202. принцип наименьшего действия 最小作用量原则

203. кибернетик 控制论

204. междисциплинарный контекст исследования 跨学科研究

205. конструктивистский модель 结构主义模式

206. комплементарность 互补性

207. пассионарность 激情；不带任何可见目标的行为欲望

208. эффект пассионарности 欲望效应

209. национально – региональный компонент содержания образования
教育内容的民族地区部分（民族地区课程）

210. федеральный компонент содержания образования 教育内容的
联邦部分（联邦课程）

211. концепция устойчивого развития 可持续发展理论

212. теория этногенеза 民族起源理论

213. акмеология 阿克梅学派

214. магико – ритуалистский 宗教 – 神学的

215. калакогатийский 宗教的

216. теологистский 神学的

217. гуманитаристский 人文学的

218. пансофистский　人类学的

219. рационалистский　纯理性的

220. интеллектуалистский　精神的

221. эргономистский　人类工程学的

222. комплексистский　综合的

223. культурологистский　文化学的

224. типологизация　类型学

225. типологизация регионов　地区类型学

226. структурно－репрезентативный　结构典型准则

227. содержательно－корреляционный　内容相关准则

228. коэффициент диссипативности　耗散参数

229. коэффицент корреляции　关联系数

230. гомеостаз　自动调节

231. гомеостатика　自动调节学

232. мировое образовательное пространство　世界教育空间

233. регионализация　地区化

234. национализация　民族化

235. инновация　创新

236. дифференциация　细化；分化

237. личностно－ориентированные модели образования　以学生为中心的教育模式

238. поликультурное образование　多元文化教育

239. поликультурное воспитание　多元文化教养；多元文化品德教育

240. политеизм　多神论

241. философия всеобщности　普世哲学

242. международный бакалавриат　国际学士制

243. культурный стереотип　文化定型

244. этнос　民族共同体

245. принцип вариативности образования　教育的变异性原则

246. образовательная система　教育体系

247. геополитика　地缘政治学

248. индивидуальная субъектность　以个体为主体

249. коллективная субъектность　以集体为主体

250. республика　共和国

251. край　边疆区

252. область　州

253. город　联邦直辖市（自治市）

254. автономная область　自治州

255. автономный округ　自治区

256. парламентское слушание　听证会

257.《пример неоптимального соединения элементов конфликтующих моделей》　冲突模式元素组合的非最佳示例

258. идея интеграции　一体化思想

259. идея регионализации　地区化思想

260. идея гуманитаризации　人文化思想

261. демократизаця　民主化

262. гуманизация образования　教育人文化

263. экологизация образования　教育生态化

264. информатизация образования　教育信息化

265. кризис человека　人类危机

266. идеи гуманизма　人道主义思想

267.《Герменевтика субъекта》　《主体诠释学》

268. чистый разум　纯粹理性

269. эпоха Нового времени　新时代

270. обучение　教学

271. воспитание　培养；品德教育

272. аксиологические принципы　价值论原理

273. гуманистические ценности　人道主义价值

274. ценностный вакуум　价值空虚

275. этап《перестройки》　"转型"时期

276. этническая социализация　民族社会化

277. национальная школа　民族学校

278. социализированность　被社会化

279. парадокс этничности　民族性悖论

280. артефакт　人为过程

281. культурный стереотип　文化定型（"文化的刻板印象"）

282. толерантный　宽容

283. устойчивое развитие　可持续发展

284. режим выживания　生存模式

285. режим развития　发展模式

286. "Философский энциклопедический словарь"　《哲学百科辞典》

287. калакогатийский　美好形象化的

288. калакогатия　美好形象化

289. пансофистская　人类学

290. биологическая форма жизни　生命的生物形式

291. культурный человек　文化人

292. психологические структуры　心理结构

293. культурный лаг　文化滞后

294. культурный шок　文化休克

295. катализатор　催化剂

296.《Введение в философию образования》　《教育哲学导论》

297.《гипотеза лингвистической относительности Сепира – Уорфа》
萨丕尔－沃尔夫语言学相对论假设

298. культурная традиция　文化传统

299. принцип культуросообразности　文化相符性原则

300. транскультурная адаптация　跨文化适应能力

301. интенсификация　集约化

302. точка Омега　欧米伽点（"最终点"）

303. логико – иерархический подход　逻辑分层法

304. антропоцентристская теория　人类中心论

305. расширенная концепция историзма　历史主义扩展概念

306. проекты экспериментальных учебных планов　实验教学大纲草案

307. культурный тоталитаризм　文化极权主义

308. образовательный унитаризм　教育一元论

309. федерализация　联邦制

310. территориальная замкнутость　领域封闭性

311. изоморфизм　相同

312. целостное　完整的

313. единообразное　形式划一

314. формализация　形式化

315. абстрагирование　抽象化

316. этническая идентичность　民族认同感

317. поликультурная толерантность　多元文化包容性

318. этнический стереотип　民族定型

319. поликультурная образовательная среда　多元文化教育环境

320. полипарадигмальность　多模式性

321. множественность социальных функций　社会功能多重性

322. социальные катастрофы　社会灾难

323. инновация　创新

324. патриотизм　爱国主义

325. российская самоидентичность　俄罗斯认同感

326. эволюционистской　进化论

327. ассимиляция　同化

328. государственно - ценностная концепция толерантности　包容的国家价值观念

329. однонаправлена　单方向的

330. родная культура　本土文化

331. диахронический подход　历时性方法

332. притуплять　生锈

333. РОССИЕВЕДЕНИЕ　俄罗斯学

334. общероссийское мировоззрение　全俄世界观

335. предметоцентризм　课程中心论

336. учебные округи　学区

337. холистический　至善

338. интеграционные технологии　一体化技术

339. Единый Государственный Экзамен（ЕГЭ）　国家统一考试

340. государственные именные финансовые обязательства（ГИФО）国家记名财政拨款制度

341. вертикаль управления образованием　教育的垂直管理模式

342. принцип автономия　自治原则

343. приходские училища　教区学校

344. уездные училища　县立学堂

345. главный инспектор　总督学

346. центробежные сила　离心力

347. антитез　对立面

译后记

　　作为一名生活和工作在中国的少数民族聚集区新疆的教育工作者，我非常高兴能有幸翻译《俄罗斯民族地区教育体系的形成与发展》这部著作。本书作者阿纳托利·尤烈伟奇·别勒古洛夫（А. Ю. Белогуров）是俄罗斯联邦教育科学部联邦教育发展研究院的一位负责人，教育学博士，教授，博士生导师，曾被授予"乌申斯基"奖章，"科学学校创始人"等称号。他出生并长期工作在俄罗斯的北奥塞梯－阿兰共和国。他的研究特长是用数学的方法研究教育哲学和心理学问题。别勒古洛夫是一位非常年轻却具有深厚的学术功底的学者。迄今为止，他发表的学术著作和论文多达230余篇，其中学术著作6部。

　　在本书中，作者从教育哲学、系统学和协同学的视角分析俄罗斯联邦在20～21世纪之交的民族地区教育体系的发展趋势。作者描述了在全俄乃至全球社会进程中，俄罗斯现代教育政策的构建特征，分析了教育内容的联邦成分和民族地区成分之间的协调机制，并提出了建立多元文化教育环境和保护俄罗斯联邦统一教育空间的途径。

　　作者以俄罗斯的北高加索地区作为案例，提出俄罗斯民族地区教育体系形成所存在的问题。他认为，民族地区教育在全球化发展的冲击下发生了内容和形式上的新变化，而由于俄罗斯的教育政策缺乏民族地区因素，所以中央和民族地区之间不仅在管理上还是教育内容上都出现了问题。俄罗斯民族地区教育体系的发展对俄罗斯联邦统一教育空间的建设与维护带来了一些威胁性因素。最后，作者提出了自己的观点：民族地区教育体系是一个耗散性结构，全球化和地方化的辩证统一决定了民族地区教育体系的发展前景。只有在多元文化教育框架中才能解决民族地区的教育问题，而民族文化对多元文化教育起着决定性作用。

在翻译的过程中我们也遇到了不少问题：①本书的理论性很强，涉及很多教育哲学和心理学术语，其中的字词辨析极其困难。②作者采用了先进的理科研究方法分析教育现象，增加了众多术语的翻译和解释难度。为了解决上述问题，我们请教了许多教育领域的专家学者，同时也与作者保持联系，力求准确把握其思想。

本书的翻译承蒙新疆师范大学博士博士后科研启动基金资助，特此感谢。

参与本书翻译的人员除了阿依提拉外，还有张舒、桑晓燕、李晓萌。由阿依提拉对全文进行校订。我们力求翻译准确，但难免会有疏漏和偏差，敬请读者批评指正。

译　者

2014.10

图书在版编目（CIP）数据

俄罗斯民族地区教育体系的形成与发展/（俄罗斯）别勒古洛夫著；
阿依提拉·阿布都热依木等译.—北京：社会科学文献出版社，
2014.12

ISBN 978-7-5097-6882-2

Ⅰ.①俄…　Ⅱ.①别…②阿…　Ⅲ.①民族地区-教育体系-
研究-俄罗斯-1991~2005　Ⅳ.①G719.512.2

中国版本图书馆 CIP 数据核字（2014）第 289527 号

俄罗斯民族地区教育体系的形成与发展

著　　者／〔俄〕别勒古洛夫 A. Ю.
译　　者／阿依提拉·阿布都热依木 等

出 版 人／谢寿光
项目统筹／王玉敏
责任编辑／沈　艺　朱露茜　王玉敏

出　　版／社会科学文献出版社·全球与地区问题出版中心（010）59367004
　　　　　地址：北京市北三环中路甲 29 号院华龙大厦　邮编：100029
　　　　　网址：www.ssap.com.cn
发　　行／市场营销中心（010）59367081　59367090
　　　　　读者服务中心（010）59367028
印　　装／三河市东方印刷有限公司

规　　格／开本：787mm×1092mm　1/16
　　　　　印张：16.25　字数：248 千字
版　　次／2014 年 12 月第 1 版　2014 年 12 月第 1 次印刷
书　　号／ISBN 978-7-5097-6882-2
著作权合同
登 记 号／图字 01-2014-8082 号
定　　价／89.00 元